国家级职业教育创新创业教育教学资源库配套教材
高等职业教育创新创业系列教材

创新创业实务

主　编　范新灿　韩晓洁
副主编　王新涛　同婉婷
参　编　曾秀臻　王程程

机械工业出版社

本书是国家级职业教育创新创业教育教学资源库配套教材，遵从国际上普遍认可的"斯坦福创新教育体系"和"百森商学院创业教育体系"，立足于智能时代的创新创业，阐述了创新自信力引领下的设计思维、创新性思维训练及技法、需求挖掘与商机识别、产品规划与开发管理、初创企业设立与管理、创业计划书与项目路演等内容。

本书教学内容经过深圳职业技术学院连续5年、参与学生逾5万人的教学实践检验，被证明可以达到激发学生创新意识、引导学生认知创新工具、培养学生创业基本能力的目的，符合创新创业通识课程的相关要求。

本书配有微课视频，读者通过扫描书中二维码即可进行观看。

本书配有电子课件，凡使用本书作为教材的教师可登录机械工业出版社教育服务网www.cmpedu.com下载。咨询电话：010-88379375。

图书在版编目（CIP）数据

创新创业实务 / 范新灿，韩晓洁主编. —北京：机械工业出版社，2021.2（2025.12重印）
高等职业教育创新创业系列教材
ISBN 978-7-111-67524-2

Ⅰ.①创… Ⅱ.①范… ②韩… Ⅲ.①创业-高等职业教育-教材 Ⅳ.①G647.38

中国版本图书馆 CIP 数据核字（2021）第 028779 号

机械工业出版社（北京市百万庄大街22号 邮政编码100037）
策划编辑：杨晓昱 责任编辑：杨晓昱 徐梦然
责任校对：李亚娟 版式设计：张文贵
封面设计：马精明 责任印制：刘 媛
北京富资园科技发展有限公司印刷
2025年12月第1版·第10次印刷
180mm×254mm·15.25印张·313千字
标准书号：ISBN 978-7-111-67524-2
定价：49.50元

电话服务	网络服务
客服电话：010-88361066	机 工 官 网：www.cmpbook.com
010-88379833	机 工 官 博：weibo.com/cmp1952
010-68326294	金 书 网：www.golden-book.com
封底无防伪标均为盗版	机工教育服务网：www.cmpedu.com

前　言

创新驱动社会进步。风起云涌的科技革命，将人类历史的发展从机器时代、电子时代、信息时代推动到今日的智能时代，这个过程不仅极大地推动了人类社会、经济、政治、文化领域的变革，也影响了人类的生活方式和思维方式。

创业浪潮与改革开放相携而行。回顾我国经济发展的历程，从农民企业家为主导的第一次创业浪潮、体制内人士"下海"的第二次创业浪潮、互联网创业的第三次浪潮，发展至创新科技引领的第四次创业浪潮，颠覆传统的商业模式，用最前沿的科技创新手段改造传统行业，升级或者挖掘产业链上的所有可能的商机。

每个个体的创新意识和创业能力，是可以通过教育来塑造和提升的。早在1998年联合国教科文组织发表《21世纪的高等教育：展望与行动世界宣言》，就提出：创业教育将是21世纪青年除学术教育和职业教育外的第三本教育护照；《欧洲教育与培训2020战略》明确提出：将创意、创新和创业融入各个阶段的学校课程和培训活动，大学的创业教育是在全校范围内形成"创业生态系统"；世界上已经有很多国家成功将创新创业教育融入人才培养的各个阶段。

大学生是新时期创新创业实践的主力军。如何将大学生培养为具有创新思维、创业精神和能力，具有责任感、使命感，能够为社会、人类创造价值的群体？如何将大学生培养成敢于积极应对新一轮科技革命和产业变革带来的新机遇和新挑战，服务创新型国家建设需要的群体？如何将大学生培养成勇于在各自专业和岗位上不断突破创新，具有开拓精神的群体？需要将创新创业教育通过通识课的方式，切实培养学生创新的意识和创业的能力，并使学生能够举一反三，融会贯通。

本书作为国家级职业教育创新创业教育教学资源库配套教材，遵从国际上普遍认可的"斯坦福创新教育体系"和"百森商学院创业教育体系"，经过深圳职业技术学院连续5年、参与学生逾5万人的教学实践检验，被证明可以达到激发学生创新意识、引导学生认知创新工具、培养学生创业基本能力的目的，符合创新创业通识课程的相关要求。

本书是我国高等职业技术学校中创新创业教育成果的一个集中体现，由深圳职业技术学院创新创业学院教师集体编写。深圳职业技术学院是我国高校中最早开始进行创新创业教育的学校之一，先后荣获"首批全国创新创业典型经验高校""全国职业院校就业竞争力示范校""中国十大创新型高职院校""全国高校实践育人创新创业基地""广东省首批大学生创新创业教育示范学校""深圳市创新创业基地"等双创类相关荣誉称号。深圳职业技术学院牵头主持国家级职业教育创新创业教育教学资源库，与专业教育深度融合的进阶式创业教育改革及实践项目，获2018年国家级教学成果奖一等奖。联合国教科文专家对于深圳职业技术学院的创新创业教育给予的评价是："为国际职教界贡献了'深职案例''深圳话语'和'中国方案'，居于亚太地区领先位置"。

习近平总书记在2018年9月召开的全国教育大会上指出："积极投身实施创新驱动发展战略，着重培养创新型、复合型、应用型人才；要把创新创业教育贯穿人才培养全过程；以创造之教育培养创造之人才，以创造之人才造就创新之国家。"

创新创业教育的发展不是一蹴而就的，我国正在快速打造创新创业教育的生态系统。本书是编写团队多年在一线教学成果的总结，也是继续提升教学理念和水平的新的起点，希望以此书为媒，能有机会与全国双创教师进行切磋交流，本书内容中有不当之处，恳请读者、同行、专家批评指正！

编者

微课视频二维码清单

名　称	二维码	名　称	二维码
1-01　第四次科技革命		2-02　设计思维五步法	
1-02　第四次创业浪潮		2-03　设计思维五步法案例解析	
1-03　商业模式变化		2-04　同理心访谈步骤	
1-04　创客运动		2-05　原型制作的7个步骤	
1-05　创业人生		3-01　批判性思维	
2-01　那些关于创新的人和事		3-02　创造性思维	

(续)

名　称	二维码	名　称	二维码
3-03　头脑风暴法		4-03　需求与动机：马斯洛需求层次理论	
3-04　思维导图的绘制方法		4-04　市场环境分析方法	
3-05　六顶思考帽		4-05　行业动态洞察策略	
3-06　TRIZ 创新原理典型应用		5-01　基于场景设计产品	
3-07　TRIZ 方法解决创新问题的流程		5-02　定位产品功能	
4-01　用户行为研究方法		5-03　玩转研发管理"铁三角"	
4-02　用户全貌勾勒策略		5-04　开启敏捷开发模式	

(续)

名　称	二维码	名　称	二维码
5-05　场景营销：营造消费场景		6-06　招募的时机与渠道	
5-06　用户运营：精细管理用户		6-07　人才甄别组合拳1	
6-01　初创团队不同组建模式		6-08　人才甄别组合拳2	
6-02　科学设计组织架构（视闻泓运项目专访）		6-09　OKR绩效管理工具	
6-03　4S吸引法则		7-01　创业计划书编写技巧	
6-04　长短结合的人才激励法		7-02　创业项目路演常见问题回答方向指导	
6-05　制订岗位说明书			

目 录

前言
微课视频二维码清单

第 1 章 智能时代的创新创业 // 001

1.1 风起云涌的科技革命 // 003
    1.1.1 历史上的三次科技革命 // 003
    1.1.2 智能时代的第四次科技革命 // 007

1.2 波澜壮阔的创业浪潮 // 008
    1.2.1 激情四十年间的几次创业浪潮 // 009
    1.2.2 创新引领的第四次创业浪潮 // 011

1.3 创新驱动与商业变革 // 012
    1.3.1 创新驱动产业升级 // 013
    1.3.2 商业模式的演变及趋势 // 018

1.4 新时期的创新创业教育 // 021
    1.4.1 创新创业教育的内涵 // 023
    1.4.2 创新精神与创客运动 // 024
    1.4.3 创业意识与创业者 // 029

第 2 章 创新自信力引领下的设计思维 // 035

2.1 创新自信力 // 037
2.2 引领创新 // 040
2.3 设计思维"五步法" // 044
2.4 设计思维"五步法"实施工具(上) // 047
    2.4.1 同理心 // 048
    2.4.2 问题陈述 // 050
2.5 设计思维"五步法"实施工具(下) // 054

2.5.1　奔驰法(SCAMPER) // 054

2.5.2　原型制作 // 057

第3章　创新性思维训练及技法 // 061

3.1　打破惯性的批判式思维 // 063

3.1.1　常见的思维障碍 // 064

3.1.2　批判性思维 // 065

3.2　开启创新的创造性思维 // 069

3.2.1　认知创造性思维 // 070

3.2.2　创造性思维的活动过程 // 073

3.3　激发性思维的头脑风暴法 // 076

3.3.1　认知头脑风暴法 // 077

3.3.2　头脑风暴法的实施流程 // 077

3.3.3　头脑风暴法的四大原则 // 079

3.4　系统性思考的思维导图法 // 082

3.4.1　认知思维导图 // 083

3.4.2　思维导图的绘制方法 // 084

3.5　训练平行思维的六顶思考帽 // 087

3.5.1　认知六顶思考帽 // 087

3.5.2　应用各色帽子 // 088

3.5.3　实施和典型应用 // 091

3.6　激发创造发明的TRIZ(萃智) // 094

3.6.1　认知TRIZ // 094

3.6.2　TRIZ方法解决创新问题的流程 // 096

3.6.3　40个创新原理及典型应用 // 098

第4章　需求挖掘与商机识别 // 103

4.1　勾勒用户画像 // 105

4.1.1　用户行为研究方法 // 105

4.1.2　用户全貌勾勒策略 // 108

4.2　挖掘产品需求 // 110

4.2.1　需求与动机:马斯洛需求层次理论 // 111

4.2.2　产品需求挖掘方法 // 112

4.2.3　产品需求管理策略 // 114

4.3　洞察市场现状 // 117
4.3.1　市场环境分析方法 // 118
4.3.2　行业动态洞察策略 // 120

4.4　构建商业模式 // 123
4.4.1　商业模式构建工具一：商业模式画布 // 123
4.4.2　商业模式构建工具二：精益创业画布 // 126

第5章　产品规划与开发管理 // 129

5.1　明确产品定义 // 131
5.1.1　基于场景设计产品 // 131
5.1.2　定位产品功能 // 135
5.1.3　定位产品价格 // 137

5.2　敏捷开发项目 // 143
5.2.1　玩转研发管理"铁三角" // 144
5.2.2　优化供应商开发寻源策略 // 145
5.2.3　开启敏捷开发模式 // 147

5.3　整合市场营销策略 // 149
5.3.1　内容营销：设计购买理由 // 150
5.3.2　场景营销：营造消费场景 // 152
5.3.3　口碑营销：提升传播动力 // 154

5.4　拓宽互联网运营渠道 // 157
5.4.1　用户运营：精细管理用户 // 158
5.4.2　内容运营：传递产品调性 // 161
5.4.3　活动运营：引起用户关注 // 162

第6章　初创企业设立与管理 // 167

6.1　黄金创始人团队组建方案 // 169
6.1.1　初创团队组建模式 // 170
6.1.2　科学设计组织架构 // 172

6.2　留人更留心的人才吸引方案 // 175
6.2.1　4S吸引法则 // 175
6.2.2　长短结合的人才激励法 // 178

6.3 识别千里马的成员招募方案 // 181
　　6.3.1 制订岗位说明书 // 181
　　6.3.2 招募时机和渠道 // 185
　　6.3.3 人才甄别组合拳 // 187
6.4 伏线千里的股权设计方案 // 191
　　6.4.1 《中华人民共和国公司法》关于股权的规定 // 192
　　6.4.2 股权设计基本原则 // 194
6.5 提升团队绩效方案 // 197
　　6.5.1 团队绩效影响因素 // 197
　　6.5.2 OKR 绩效管理工具 // 199
　　6.5.3 提高 PDCA 循环的精度和速度 // 201

第7章　创业计划书与项目路演 // 203

7.1 规范精准的创业计划书 // 205
　　7.1.1 创业计划书的编写步骤 // 206
　　7.1.2 创业计划书的内容 // 207
　　7.1.3 创业计划书的编写技巧 // 209
7.2 为观众认真讲故事的项目路演 // 212
　　7.2.1 参加项目路演的一般条件 // 214
　　7.2.2 项目路演的内容 // 216
　　7.2.3 项目路演的技巧 // 220
7.3 投资者评估初创企业的基本标准 // 223

参考文献 // 229

第 1 章　智能时代的创新创业

 |**本章导读**|

　　风起云涌的科技革命，将人类历史的发展从机器时代、电子时代、信息时代推动到智能时代，这个过程不仅极大地推动了人类社会经济、政治、文化领域的变革，也影响了人类的生活方式和思维方式。改革开放以来，从农民企业家为主导的第一次创业浪潮、体制内人士"下海"的第二次创业浪潮、互联网创业的第三次浪潮发展到创新科技引领的第四次创业浪潮，大浪淘沙，数不尽创业风云人士和企业沉浮。智能时代的来临，创新驱动产业升级，人工智能赋能各行各业，商业模式的演变趋势变幻莫测。新时期的创业教育内涵是什么？创业精神如何塑造？如何把握创客运动的迭代升级？创业者不仅需要强烈的仪式，还需要去书写自己的创业人生画布。

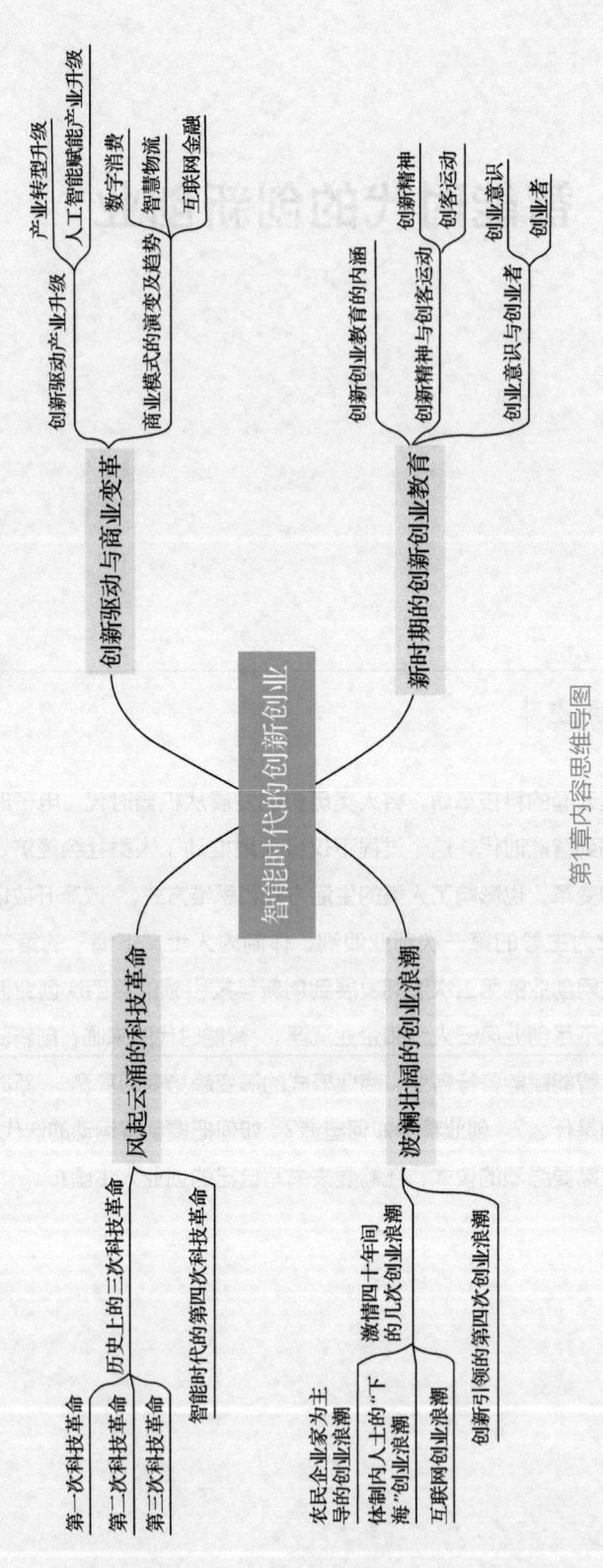

第1章内容思维导图

1.1 风起云涌的科技革命

课堂引入

科技革命推动社会进步

人类每一段历史的发展进程都离不开科技发展或革命。科技的发展促使社会不断向文明的进化。从18世纪中叶以来,发生过三次重大的科技革命,科技革命是对科学技术进行全面的、根本性变革,并推动了产业大变革。科技革命年代及标志性成果见表1-1。

第一次科技革命,以18世纪末蒸汽机的发明和应用为主要标志。这次科技革命使社会生产力发生了革命性的变革,机器大工业代替工场手工业,人类进入机器时代。

第二次科技革命,是在19世纪末到20世纪初发生的,以发电机和电动机的发明和应用为主要标志,它把社会的工业化提高到一个崭新阶段,使社会生产力进入电气时代。

第三次科技革命发生于20世纪中期,以原子能、电子计算机和空间技术的发展为主要标志,以计算机技术、生物工程技术、激光技术、空间技术、新能源技术和新材料技术的应用为特征,把人类社会推进到信息时代。

表1-1 科技革命年代及标志性成果

类 别	第一次科技革命	第二次科技革命	第三次科技革命
开始时间	18世纪60年代	19世纪末到20世纪初	20世纪中期
代表性科技成果	蒸汽机	发电机和电动机	原子能、电子计算机和空间技术

思考启示:科技革命带来了社会变革,带来生产力飞跃,对人类社会发展产生深远影响,请思考每一次科技革命带来的思维方式变革、标志性企业和标志性人物。

1.1.1 历史上的三次科技革命

1. 第一次科技革命

16~17世纪欧洲发生科学革命,现代科学诞生。18世纪末,蒸汽机(见图1-1)

的发明和使用，引起了第一次科技革命（18 世纪 60 年代—19 世纪中期）。

图 1-1　瓦特及其改良的蒸汽机

第一次科技革命始于英国，资产阶级统治在英国的确立，海外贸易、奴隶贸易和殖民掠夺积累了大量资本，圈地运动的进一步推行造成了大批雇佣劳动力，工场手工业的发展积累了一定的生产技术，18 世纪中期，英国成为世界上最大的资本主义殖民国家，市场急剧扩大。

以纺织机的改革为起点，以蒸汽机的发明与使用为标志，蒸汽机的关键技术包括动力和机械等，而这些技术的基础是经典力学、热力学理论的创建。第一次科技革命带来的产业包括纺织、煤、铁、机械和交通等。科技革命创造的巨大生产力，使社会面貌发生了翻天覆地的变化。这次科技革命是工场手工业发展到机器大工业的一个飞跃。它不仅是一场生产技术上的革命，也是一次深刻的社会革命，引起了生产关系上的重大变革。

第一次科技革命也直接导致工业革命，人类从此进入"工厂时代""机器时代""蒸汽时代"，人的劳动力得到解放，大大提高生产效率，在生产力和生产关系方面均发生巨大的变革。

 知识探究

第一次科技革命的标志性事件

- 1807 年，美国人罗伯特·富尔顿制成的以蒸汽为动力的蒸汽机船试航成功。
- 1814 年，英国人乔治·斯蒂芬森发明了"蒸汽机车"。
- 1825 年，乔治·斯蒂芬森亲自驾驶着一列拖有 34 节小车厢的火车试车成功。从此人类的交通运输页进入一个以蒸汽为动力的时代。
- 1840 年前后，英国的机器大工业基本上取代了传统的工场手工业，工业革命基本完成。英国成为世界上第一个工业国家。

- 18世纪末，工业革命逐渐从英国向西欧大陆和北美地区传播，后扩展到世界其他地区。

2. 第二次科技革命

19世纪末到20世纪初的第二次科技革命亦称为"电力革命"，科学技术的进步和工业生产，世界由"蒸汽时代"进入"电气时代"，如图1-2所示。电力的发现和使用引起了第二次科技革命，由此产生的各种新技术、新发明层出不穷，并被迅速应用于工业生产，促进经济的发展。

图1-2 人类进入电气时代

电力革命主要体现在动力传输与信息传输两方面，关键技术是电力、运输、化工和电信等技术，而这些技术的基础是电磁学理论的创建，主导产业包括电力、石化、钢铁、汽车和家电等。与动力传输相关联，出现了大型发电机、高压输电网、电动机和照明电灯；与信息传输相关联，出现了电报、电话和无线电通信。这些伟大的发明使人类生活进入了一个更光明、更美好的新时期。

电能作为一种主要的能量形式支配着社会经济生活，工业重心由轻工业转为重工业，出现了化学、石油等工业部门，内燃机的出现为飞机和汽车提供了发展的可能，同时为石油行业提供了发展的可能。化学工业在这期间也得到了飞速发展，人造燃料、人造纤维和无烟火药等相继发明并得到了一系列的投入使用。冶金、造船、机器制造、电信等一系列技术革新飞速进行。

知识探究

第二次科技革命的标志性事件和人物

- 1866年，德国人维尔纳·冯·西门子制成了发电机；到20世纪70年代，实际可用的发电机问世。

- 19世纪80年代，德国人卡尔·本茨等人成功地制造出由内燃机驱动的汽车，远洋轮船、飞机等也得到了迅速发展。
- 19世纪70年代，美国人亚历山大·贝尔发明了电话。19世纪90年代，意大利人伽利尔摩·马可尼试验无线电报取得了成功，都为迅速传递信息提供了方便。
- 爱迪生：美国发明大王，发明电灯。
- 多里沃：多勃罗沃尔斯基：实现三相交流电输电及其发电机研制的俄国工程师。
- 法拉第：技术发明奠定理论基础的英国物理学家、化学家，发现电磁感应原理。
- 奥斯特：丹麦物理学家、化学家，1820年发现了电流的磁效应。

3. 第三次科技革命

20世纪中期，科学理论的重大突破和一定的物质、技术基础形成。先后出现了电子计算机、能源、空间、生物等技术，引起了第三次科技革命。

20世纪70年代以来，以信息技术与知识创新为特征的革命启动，人类社会开始从工业时代向知识时代、工业经济向知识经济、工业社会向知识社会转移。其中最具划时代意义的是电子计算机的迅速发展和广泛运用。电子计算机技术的利用和发展如图1-3所示。

图1-3 电子计算机技术的利用和发展

以原子能、电子计算机和空间技术的发展为主要标志，以信息科学、生命科学、材料科学等为前驱，以计算机技术、生物工程技术、激光技术、空间技术、新能源技术和新材料技术的应用为特征，把人类社会推进到"信息时代"。

第一阶段是电了和自动化阶段，关键技术有电子、自动控制、激光、材料、航天和原子能等技术，主导产业包括电子工业、计算机、原子能、航天和自动化产业等；第二阶段是信息化和智能化阶段，关键技术有信息、云计算、量子通信、智能和绿色等技术，主导产业包括信息产业、电子商务、物联网、无线网、大数据、智能制造、先进材料、智能机器人、智慧城市、绿色能源和生物产业等。

第三次科技革命不仅极大地推动了人类社会经济、政治、文化领域的变革，而且也影响了人类生活方式和思维方式，使人类社会生活的现代化向更高境界发展。

 知识探究

第三次科技革命的标志性事件和人物

- 1957年，苏联发射了世界上第一颗人造地球卫星，开创了空间技术发展的新纪元。

- 20 世纪 60 年代，美国开始了规模庞大的登月计划，在 1969 年实现了人类登月的梦想。
- 1953—1964 年间，英国、法国和中国相继试制核武器成功。
- 20 世纪 40 年代末，电子管计算机为第一代计算机；1959 年，出现晶体管计算机。
- 20 世纪 60 年代中期，出现集成电路。
- 20 世纪 70 年代，出现第四代大规模集成电路。1978 年，计算机每秒可运算 1.5 亿次。
- 20 世纪 80 年代，出现智能计算机。
- 20 世纪 90 年代出现光子计算机、生物计算机等。
- 冯·诺依曼：发明电子计算机的美国科学家。
- 弗莱明：发明电子管、晶体管和集成电路的英国发明家。
- 德·福雷斯特：美国物理学家，研制出"辉光灯"。
- 肖克莱：美国物理学家，发明晶体管。
- 费森登：发明无线广播的美国物理学家。
- 贝尔德：发明电视的英国科学家。
- 兹沃里金：美籍俄国发明家，发明电视显像管。

1.1.2 智能时代的第四次科技革命

当前，第三次科技革命正在向更高层次发展，第四次科技革命已悄然发轫。第四次科技革命以互联网产业化、工业智能化等为标志，具体包括互联网、物联网、大数据、云计算、智能化、传感技术、机器人、虚拟现实等。

第四次科技革命也被称为智能革命，是以互联网产业化、工业智能化、工业一体化为代表，以人工智能、清洁能源、无人控制技术、量子信息技术为主的全新技术革命。

新一轮科技革命，特别是颠覆性技术，加快了新业态、新模式的发展。当今时代，新一轮科技革命和产业变革从蓄势待发到群体迸发，呈现加速发展态势，各项颠覆性技术多点突破、加速涌现。

就产品而言，随着信息技术在制造业领域的广泛渗透，互联网技术、人工智能、数字化技术嵌入传统产品设计，使产品逐步成为互联网化的智能终端。

从制造模式而言，工厂的集中生产将向网络协同生产转变。信息技术使不同环节的企业间实现信息共享，能够在全球范围内迅速发现和动态调整合作对象，整合企业间的优势资源，在研发、制造、物流等各产业链环节实现全球分散化生产。

这一次的变革或许会全方位地改变人们的生活习惯，或许在不久的将来，就能够实现和电影里面一样的全方位智能生活。

新一轮科技革命让人人都有创业的机会，人人都可以平等地参与到这场革命之中，成为革命的种子并从中受益。

第四次科技革命有着更加广泛深刻的影响与意义，对世界经济政治格局、产业形态、人们生活方式等带来深刻影响，也将重塑世界科技竞争格局。

 知识探究

技术发展的新特点

科学新发现到技术革命的周期越来越短，节奏越来越快，呈指数式进步趋势。例如，从 20 世纪初爱因斯坦提出狭义相对论到第一颗原子弹爆炸相距 40 年。但现在，从人类基因组获取全部 DNA 编码到技术层面的免疫疗法问世和基因编辑只需要 20 年。

技术革命成果推动产业进步越来越细密、无孔不入，呈现渗透式发展的趋势。例如，大数据进入电商、物流、公共管理、国家安全等领域，提高了效率、降低了成本、减少了失误。又如将 3D 打印应用于航空航天、机械装备、汽车、造船等行业，取代了很多传统机床，迅速提高了生产效能。

技术革命对产业经济的影响越来越显著，一项新技术的问世，很快就能"兴一业亡一业"，并对社会产生始料未及的深远影响，颠覆式效应越来越明显。例如，电子商务对传统零售业的颠覆，进而影响到商业地产，但同样又推动物流业进步；人工智能对金融行业已经产生明显影响，大量业务员岗位被取代。

1.2 波澜壮阔的创业浪潮

 课堂引入

字节跳动公司

2012 年创立的字节跳动公司，在短短几年内迅速发展，成为国内有实力的知名企业。旗下的抖音、今日头条、西瓜视频、火山小视频、悟空问答等 APP 拥有众多的使用者，仅 2018 年，这家靠 AI 算法驱动的公司总部员工数量几乎增加了一倍，达到了 4 万人。字节跳动的人员构成与传统的互联网企业不同。4 万人中约半数在从事广告销售或内容审核工作，一部分从事算法相关工作，约 5000 名员工为软件工程师。

字节跳动拥有庞大的业务矩阵。涉及的范围涵盖资讯、视频、教育、社交等多个领域。

资讯类：今日头条、懂车帝；

视频类：抖音、火山小视频、西瓜视频；

教育类：好好学习、GoGoKid；

社交类：多闪、半次元。

此外，还有段子聚集地皮皮虾、网文平台番茄小说、美颜相机Faceu激萌、轻颜相机等。公司独立研发的"今日头条"客户端，通过海量信息采集、深度数据挖掘和用户行为分析，为用户智能推荐个性化信息，从而开创了一种全新的新闻阅读模式。

2019年6月11日，字节跳动入选"2019福布斯中国最具创新力企业榜"。

思考启示：为何字节跳动公司发展如此之快？移动互联网时代，这家公司是如何抓住移动的"春风"，迅速将PC端的东西转移到移动端，得到广大网友的喜爱呢？

1.2.1 激情四十年间的几次创业浪潮

改革开放以来，我国经历了四次创业浪潮，每一次都深刻改变了近代中国的经济发展格局，冲击着人们的生活，这期间涌现的风云人物和企业，或过眼云烟，或影响深远，都值得回味和总结。

1. 农民企业家为主导的创业浪潮

1978年，中国共产党第十一届中央委员会第三次全体会议召开，全会中心议题是讨论把全党工作重点转移到社会主义现代化建设上来。计划经济下被严格束缚的生产要素得以逐步放开，分别在农村地区和城市诞生了两个群体：农民企业家和"倒爷"。乡村土地承包责任制带来许多乡村劳动力的过剩，新增劳动力迅速增加，乡镇失业率居高不下，乡镇知识青年大规模返乡，一度高达5%，城市的边缘人士为主的"倒爷"，以摆地摊、倒卖物资为生，这批人是特定历史时期的产物，只存在了一段时间，很快消亡了，如图1-4所示。

图1-4　1980—1985年：摆地摊

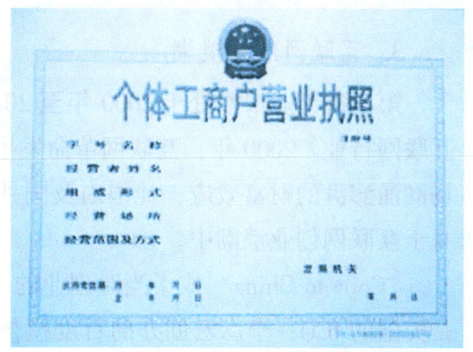

图1-5　1985—1990年：个体工商户营业执照

在这波浪潮中,个体户(见图1-5)驱动的乡镇公司和民营公司异军突起,诞生了美的、格兰仕、碧桂园、万向集团等企业。改革开放初期诞生的一批"农民企业家",他们市场触觉敏锐,善于"寻找先机",胆大、敢闯是他们的标签,很多农民企业家凭着胆量和一腔热血在市场中杀出了一条血路,对我国产生长远影响,很多企业和企业家今天仍在经济领域活跃。

2. 体制内人士的"下海"创业浪潮

1992年,邓小平南行并发表重要讲话,中心是:坚定不移地贯彻执行党的"一个中心,两个基本点"的基本路线,坚持走有中国特色的社会主义道路,抓住当前有利时机,加快改革开放的步伐,集中精力把经济建设搞上去。这激发了广大人民群众的创业积极性,"下海"经商浪潮全部铺开,一些社会精英人士,知识分子,国企、科研院所和政府机构任职的人,纷纷下海经商。全民"下海"变成当时我国的创业常态,如图1-6所示。2003—2007年房地产发展迅速,如图1-7所示。与首批创业者相比,这批创业人士接受过良好的教育、具有更开阔的视界,也更具探索和立异能力。

图1-6 1996—1997年下海潮

图1-7 2003—2007年房地产发展

第一、二次创业浪潮中的机遇,是我国计划经济向市场经济转化过程中出现的市场机会,那些胆大的、有闯劲的人,能够率先抓住机遇,成就自身的事业。

3. 互联网创业浪潮

第三次创业浪潮处于2000年至2010年,这一次浪潮,创业者们无一例外挑选了互联网行业。2000年,互联网革命发生,大洋彼岸的互联网创业浪潮以及纳斯达克市场汹涌澎湃的财富效应,让国内及国外留学的许多计算机专业学生跃跃欲试,纷繁投身于互联网创业浪潮中。

"Copy to China"成了当时创业的一个流行模式。例如,马化腾创办的QQ模仿的是美国的ICQ;李彦宏创办的百度模仿的是美国的Google;张朝阳创办的搜狐模仿的是美国的Yahoo。在模仿的基础上创造更加适合我国市场的产品,事实证明这也是一个非常成功的战略方案,成就了一大批成功的企业。"海归"成了此次创业浪潮中的引领者和主力军。

最早显露锋芒的是新浪、搜狐、网易这三大门户网站,其次登台的是阿里巴巴、腾讯与百度。之后,各类互联网公司出现,共同构成我国独具特色的互联网生态,也让我国市场互联网从默默无闻发展为国际第二大市场。

这次创业浪潮中,出现一种新的商业力量:风险投资,其重新定义了"创业"这个概念。企业家们不再简单依靠自有资金或向亲朋好友借款,而是在外部金融机构的帮助下,凭借充裕的现金流,迅速抢占市场。初创企业以客户资源获得发展,企业通过溢价出售股权,可以获得大量的现金注入,股权激励激发了员工的积极性。

这个阶段所有行业的战略周期急剧缩短,创业者所需要的是快速的套现能力和快速反应能力。这次创业浪潮带动我国创业走向了现代化发展的时期。

1.2.2　创新引领的第四次创业浪潮

2014 年 9 月,李克强总理在夏季达沃斯论坛上初次提出"大众创业、万众创新",群众创业、草根创业浪潮随即全国铺开,如图 1-8 所示。

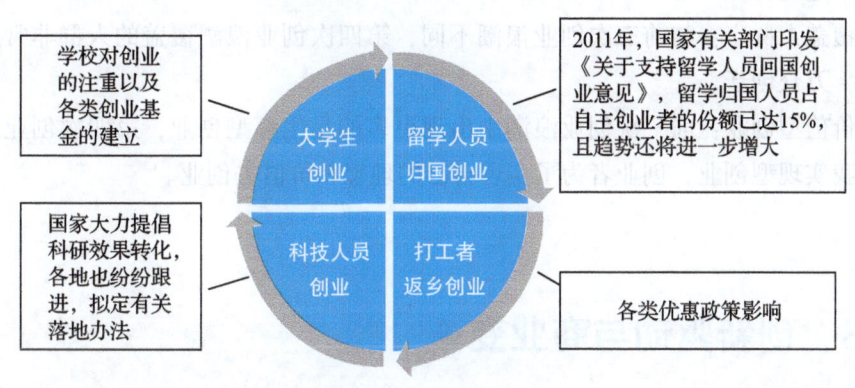

图 1-8　大众创业浪潮

2014 年以来,人工智能、无人驾驶、工业革命 4.0、互联网金融、物联网、区块链等革命性新技术加速发展,很多技术是颠覆性创新。人们正面临人类历史上最大的一次科技浪潮,也是一次史无前例的创业机遇。任何一个新技术,都可能诞生一群独角兽,技术和新的商业模式相融合,对传统行业和服务业造成重大改变。

过去,创业者往往把目光放在制造业上。如今,"互联网+有关职业"变成创业热门,创业企业主要分布在电子商务领域和互联网金融领域,其次是大健康、文化娱乐、物流以及交通出行等领域。

这次创业浪潮,创业者已经从边缘人上升为主流人,创业者大多是 85 后、90 后,他们不再是被动创业,而是成为汇集这个时代最积极能量的一个新阶层。

这次创业浪潮的核心关键词是"颠覆",颠覆传统的商业模式,用最前沿的科技创新手段和最专业的金融服务模式改造传统行业,从全球范围内寻找最先进的科技手段和金融模式,升级或者挖掘产业链上的商业机会,这也是现代创业产业观。

 知识探究

第四次创业浪潮和前三次创业浪潮的不同点

- 驱动力不同:"技术 + 制度 + 市场 + 资本"全面创新所推动的创业浪潮,移动互联、新材料、新能源、人工智能的发展让创业者找到了技术手段,而我国市场处于消费需求升级的阶段,垂直细分领域出现。
- 政府在推动:政府通过简政放权、营造环境、降低成本等一系列的"组合拳"来推进创业,全国各地的创业大赛如火如荼地开展,创业联盟、创业空间如雨后春笋般出现。
- 投资兴起时:我国在第四次浪潮里有了专业的天使投资、VC、PE,多层次资本市场越来越完善。
- 覆盖人群广:与前三次创业浪潮不同,第四次创业浪潮覆盖的人群非常多,大众创业,万众创新。
- 价值型创业:前三次创业浪潮中出现更多的是生存型创业,第四次创业浪潮中出现自我实现型创业,创业者为了实现自己的理想和价值去创业。

1.3 创新驱动与商业变革

 **课堂引入**

新基建催生新业态

新型基础设施是以新发展理念为引领,以技术创新为驱动,以信息网络为基础,面向高质量发展需要,提供数字转型、智能升级、融合创新等服务的基础设施体系。新基建产业布局如图 1-9 所示。

示意图	基础设施	对应新兴行业
	5G及相关电子信息领域配套设施	物联网/车联网
		人工智能
		大数据中心
		云计算
	传统基础设施的信息智能改造	智慧城市
		智慧交通
		智慧园区
		智慧农业
		智慧警务
		智慧消防
	新能源新材料及其应用领域配套设施	光伏
		生物质能
		清洁供电
		垃圾发电
		高端制造
	无人化配套设施	无人机
		无人配送物流系统
		无人化防疫系统
	高新技术产业园区	卫星产业园
		医药产业园
		军民融合产业园

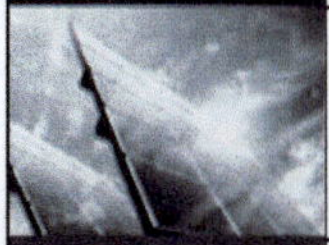

图1-9 新基建产业布局

新型基础设施主要包括信息基础设施、融合基础设施和创新基础设施3个方面的内容。其中，信息基础设施包括以5G、物联网、工业互联网、卫星互联网为代表的通信网络基础设施，以人工智能、云计算、区块链等为代表的新技术基础设施，以数据中心、智能计算中心为代表的算力基础设施等；融合基础设施包括智能交通基础设施、智慧能源基础设施等；创新基础设施包括重大科技基础设施、科教基础设施、产业技术创新基础设施等。

思考启示：1）我国为什么要搞新基建？
2）新基建涉及哪些行业领域？
3）新基建衍生了哪些新的岗位和职业？

1.3.1 创新驱动产业升级

1. 产业转型升级

在2018年政府工作报告中，提到要做大做强新兴产业集群，实施大数据发展行动，加强新一代人工智能研发应用，在医疗、养老、教育、文化、体育等多领域推进"互联网+"。发展智能产业，拓展智能生活，运用新技术、新业态、新模式，大力改造提升传统产业。产业转型和产业升级如图1-10所示。

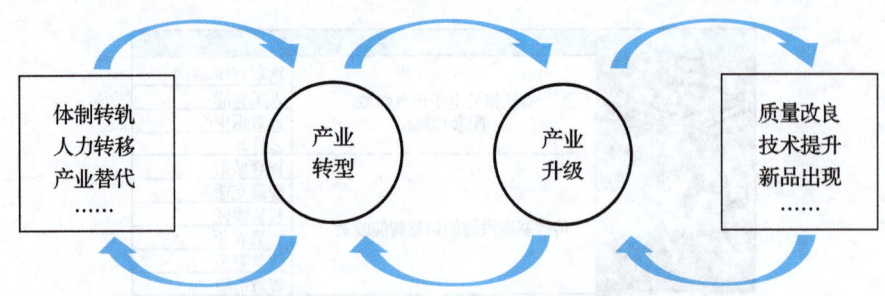

图1-10　产业转型和产业升级

注：资料来源于创享智库。

产业升级就是使产品附加值提高的生产要素改进、结构改变、生产效率与产品质量提高、产业链升级，技术进步是推动产业发展的关键动力。

1935年，新西兰澳塔哥大学（University of Otago）教授阿·费舍尔（Allan G. B. Fisher）在《安全与进步的冲突》（The Clash of Progress and Security）一书中，从世界经济史的维度，对三次产业分类方法进行理论分析，将国民经济部门对应划分为三次产业，遂成为国际通用的产业结构分类方法之一。这种分类法将产品直接取自于自然界的部门称为第一产业；将初级产品进行再次加工的部门称为第二产业，其他为生产和消费提供各种服务的部门称为第三产业。近年来，在一些发达国家，第一二产业增加值和劳动力所占比重下降的趋势明显，第三产业发展迅速，所占比重都超过了60%。

产业转型，包括新产业替代没落产业，也包括在产业替代过程中发生的体制转轨、人力转移及产业替代等。产业升级则是一个低附加值产业不断被高附加值产业迭代的过程，伴随效率及技术水准的提升，增加该产业的附加值，达到产品质量改良、技术提升及新产品出现等目的。

产业转型升级的未来发展方向：

1）由生产型制造向服务型制造转变。
2）由信息技术应用向两化融合转变。
3）由跟随模仿向自主创新转变。
4）由低端产品生产向高端装备制造转变。
5）由产业聚集向产业集群转变。
6）由粗放管理向精益管理转变。

我国将迈入"大创新时代"

迈克尔·波特在其《国家竞争优势》中指出，每一个国家的发展将经历生产要素驱动、投资驱动、创新驱动和财富驱动等四个发展阶段，如图1-11所示。1981—2017年间，我国主要是由地产、传统基建为代表的投资驱动发展。然而，近年来GDP增速呈下行趋势，呈现出明显的L型。2019年，我国GDP达到99.09万亿元，同比增速为6.1%，同比下降0.6个百分点。在经济增长趋缓的背景下，我国经济发展将踏上由投资驱动转向创新驱动的转型之路。基于《突破性创新与经济增长》报告给出的分析框架，创新可以通过资本深化、推动人力资本增长、提高企业生产效率与促进经济结构转型四大途径来促进经济增长，我国将迈入"大创新时代"。

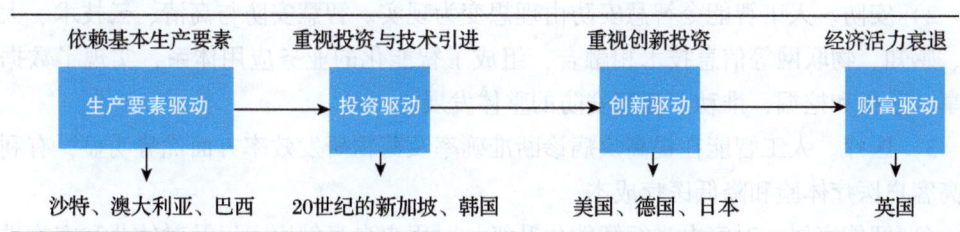

图1-11 迈克尔·波特的全球四阶段发展史

注：数据来源于《国家竞争优势》。

2. 人工智能赋能产业升级

2016年，AlphaGo与李世石的围棋大战开启了人工智能发展新纪元，人工智能已在不知不觉中成长，其学习能力和智能化程度远超人们的想象。随着人工智能技术的加速落地，人们将享受人工智能带来的便捷、简单的品质生活，享受人工智能带来的平等福利，现在行业更多的是融入"互联网+"，未来一定是"人工智能+"。

如今，在社会各领域，越来越多的人工智能技术被施以应用，深刻改变了产业形态、推动产业转型升级。人工智能迎来"弯道超车"的机遇，综观产业界，百度、阿里巴巴、腾讯等互联网巨头纷纷斥重金布局人工智能。在国家战略层面，人工智能更被视作未来经济、科技发展的核心竞争力。智能时代的新技术如图1-12所示。

图1-12 智能时代的新技术

人工智能是继移动互联网之后，对我国产业进化影响最为深远的底层技术，是新一轮产业变革的核心驱动力量，将推动数万亿数字经济产业转型升级；人工智能技术因其良好的普适性，可参与各行各业的改造，通过逐步替代人类脑力，为智能金融、安防、医疗、无人驾驶、教育、家居等各个垂直行业带来变革重构。

1）金融。人工智能在金融领域的应用目前仍处于初级阶段，主要集中于身份识别、风险控制与投资决策。人工智能刷脸支付和量化分析正逐步投入应用，未来市场潜力巨大。

2）安防。人工智能令智慧安防由理想变为现实。智慧安防与高清、云技术、大数据、感知、物联网等信息技术相融合，组成了智能化的业务应用体系，实现了数据的共享、分析和挖掘，推动了智慧安防的整体发展。

3）医疗。人工智能在提高疾病诊断准确率及药物研发效率方面优势明显，有利于提高客户医疗体验和降低医疗成本。

4）智能家居。对家电进行智能化升级，对用户自身健康，以及对幼儿和宠物进行监测，通过开发完整的智能家居控制系统或控制器，使得居住者能够智能控制室内的门、窗和各种家用电子设备。

"人工智能+"已接棒"互联网+"，渗透至各行各业，并逐步成为引领经济发展、产业转型升级的新引擎。创业已经到了一个深度发展的阶段，创业者除了关注消费者和股东之外，也要关注自己所处的产业链、产业关系，用产业升级来引领和推动下一阶段的发展。

 知识探究

认识人工智能

人工智能（Artificial Intelligence，AI）是研究、开发用于模拟、延伸和扩展人的智能的理论、方法、技术及应用系统的一门新的技术科学。

美国斯坦福大学人工智能研究中心尼尔逊教授对人工智能下了这样一个定义："人工智能是关于知识的学科——怎样表示知识以及怎样获得知识并使用知识的科学。"美国麻省理工学院温斯顿教授认为："人工智能就是研究如何使计算机去做过去只有人才能做的智能工作。"

人工智能是一门边缘学科，属于自然科学、社会科学、技术科学三向交叉学科。涉及学科有哲学和认知科学、数学、神经生理学、心理学、计算机科学、信息论、控制论、不定性论、仿生学、社会结构学与科学发展观等。

研究范畴包括自然语言处理、知识表现、智能搜索、推理、规划、机器学习、知识获取、组合调度问题、感知问题、模式识别、逻辑程序设计软计算、不精确和不确定的管理、人工生命、神经网络、复杂系统、遗传算法等。

现在，人工智能还处于起步阶段，未来，人工智能不仅是模仿人类，而是针对人类大脑的具体运算模型来进行复制和补充，进行自我思考。

 知识应用

人工智能助推银行转型升级

1. 智能身份认证

随着人工智能技术的不断发展，各大银行开始在营业网点、手机银行、ATM、在线客服等渠道及转账、理财、信用卡支付等交易中广泛采用人脸识别、声纹识别、指纹识别等生物识别验证，拥有快速准确识别能力的生物识别验证在提高金融服务效率的同时，在很大程度上保证了客户隐私的安全，极大地改善用户体验。

2. 智能投顾

依托人工智能的算法模型，基于客户的风险偏好、经济情况、理财目标等个性化、差异化因素，为客户量身定制最佳投资方案，并通过对市场经济环境、资产配置方案的实时跟踪和调整，实现客户在一定风险下的收益最大化。目前，各大金融机构和互联网金融企业都在纷纷推出自己的智能投顾品牌，例如，中国银行的"中银慧投"、招商银行的"摩羯智投"等。

3. 智能风险防控

通过大数据分析，可以对贷款客户进行精准画像并将其作为是否授信、授信金额的重要依据，实现贷前风险控制；同时人工智能通过对大量的反欺诈交易、信用违约案例、市场环境数据的深度学习、自主学习，使银行对贷款业务的实时监测成为可能，从而实现各类风险的快速识别、预警和处理。

4. 智能客服

智能客服通过大量学习金融领域的知识，拥有了为客户提供各类咨询的基础和依据，同时在与客户的听、说、触等多元化的沟通互动中，智能客服通过自主学习，可以快速地掌握客户心理，用令人感觉舒适的语音语调，对常见问题做出客观严谨的回答，智能导航客户迅速获得所需金融服务，从而为客户提供更加高效、贴心、人性化的服务，改善用户体验，提升客户满意度。

5. 智能金融监管

人工智能通过规则推理和案例推理两种方式学习各类金融监管的业务场景,从而自动推理相关金融行为是否合规并迅速地采取应对措施。基于人工智能的复杂算法,人工智能拥有着快速学习各类法律、法规、金融数据等的先天优势,也会给出更加精准的监管判断及可行的监管措施,从而提高监管的效率,助力构建更加健康、和谐的金融生态。

1.3.2 商业模式的演变及趋势

以人工智能、物联网、区块链、机器人、5G 移动通信技术为代表的新兴突破性技术正逐渐吸纳全球创新资源,并对传统商业模式产生深刻影响。颠覆性技术应用不仅可以创造、发掘、引导和引发新的商业需求,还为商业模式、业态和盈利模式带来深刻的改变。

以下以数字消费、智慧物流、互联网金融为例阐述科技革命带来的商业模式变化。

1. 数字消费

随着市场的数字化发展日渐成熟,消费者行为也发生相应变化,新兴市场在数字化发展过程中也变得更加复杂,如图 1-13 所示。以下列出六大变化:

1) 社交媒体依然占据主导,但其他平台的影响力日益增强。

2) 便利性成为一大影响因素,网上商城推出的折扣活动通常会大大地刺激新兴市场消费者的购买冲动。

3) 消费者愈加重视购物体验,消费者眼光更挑剔,例如,像具有良好性能的推荐引擎,让消费者进行模拟体验,显示自己试穿试戴效果。

图 1-13 对数字化的运用蓬勃发展

4）支付方式数字化。在数字化发展更成熟的国家，电商交易往往不是通过现金，而是利用数字支付方式，具体形式取决于当地已有的金融基础设施。

5）以消费者为导向的产品。让消费者参与产品设计，并量身定制解决方案。

6）针对性强、社交性强的品牌。企业更有针对性地向特定受众投放信息，并充分利用社交媒体的影响力，以扩大规模和打响品牌。

2. 智慧物流

物流是物品从供应地向接收地的实体流动过程中，根据实际需要，将运输、储存、装卸搬运、包装、流通加工、配送等功能有机结合起来实现用户要求的过程。智慧物流（Intelligent Logistics System）是指通过智能硬件、物联网、大数据等智慧化技术与手段，提高物流系统分析决策和智能执行的能力，提升物流系统的智能化、自动化水平。

相比于传统的物流模式，智慧物流以互联网为依托，在物流领域广泛应用物联网、大数据、云计算、人工智能等新一代信息技术与设备，将物流活动各环节及供应链上下游互联互通，是一场"流通革命"。

智慧物流是物流业转型升级的必由之路，是引领行业发展趋势、降本增效的重要手段，是行业发展新的价值体现。物流企业对智慧物流的需求主要集中在物流大数据、物流云、物流模式和物流技术四大领域，物流信息化、自动化、智能化技术广泛应用，如图1-14所示。

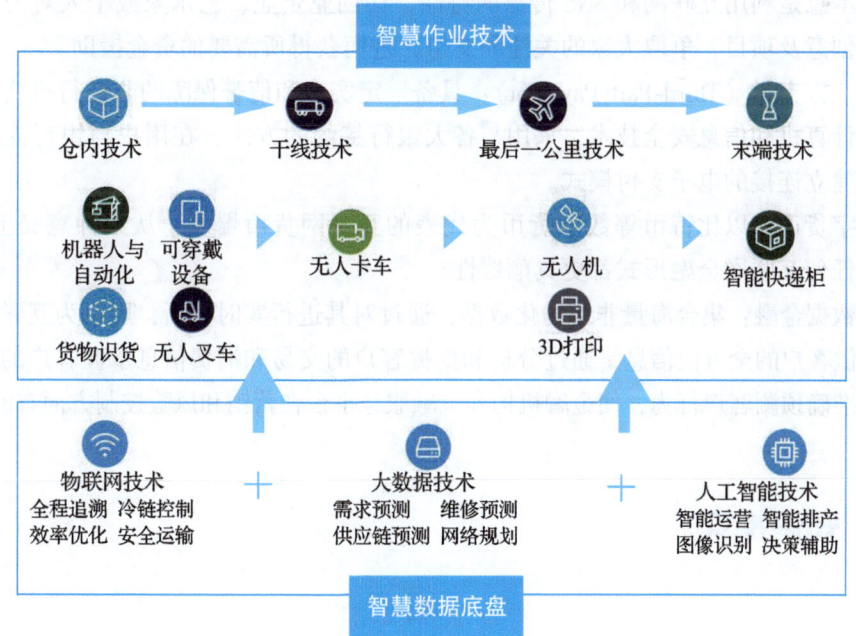

图1-14 智慧物流技术的应用

智慧物流的出现不仅大大降低了制造业、物流业等行业的运输、管理成本，切实提高了企业的利润，也让生产商、批发商、零售商三方通过智慧物流提供的高效协同的方式，实现了信息共享，最大限度地控制成本。

根据中国物流与采购联合会数据，当前物流企业对智慧物流的需求主要包括物流数据、物流云、物流设备三大领域，2016年智慧物流市场规模超过2000亿元，预计到2025年，智慧物流市场规模将超过万亿。

智慧物流数据服务市场（形成层）：处于起步阶段，其中占比较大的是电商物流大数据，随数据量积累以及物流企业对数据的逐渐重视，未来物流行业对大数据的需求前景广阔。

智慧物流云服务市场（运转层）：基于云计算应用模式的物流平台服务在云平台上，所有的物流公司、行业协会等都集中整合成资源池，各个资源相互展示和互动，按需交流，达成意向，从而降本增效。

智慧物流设备市场（执行层）：是智慧物流市场的重要细分领域，包括自动化分拣线、物流无人机、冷链车、二维码标签等智慧物流产品。

3. 互联网金融

互联网金融（ITFIN）是指传统金融机构与互联网企业利用互联网技术和信息通信技术实现资金融通、支付、投资和信息中介服务的新型金融业务模式。

众筹：大众筹资或群众筹资，用团购预购的形式，向网友募集项目资金的模式。众筹的本意是利用互联网和 SNS 传播的特性，让创业企业、艺术家或个人对公众展示他们的创意及项目，争取大家的关注和支持，进而获得所需要的资金援助。

第三方支付（Third-PartyPayment）：具备一定实力和信誉保障的非银行机构，借助通信、计算机和信息安全技术，采用与各大银行签约的方式，在用户与银行支付结算系统间建立连接的电子支付模式。

数字货币：以比特币等数字货币为代表的互联网货币爆发，从某种意义上来说，比其他任何互联网金融形式都更具颠覆性。

大数据金融：集合海量非结构化数据，通过对其进行实时分析，可以为互联网金融机构提供客户的全方位信息，通过分析和挖掘客户的交易和消费信息掌握客户的消费习惯，并准确预测客户行为，使金融机构和金融服务平台在营销和风险控制方面有的放矢。

 知识探究

区块链

区块链（Blockchain）是分布式数据存储、点对点传输、共识机制、加密算法等计

算机技术的新型应用模式。区块链是比特币的一个重要概念，它本质上是一个去中心化的数据库，同时作为比特币的底层技术，是一串使用密码学方法相关联产生的数据块，每一个数据块中包含了一批次比特币网络交易的信息，用于验证其信息的有效性（防伪）和生成下一个区块。区块链生态系统如图1-15所示。

图1-15　区块链生态系统

区块链技术被认为是继蒸汽机、电力、互联网之后，下一代颠覆性的核心技术。如果说蒸汽机释放了人们的生产力，电力解决了人们基本的生活需求，互联网彻底改变了信息传递的方式，那么区块链作为构造信任的机器，将可能彻底改变整个人类社会价值传递的方式。

区块链最核心的革命特性是改变千百年来落后的信用机制。以前是靠信誉、靠百年老店的品牌、靠权威机构等建立信任，区块链利用技术建立了新的信任方式，这是可以被量化的，从技术的角度实现的，所以说区块链成了下一个信任的基石。

1.4　新时期的创新创业教育

蓝思科技周群飞创业历程：从小作坊到上市企业

周群飞，蓝思科技创始人，从事玻璃制造20余年，掌握了一套特种玻璃加工生产工艺。她从做手表玻璃起家，成为"手机玻璃大王"。2015年10月19日，《2015胡润女富豪榜》发布，周群飞以财富500亿元，成为内地"女首富"。2018年10月24日，周群飞入选改革开放40年百名杰出民营企业家名单。

1971年，周群飞出生在湖南湘乡一个贫瘠的小山村，自幼命运多舛。在她出生前，父亲因为做炸药两根手指被炸残，眼睛几乎失明，5岁时，母亲又不幸离世，只能靠周父的编竹背篮手艺生活。

苦难的经历，让周群飞的内心有一种强烈的愿望，她发誓长大后要通过自己的努力去改变命运。16岁那年，舅舅回老家探亲，周群飞说服舅舅带自己去广东。在舅舅家待了一段时间后，周群飞选择离开韶关的舅舅家，前往深圳打拼。当时，她找了一家深圳大学附近的做手表玻璃的小工厂，条件很苦。当时，周群飞白天上班，晚上读夜校，疯狂地学习各种技能，计算机、会计、报关……甚至货车驾照。周群飞学过会计，经常义务帮会计贴发票、抄流水账。为了尽量多地掌握谋生技能，周群飞考过报关员，还考过驾照。

三个月后，因为觉得工厂里已经没东西可学，周群飞提出辞职。岂料，老板不但没同意，反而提拔她担任新成立的丝网印刷部的主管。这成了她人生中重要的转折点，也是她后来创业的基础。不久之后，该厂的厂长突然辞职。因为当时工厂正在扩建，投资方澳亚光学由于信心不足，准备撤资。而此时19岁的周群飞挺身而出，力劝老板继续投资，最终老板被说服了，同意让她当负责人。周群飞很快就证明了自己，将工厂做成了集团效益最好的厂。

从澳亚光学辞职后，不少曾经的竞争对手向周群飞伸出橄榄枝。但周群飞骨子里是希望自己能当家做主，在家人的鼓励下，她选择了创业，做的是老本行丝网印刷。

2000年左右的中国，是电子产品的春天。计算机、手机、相机等"奢侈品"日渐趋于平民化，市场的留白空间非常大。在这股浪潮中，周群飞的事业迎来了转机。2001年，一位朋友接到TCL的手机订单，将面板加工的任务交给了周群飞。那时候，手机面板使用的是有机玻璃（亚克力），不耐划，冬天容易爆裂，透光性也不好。周群飞拿到订单后，向TCL建议使用她比较熟悉的手表类型的玻璃屏，得到了对方的同意。当时的业内已经开始寻找有机玻璃的替代品，周群飞这个"外行"却成了改革先驱，她与团队几经实验，成功将手表玻璃技术移植到了手机上。这款产品在市场上大卖，整个手机行业也掀起了一场玻璃革命。

2003年，周群飞以技术和设备入股与人合伙，在深圳成立蓝思科技公司，专注手机防护视窗玻璃的研发、生产和销售。

2006年，蓝思科技顺应产业转移的趋势，回到湖南发展。蓝思科技开始在浏阳建厂，2009年投产。随后，在浏阳注册成立蓝思科技股份有限公司，并将蓝思科技总部放在浏阳。周群飞也成了当之无愧的"全球手机玻璃女王"。

思考启示：1) 周群飞抓住了时代的哪些机遇？2) 周群飞有哪些创业者的特质？

1.4.1 创新创业教育的内涵

新时代的创新创业教育已经成为我国实施科教兴国战略、人才强国战略、创新驱动发展战略的一个重要内容,将为培养学生的综合能力和创新思维,增强教育服务创新发展能力奠定基础,将为促进就业、鼓励创业,实现更好质量和更充分的就业奠定基础。

高校创新创业教育体系建设应当坚持"面向全体学生、贯穿全过程"的基本要求,以创新创业教育学科建设推动我国特色创新创业教育体系建设。我国创新创业教育的立足点、发展之基,就是将创新创业教育做到深度融合人才培养方案,深度融入专业教育,深度融合创新创业实践,协同构建社会、企业、校友的创新创业体系。

双创教育并不鼓励学生盲目跟风创业,而是培养一种创新创业的精神,让大学生具有自主创业的能力,即使毕业生没有开公司当老板,但通过自己的努力,在一份工作中不断开拓进取,自立自强,这也是一种创业。

对于大学中的人才培养和知识学习方式,知识是靠传授和记忆,而技能和思维力要靠训练和练习。在这个科技爆炸的年代,学生需要的是知识、能力、素质组成的综合素质训练,需要有社会责任感、创新精神和实践能力。

专业的学习积累是"米",创新技法是"炊",学生需要养育成创新思维和创业观念,也就是说,不再是标准化的和墨守成规的。传统的专业人才培养教育模式本质上是一种认知型教育,重在知识传播;创业教育的根本在于塑造全面发展的人,创业创新是一种新的工作方式、生活方式、教育方式。

创新创业教育与专业教育的融合,是一种"弘扬人的主体性、开发人的潜能、发展人的创造性、培养人的健全人格的新型教育模式",是从工具型教育、知识型教育到智能型教育。创新创业教育并不是单纯地教学生如何创办企业,它的核心是全面提高学生的创新创业素质。因此,创新创业教育应该贯穿于高校人才培养全过程。

 知识探究

我国创业教育的发端及发展

我国创业教育发端的时间点应该是 1980 年 1 月 16 日,其标志性事件是邓小平在中共中央召集的干部会议上作《目前的形势和任务》的讲话,提出"要有一股艰苦奋斗的创业精神"。我国创业教育发展的标志性事件,见表 1-2。

表 1-2　我国创业教育发展的标志性事件

时间（年）	标志性事件
1988	胡晓风最早明确、比较系统地提出"创业教育"学术概念
1989	联合国教科文组织在北京香山召开的"面向21世纪教育国际研讨会"，提出了"创业教育"的概念，侧重强调探索精神、冒险精神、事业心、进取心等，这为研究我国创业教育，借鉴国外创业教育经验提供了条件
1990	由原国家教委发起，在北京、江苏、湖北、四川、河北、辽宁"五省一市"进行为期五年的"创业教育理论与实践"研究
1997	清华大学36名硕士、博士研究生成立了"清华科技创业者协会"，目标定位是培养大学生的创业意识、创业精神和创业素质，传播创业文化，培养未来的企业家。可以认为这是我国高校创业教育的开端
1998	首届"清华创业计划大赛"举办，由此创业教育被广泛地引入我国
1999	教育部《面向21世纪教育振兴行动计划》提出，加强对教师和学生的创业教育，采取措施鼓励他们自主创办高新技术企业
2002	教育部在清华大学、中国人民大学、上海交通大学等9所高校开展了创业教育试点工作
2008	教育部立项建设了30个创新与创业教育类人才培养模式创新实验区。2009年拓展到100个
2010	教育部印发《关于大力推进高等学校创新创业教育和大学生自主创业工作的意见》，明确使用了"创新创业教育"的概念
2012	教育部办公厅印发《关于普通高等院校"创业基础"课程教学大纲的实施意见》
2015	《国务院办公厅关于深化高等学校创新创业教育改革的实施意见》（国办发〔2015〕36号）是国家层面上对前期高等学校创新创业教育工作实践探索的系统总结和提升
2018	《国务院关于推动创新创业高质量发展打造"双创"升级版的意见》（国发〔2018〕32号）是我国迄今为止最为全面的创新创业政策体系

1.4.2　创新精神与创客运动

1. 创新精神

人类从不满足已经取得的一切成就，总会在对成就肯定的基础上加以扬弃，创造出一个个新的思想、理论及实践，体现并确证自我的意识性、能动性与超越性。创新是人类特有的实践活动与实践方式，创新构成了人的存在方式。

"唯创新者进，唯创新者强，唯创新者胜"。创新是指以现有的思维模式提出有别于常规或常人思路的见解为导向，利用现有的知识和物质，在特定的环境中，本着理想化需要或为满足社会需求，而改进或创造新的事物（包括产品、方法、元素、路径、环境），并能获得一定有益效果的行为。

当下种种思维定式仍然在阻碍着人们充分发挥出自己的创造性，而人的大脑仍有无穷的潜力未能善尽其用，这就需要创新精神，这是指要具有能够综合运用已有的知识、信息、技能和方法，提出新方法、新观点的思维能力和进行发明创造、改革、革新的意志、信心、勇气和智慧。

阻碍创新的另一个巨大束缚是"怕犯错"，这可能是社会普遍心态的产物，现代精神的核心是创新、是冒险、是自发。创新精神是一种勇于抛弃旧思想、旧事物，创立新思想、新事物的精神。例如，不满足已有认识（掌握的事实、建立的理论、总结的方法），不断追求新知；不满足于现有的生活生产方式、方法、工具、材料、物品，根据实际需要或新的情况，不断进行改革和革新；不墨守成规（规则、方法、理论、说法、习惯），敢于打破原有框架，探索新的规律和方法；不迷信书本、权威，敢于根据事实和自己的思考提出质疑；不盲目效仿别人的想法、说法、做法。

创新精神提倡独立思考、不人云亦云，并不是不倾听别人的意见，孤芳自赏、固执己见、狂妄自大，而是要团结合作、相互交流，这是当代创新活动必不可少的方式；创新精神提倡胆大、不怕犯错误，且并不是鼓励犯错误，而是出现错误认知是科学探究过程中不可避免的；创新精神提倡不迷信书本、权威，但并不反对学习前人经验；创新精神提倡大胆质疑，而质疑要有事实和思考的根据，并不是虚无主义地怀疑一切。总之，要用全面、辩证的观点看待创新精神。

 知识探究

全球创新指数（Global Innovation Index，GII）

全球创新指数是世界知识产权组织、康奈尔大学、欧洲工商管理学院于 2007 年共同创立的年度排名，衡量全球 131 个经济体在创新能力上的表现，是全球政策制定者、企业管理执行者等人士的主要基准工具。

全球创新指数是一个详细的量化工具，有助于全球决策者更好地理解如何激励创新活动，以此推动经济增长和人类发展。全球创新指数根据 80 项指标对 131 个经济体进行排名，这些指标包括知识产权申请率、移动应用开发、教育支出、科技出版物等。该指数提交给欧洲委员会联合研究中心，进行独立统计审计。

2020 年全球创新指数当中，瑞士蝉联榜首，其次是瑞典、美国、英国、荷兰等。亚洲地区名列前茅的有第 8 名新加坡、第 10 名韩国、第 11 名中国香港和第 13 名以色列。中国大陆位居第 14 名。

2. 创客运动

创客（Mak-er）一词来源于英文单词"Maker"，"创客"本指勇于创新，努力将自己的创意变为现实的人，源于美国麻省理工学院微观装配实验室的实验课题。此课题以创新为理念，以客户为中心，以个人设计、个人制造为核心内容，参与实验课题的学生即"创客"。

近几年创客这个词常常被人们提起，其流行始于 2015 年的政府工作报告中，后来就有越来越多的人在生活中去实践这个词，人们把在互联网上做出创新成绩的人叫创客，也有把摆脱墨守成规的人们，在生活中体现出创新精神的人，叫作创客，如图 1-16 所示。

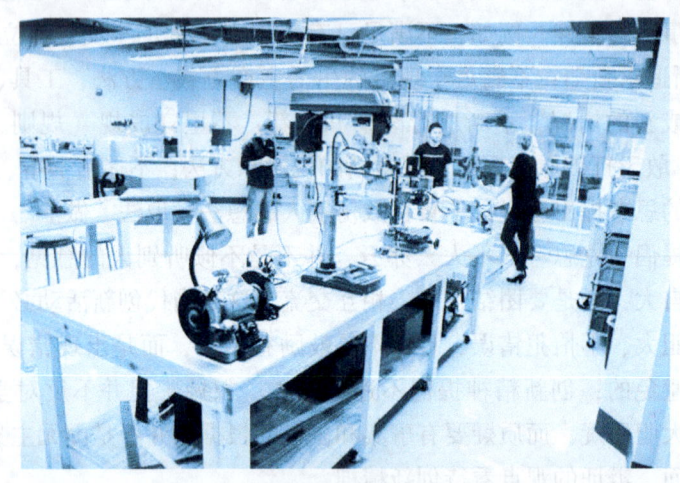

图 1-16　自己动手解决问题的创客

创客的核心是创意，只有玩转创意，才能够自豪地标榜为创客。无论是大规模的创新，还是小规模的改良，只要创造出了新事物，带来了效率或体验上的改善，那么都是成功的创客。创客们以用户创新为核心理念，热衷于创意、设计、制造的个人设计制造，有意愿、活力、热情和能力，为自己，同时也为全体人类去创建一种更美好的生活。根据创客活动的目标来划分，创客分为入门级创客和创业型创客两大类：

入门级创客（Zero-to-Maker）是指创意阶段的爱好者，执着于一个兴趣并寻求创意实现的指导和资源，主要是一些在校的学生和社会上的创客爱好者。

创业型创客（Maker-to-Market），是在入门级创客的基础上，更多地考虑把自己的创客作品卖出去以实现盈利，他们在创客产业链上走得更长。

在我国，"创客"与"大众创业，万众创新"联系在了一起，特指具有创新理念、自主创业的人。从 2015 年国务院政府工作报告中提出"创客"一词后，社会上已经把创客慢慢地定性为"创业者"，在移动互联网和大数据及国家互联网+政策的大背景下,有的专家又把创客定义为:利用开源硬件和互联网将各种创意变成实际产品的人,创客的身份就是造物者、DIY 爱好者、发明家,是每一个有创意且为之付诸实践的人。

知识探究

创客的起源与发展

创客其实无处不在,而且在每一个时代都存在。在我国古代,发明了造纸术的蔡伦,发明了活字印刷术的毕昇,都是他们那个时代的伟大创客。我们的先哲孔子其实也是创客,他发明的是先进的教育思维和丰富的教育形式。可以说,没有创客的存在,社会文明就不会进步。要了解近代创客史,请阅读优秀的创客——活着就是为了改变世界一文。

尽管创客实质上由来已久,但其作为一种概念被认可和研究,则是在信息技术成熟之后了。

2001 年,由美国麻省理工学院比特和原子研究中心发起,在美国波士顿建立了第一个 Fab Lab,如图 1-17 所示。Fab Lab 是一个快速创造原型的平台,用户可以通过 Fab Lab 提供的设施、硬件及材料,来实现他们想象中的产品的创意、设计和制造的全过程。这一理念很快在世界范围内得到扩散,迅速激发了创客运动的蓬勃发展。

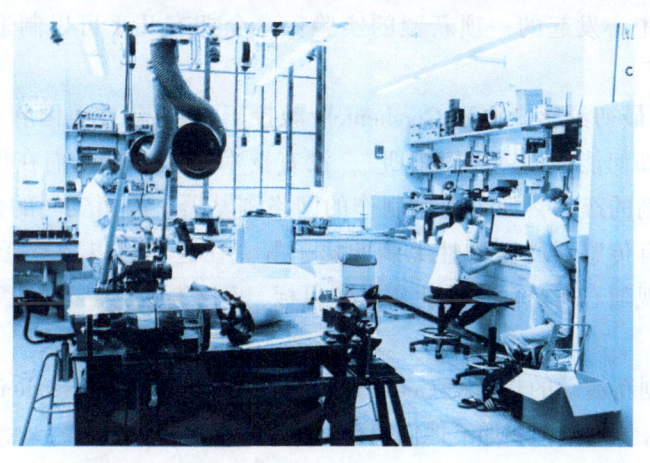

图 1-17 MIT Fab Lab

创客运动就是鼓励人们利用身边的各种材料和开源软硬件进行产品创造的过程,创客运动包括以下两层含义:
- 创客以 3D 打印技术和各种开源硬件进行 DIY 产品制造。
- 现在的创客更乐于使用互联网来分享作品。

Fab Lab 为创客运动的兴起做了一个很好的起步,更多的潜在创客们靠自有的条件和资源来实现创意,个人创客们大多以自己的兴趣和追求为动力,在各个领域中推出各种发明创造，这使得创客精神在世界范围内得以传播，越来越多的创客也随之涌现。

从 2011 年开始，创客运动开始进入我国，上海新车间、北京创客空间和深圳柴火创客空间等相继成立，英特尔等科技公司也陆续举办创客嘉年华、创客大赛等活动。

创客运动的发展历程：

- 第一阶段，创客运动开始兴起，主要标志是：Fab Lab 展示创客理念。
- 第二阶段，创客逐渐成为一种大众化运动思潮，创客数量急速增长。
- 第三阶段，创客之间开始寻求交流与合作，出现越来越多的创客空间。

经历了三个阶段的发展，创客已经从遥不可及的概念成了一种人人关注的理念。

发明创造不应只存在于拥有昂贵设备的研究所或大学实验室，也不应只由少数专业科研人员负责，任何人在任何地方均有机会完成，这正是创客的理念，也是创客运动的魅力所在。在未来，创客们可能不光要以自己的兴趣和追求而行动，还需要更好地同商业模式对接，以更好地实现发明创造的价值。

 知识应用

Fab Lab

Fab Lab 即微观装配实验室（Fabrication Laboratory），是美国麻省理工学院比特与原子研究中心发起的一项新颖的实验：一个拥有几乎可以制造任何产品和工具的小型的工厂。

Fab Lab 的最初灵感来源于 Gershenfeld 教授于 1998 年在美国麻省理工学院开设的一门课程"如何能够创造任何东西"，没有技术经验的学生们在课堂上创造出很多令人印象深刻的产品，如为鹦鹉制作的网络浏览器、收集尖叫的盒子、保护女性人身安全的配有传感器和防御性毛刺的裙子等。在这里可以制造任何想要的东西，而这种可以实现随心所欲的个性化需求的目标，也逐渐成为 Fab Lab 萌芽的创新研究理念。

学生们的创新活动的热情使 Gershenfeld 教授受到了鼓舞。Gershenfeld 教授认为与其让人们接受科学知识，不如给他们装备、相关的知识以及工具，让他们自己来发现科学。随后，第一个 Fab Lab 于 2001 年在美国波士顿建立。

创客空间

创客空间指的是社区化运营的工作空间，在这里，有共同兴趣的人们（通常是对计算机、机械、技术、科学、数字艺术或电子技术）可以聚会，社交，展开合作。

创客空间也称为 Hackerspaces，在全球不断涌现。它是蓬勃发展的创客运动的一部

分，鼓励人们创新。

一般创客工坊会为创客提供包括 3D 打印机、小型激光切割机、铣床、钻床、车床、电磨等专业设备及工具。由于创客工作坊活动对场地，尤其是对设备具有限制，所以创客空间里的工作坊规模有大有小，只要有共同爱好的创客能开展相应的活动就够了。柴火创客空间如图 1-18 所示。

图 1-18　柴火创客空间

1.4.3　创业意识与创业者

1. 创业意识

对于创业这个概念的定义和理解有很多，有人认为创业是一个"过程"，有人认为创业是一种"行为方式"。从广义的角度去理解创业的话，创业应该是任何探索问题和解决问题的行为过程，在这个过程中，人们产生了想法，继而将这个想法变成现实并创造价值。创业应该是一个人的思维方式、行为方式和生活方式，应该是一种人生过程。在这种人生过程中，人们不断发现问题并且解决问题，终其一生为了美好的目标奋斗，因此，创业过程本质是为了自己和他人创造价值的一个美好过程。

创业意识是指人们从事创业活动的强大内驱动力，是创业活动中起动力作用的个性因素，是创业者素质系统中的驱动系统。创业意识包括商机意识、转化意识、战略意识、风险意识等，创业意识的培养不是一朝一夕的，它需要时间的积累。

创业意识可以说是每一个人都应该具备的一种思维方式，只有这种意识强烈，才有可能让自己有更加强劲的动力，如果你有一个好的想法，却没有一个创业意识，那么想法就无法转化为创业项目。

很多现在比较成功的企业，都是起源于创业之前的一些想法，然后通过创业意识把想法变成可执行的项目，从而改变自己、他人以及社会的发展。所以，要让更多的人知道你的创业想法，想办法把这种想法变成现实。

知识探究

创业意识包含哪几种意识

1. 商机意识

真正的创业者会在创业前、创业中和创业后，始终面临着识别商机、发现市场的考验。他必须有足够的市场敏锐度，可以宏观地审视经济环境，洞察未来市场形势的走向，以便做出正确的决策来保证企业的持续发展。

2. 转化意识

要在机会来临时抓住它，也就是把握机会，把商机转化成实实在在的收入，使企业持续运作，最终实现自己的创业梦想。转化意识就是把商机、机会等转化为生产力；把经验、知识转化为智力资本、人际关系资本和营销资本。

3. 战略意识

在创业初期，给自己制定一个合理的创业计划，解决如何进入市场、如何卖出产品等基本问题。在创业中期，需要制定整合市场、产品、人力方面的创业策略，转换创业初期战略。创业战略不只有一种，也没有绝对的好坏之分，关键要适合自己的创业之路。在这条路上应时刻保持着战略高度，不以朝夕得失论成败。

4. 风险意识

创业者要认真分析自己在创业过程中可能会遇到哪些风险，一旦这些风险出现，要懂得应该如何应对和化解。大学生是否具备风险意识和规避风险的能力，将直接影响创业的成败。

5. 勤奋/敬业意识

李嘉诚说："事业成功虽然有运气在其中，主要还是靠勤劳，勤劳苦干可以提高自己的能力，就有很多机会降临在你面前。"大学生创业，一定要务实，要勤奋，不能光停留在理论研究上，可以从小投资开始，逐步积累经验，不能只想着"一口吃个胖子"。没有资金和人脉都不要紧，关键是要有好的思路和想法，有勇气去迈出第一步，才会成功。

知识应用

创业人生画布包含四个重要的视角,分别是:客户、产品、价值和资源,如图 1-19 所示。具体来说,客户,就是你帮助的对象;产品,就是你满足用户需求的解决方案;资源,就是价值得以体现的基础;价值,就是你的成就感(收获大于付出),因为你的存在,让别人和社会变得更好,因而得到他人和社会的认可。

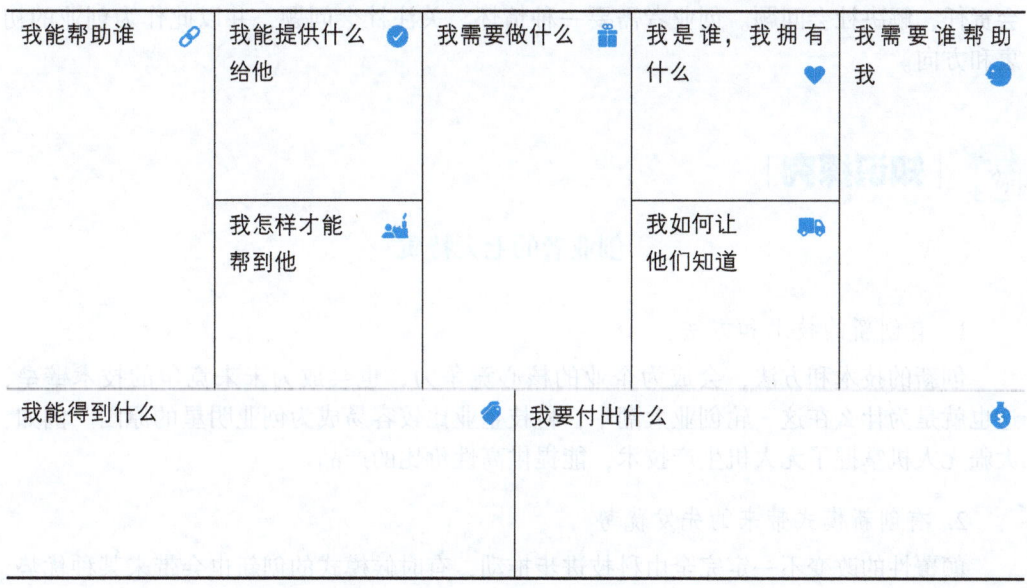

图 1-19　创业人生画布

第一步,我能帮助谁?是指你要帮助的对象,需要对他们的属性进行详细的描述,例如,身份、职业、性别、年龄和所在区域等。

第二步,我能提供什么给他?是指能给他提供什么服务,以及能给他带来什么价值。

第三步,我怎样才能帮到他?是指我通过什么渠道可以为他提供服务。

第四步,我如何让他们知道?是指我通过什么样的方式才能让他们知道我所提供的服务的价值。

第五步,我需要做什么?是指为了提供产品或服务,需要做什么关键活动。

第六步,我是谁,我拥有什么?是指我的核心竞争力,我有哪些核心资源,以及我如何组合这些资源,例如,知识、技术、资金和人脉等。

第七步,我需要谁帮助我?是指哪些是我所不擅长的,需要合作伙伴来帮助我。

第八步,我能得到什么?是指我因为提供的服务能收获什么,有可能是经济回报,也可能是社会回报。

第九步,我要付出什么?我要付出什么是指我要付出的资金、时间、精力和风险等成本。

2. 创业者

创业者是指某个人发现某种信息、资源、机会或掌握某种技术，利用或借用相应的平台或载体，将其发现的信息、资源、机会或掌握的技术，以一定的方式，转化、创造成更多的财富、价值，并实现某种追求或目标的过程的人。

创业者并不等于企业家，因为多数创业者并不可能完全具备企业家必备的个人品格。创业者只有不断完善个人素质，带领企业获得商业上的成功，才可能逐步转变为真正的企业家。创业者不仅仅要通过为社会提供产品以获得商业回报，还需要承担社会责任，解决社会问题。创业者需要一种情怀，关注社会问题，并以此作为创业的初衷和方向。

知识探究

创业者的七大特质

1. 有创新的技术和方法

创新的技术和方法，会成为企业的核心竞争力，也会成为未来竞争的技术壁垒，这也就是为什么在这一轮创业大潮中，科技企业比较容易成为创业明星的原因。例如，大疆无人机掌握了无人机生产技术，能提供高性价比的产品。

2. 有创新模式带来的先发优势

颠覆性的改变不一定完全由科技进步推动，有时候模式的创新也会带来某种优势，例如，团购网站的鼻祖 Groupon，最开始就是采用联合消费者向经销商压价的模式。模式创新很容易被模仿，甚至被超越。ICQ 是早期的即时通信软件，但腾讯的 OICQ 青出于蓝而胜于蓝，很快颠覆了原有模式。

3. 有某行业或者某公司的成功经验

创业企业虽然是从无到有的过程，但是如果创业者本身具备某种行业的经验，或者创业项目本身脱胎于某个已经成熟的项目，创业成功的概率就会大大提升。例如，新东方的俞敏洪，他一直从事英语教学和英语培训行业，那么他进行英语培训行业创业成功的概率就比做其他行业大得多。

4. 自带流量

有人把现在的经济模式描述为"注意力经济"。谁能吸引用户的眼球，谁能引起用户的注意，谁就有可能在竞争中脱颖而出。所以如果创业者本身自带流量，就更容易获得成功。例如，网络红人 Papi 酱，她在商业化运作之前就是网红，有上千万粉丝，所以当她希望打造视频娱乐平台 Papitube 的时候，自然就有人关注。

5. 有特定背景的个人或者团队

创业者如果具备某种特质或者创业者的团队在某些方面有优势，也会有助于创业成功。例如，雷军创立小米公司的时候就有一只集合了技术人员、市场专家、销售高手为一体的优秀人才团队，这个团队保证了他的项目能快速迭代，迅速走向成功。

6. 连续创业者

失败的经历在很多场合都是减分项，但是在创业领域连续创业失败，不但不会受到歧视，很多时候还会成为加分项。虽然在之前的创业项目中没有取得好成绩，但是连续创业者往往能从失败中总结教训，更加了解市场，也更加了解创业中可能遇到的陷阱。重整旗鼓，也许下一次就会成功。例如，王品牛排的创始人戴胜益连续创业9次才成功，融创中国的孙宏斌也是历经多次创业才取得成功。

7. 对某一领域有特别的热情

对某一领域有强烈的兴趣是促进创业成功的因素。脸书的创始人扎克伯格，最开始做社交媒体的动机就是希望为哈佛大学的同学们提供一个交流讨论的平台。

第 2 章　创新自信力引领下的设计思维

 本章导读

　　IDEO 合伙人,加州大学伯克利分校哈斯商学院资深顾问戴维·凯利（David Kelley）说过："创新自信力就是相信自己拥有改变周围世界的创新才能,坚信自己所做的工作必有所成。"这种成竹在胸的创新自信,就是创新的核心。创新不是天赋,而是一种能力,可以通过知识学习和思维训练获得并逐步提升。创新能力与人们的自信心有关,需要人们相信自己可以创新,进而敢于创新,在不断地进行创新的过程中使自己富有创造力,能够恰当地对待所有社会变革并迅速适应。设计思维是一种思维方式,是一种注重创新的流程。利用设计思维流程可以开发人们还未被发掘的创造潜能,能够解决各类问题,它不只是教会创新应该采用的方法,也在提醒创新人才应该具备的创新态度。

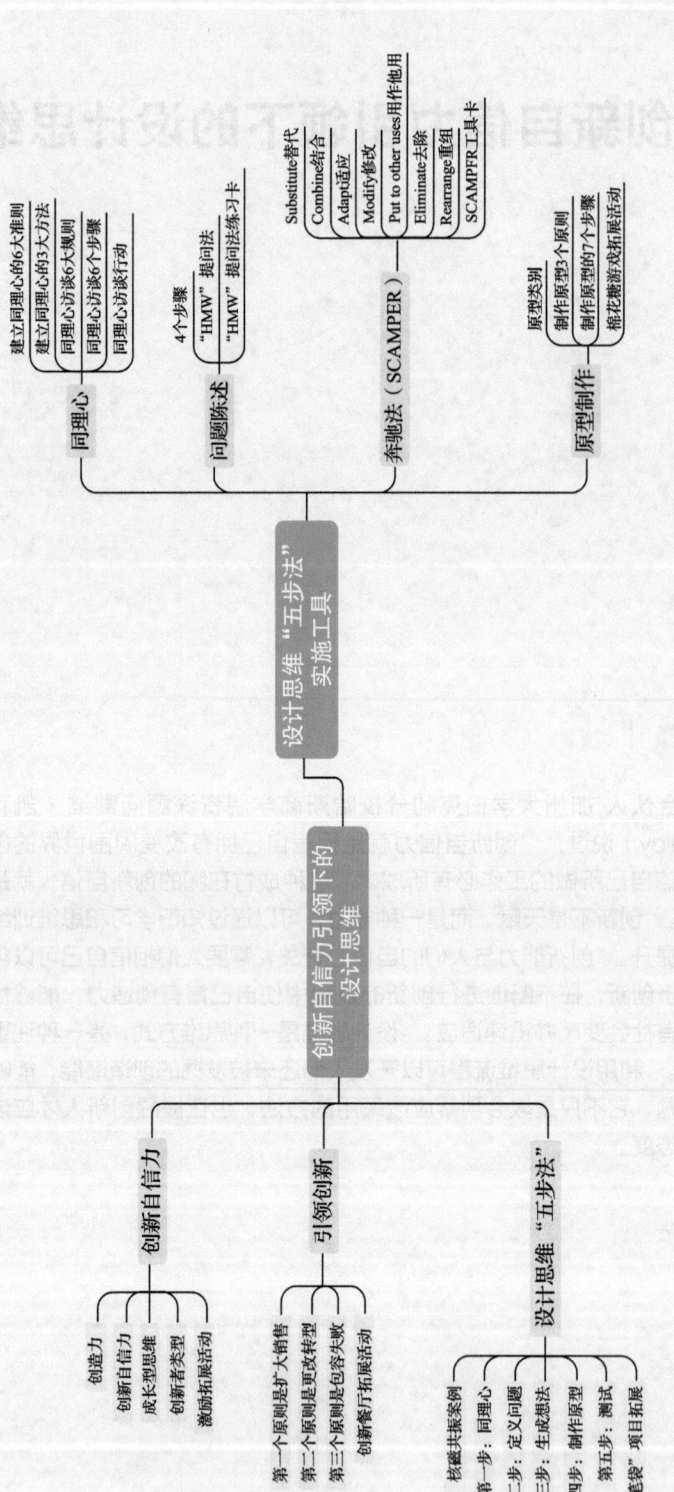

第2章内容思维导图

2.1 创新自信力

课堂引入

每个人出生时，除了啼哭一无所会；逐渐开始学习各种生活技能，学习说话时咿咿呀呀，从不清楚地喊"妈妈"，到逐渐连贯清晰的表达；学习走路时跌跌绊绊，摔倒了再爬起来，尝试了无数次后终于成功地迈出第一步。在这其中，没有人会认为失败是可耻的，错误是可悲的，而是都会认为一切顺理成章，不断地探索和尝试是成功的必由之路。幼年时的孩子，会自信地在一张纸上画下自己想象中的世界，鱼在路上走，面包满天飞，并且相信有一天都会变成真的。

当人们长大了，学会了很多技能，但是在面对问题时，面对挑战时，却很少有人可以再像孩童时一样，在愉快的心情里去探索新的解决方案；即使有一部分很勇敢的人，鼓足勇气去探索时，也很难在面对一次次失败时一直保持完全正面的心理状态，而是会沮丧，信心会被打击，不敢再继续。成年人在面对问题时，循规蹈矩，瞻前顾后，人们不敢再去天马行空地想象和创新，脑海中昙花一现的有趣的想法稍纵即逝。

于是，最可悲的一个论断出现了：成年人里只有极少数优秀的人可以继续保持丰富的想象力和创造力，这是否正确？

课堂讨论：1）长大的人们，是不是大部分真的丧失了探索和创新的能力？
2）你认为是什么阻碍了成年人的创新能力的培养？

思考启示：成年人并不是真的丧失了探索和创新的能力，只是自我认知发生了改变，从而引起思维模式的转变。

在人的成长过程中，对于自然界力量的畏惧，让人们觉得自我渺小；人与人之间的差距开始通过"天赋"的理由进行阐释；人逐渐在这样的理论环境中，为自己找到一个属于自己的舒服的位置，"我只是个普通人，那些新奇的想法都和我没有关系""改变世界要靠大人物""创新要付出很多代价，还是循规蹈矩比较安全"，这种自我意识使得大部分成年人几乎真正丧失了创新的能力。

创造力是与生俱来的，是每个人都拥有的。调整思维方式，就可以让在不断创新和挑战中提高自身能力，获得更大的成长机会。

 **知识探究**

创造力（Creativity）

创造力是指产生新思想、发现和创造新事物的能力，是成功地完成某种创造性活动所必需的心理品质，是知识、智力、能力及优良的个性品质等复杂多因素综合优化构成的。创造力是人类特有的一种综合性本领，发现问题并找到解决方案是创造力，但是不去实施，就不能称得上是创新。通常来看，创造力来得很快，但是实施和创新需要很长的时间。

创新自信力（Creative Confidence）

创新自信力就是相信自己拥有改变周围世界的创新才能，坚信自己所做的工作必有所成。这种成竹在胸的创新自信，就是创新的核心所在。

成长型思维（Growth Mindset）

成长型思维就是要相信失败只是自我成长中获取经验的一种途径，敬业精神和努力工作的态度可以培养并形成一个人最基本的能力，头脑和天赋只是起点。拥有成长型思维的人认为，能力是可以后天培养的，失败只是自我成长获取经验的一种途径。

 知识应用

创新者千人千面，创新能力植根于每个人的血液中，于无形中不断衍生力量，戴维·凯利将具备推动企业创新能力的人分为10种，每一种类都特色鲜明，体现出创新力的无处不在。这10种人可分为3类，第一类是学习型角色，包括人类学家、实验师、嫁接员；第二类是组织型角色，包括跨栏高手、合作者、导演；第三类是建设性角色，包括用户体验设计师、布景师、关怀者、讲故事的人。生活中的每个普通人，其实也都不普通，仔细看看这10种创新者类型，再端详一下自己，看看你最像哪一个？

1. 人类学家

人类学家需要深厚的社会学背景，一般都拥有认知心理学、语言学或人类学等学科的高等学位，然而这还不是最重要的，重要的是这类人永远保持初学者的心态，永远保持惊喜之心，善于利用自己的知觉。这类人的特点就是每次和你见面都像是初次见面，充满好奇，他们的大脑总是装着问题清单和妙想笔记，能够突破思维定式，即使从垃圾中也可以淘金。他们善于提问，而且是问具体的问题；他们善于观察，发现真正的问题所在，他们阅历广泛，知识庞杂，喜欢尝试各种可能，寻求各种帮助，甚至为了某一个实质性问题不眠不休地去寻找答案。例如，为了找到适合老人和孩子的厨具设计，可以连续几个月拍摄观察，最终发掘出更多的设计改进点；为了医院的流程改造，可以扮演病人住进医院，以发现真正的问题。

2. 实验师

实验师就是能够把抽象的想法具体化的一群人。正如爱迪生早年所言："我并没有失败，我只是成功地发现前一万种方法行不通。"想想看，你是不是也是喜欢动手的人？当然，这种具体的"动手"可以延伸到各个领域，而不只是局限于机械方法。

3. 嫁接员

嫁接员思维缜密，能够迅速发现联系。这类人保持了孩童般的观察事物的能力，善于逆向学习，跨学科跨部门进行创造。嫁接员从某种程度上综合了人类学家、实验师等角色的特点。例如，某个医疗科技产品"防摔倒皮带"就是借鉴了汽车的防撞气囊设计，当老人要摔倒时，皮带自动弹出气囊，保护老人头部。这里面就涵盖了很多不同种类的科学设计，而能够完美地重新组合形成新产品。

4. 跨栏高手

跨栏高手不知疲倦、乐在其中地解决问题。这类人不惧风险，深谙人情世故，打破常规，不受体制束缚，危急时刻保持冷静，力挽狂澜。他们是最灵活也是最富于野心和想象力的人，在他们身上有着不达目标誓不罢休的决心和勇气。

5. 合作者

合作者积极主动，能打破部门和机构的限制，为了共同目标努力，处于团队核心位置，力挽狂澜，激励人心。合作者能够很好地团结机构内部持怀疑态度的人，耐心倾听反对的声音，并设法把反对者争取过来。

6. 导演

导演的 5 个特征是：将中心舞台留给他人；不断寻找新的项目；喜欢接受挑战；设定高远目标；善于随机应变。导演需要统筹安排，合理配置资金、场地、人员，导演能够激励、组织、凝聚团队，从而发现战略性机会，大胆进行创新实验。

7. 用户体验设计师

用户体验设计师根据实地调研情况，及时调整战略，打破常规，击败对手，脱颖而出。优秀的体验设计师会通过自己设计的产品和服务来赢得客户的信赖，将客户从雷同的产品和服务中拯救出来，调动触觉、味觉、听觉、嗅觉等，形成独特感受。

8. 布景师

布景师是给团队打造良好的环境，提振士气，招徕人才，从而提高工作质量的一群人。如今工作环境越来越重要,需要可以畅所欲言的交谈、会客环境,需要舒适的家一样的氛围,需要可以聚焦注意力的思考场所。布景师不仅仅是特指一群人,自己也可以成为自己的布景师,美化下自己的办公环境,如计算机、手边物品、桌椅、墙壁装饰等,都可以让自己心旷神怡,容光焕发。

9. 关怀者

关怀者真心帮助客户的意识,努力成为客户的保驾护航者和导师。这类人对于细节的把控,来自于专业素养和知识储备。他们大多在心理学方面有造诣,可以和别人产生沟通连接,让别人信任、依靠他们,还能够进一步指导对方的下一步行为。

10. 讲故事的人

在媒介即信息的时代,讲故事的重要性不言而喻。学会讲正确的故事和真实的故事是门学问,要讲好一个故事在于倾听,并耐心地把听过的故事写下来,寻求更深层次的意义和内涵,让员工和客户产生共鸣。讲故事的方式除了口头表述以外,还有书面文字以及音视频。

拓展训练

表2-1 在组织中,我们如何激励他人从挑战和失败中获益?

材料	白纸、彩色水笔、视频录制设备	步骤1	针对对方的外表,进行激励(5分钟,课上完成)
分组	2人一组	步骤2	简短沟通,针对对方最近的一次失败,进行激励(10分钟,课上完成)
总时长	30分钟	步骤3	深入沟通,针对对方最不自信的地方,进行激励(15分钟,课后完成)
要求	做好沟通要点记录;做好激励时的视频记录;激励后各自写下听到对方激励后的个人感悟		

2.2 引领创新

课堂引入

托马斯·爱迪生所擅长的不只是发明,还有营销、筹集资金和交流思想,图2-1中的他看上去是不是更像一个成功的商人?和他具有同样营销头脑的是罗伯特·富尔顿，因"发明"汽船而享有盛誉，与此同时，他也是营销的行家。他生于美国宾夕法尼亚州富尔顿县，曾在英国学绘画，师从本杰明·韦斯特。之后他的兴趣由绘画转向科技和工程。1800年，他在巴黎设计的"鹦鹉螺"号潜艇下水，1807年，他设计制造的"克莱蒙特"号汽船在纽约港下水，沿赫德森河航行至奥尔巴尼，是美国第一艘经营成功的商业轮船，他所设计的一艘蒸汽驱动军舰在1812年的战争中保卫了纽约港。虽有人先于他造出汽船，但由于他是一个将发明运用于商业的营销行家，后人都认为他是汽船的发明者。

图2-1　托马斯·爱迪生

史蒂夫·乔布斯在构建和管理庞大的苹果帝国的漫长过程中，特别懂得适时放手并寻求新的方法；与他一起创建了皮克斯的三巨头之一的艾德·卡特姆是这么谈论史蒂夫·乔布斯的：他有一种值得赞赏的能力，那就是懂得适时放手。如果你与他争论，并说服了他，他就会立刻改变主意。尽管他的考验有时令人恼火，但如果你证明他是错的，他会立即停止。

课堂讨论：
1）你曾经有过怎样的营销经历？成功的营销给你带来哪些收获？
2）你曾经做过哪些重要的改变？改变的决定是基于什么原因做出的？
3）你曾经经历过哪些失败？如何对待失败？

思考启示： 乐于营销、及时改变与包容失败，是创新者需要具备的三个基本能力，没有人与生俱来地拥有这些能力，需要在学习和成长中有意识地去培养和塑造这些能力，并不断剔除负面因素的影响，剔除主观情绪的影响，形成积极向上的创新状态。

 知识探究

"创意的每个部分本身都很简单，但是当它们有机结合成一个整体之后，要比单纯的叠加更有意义。去散散步；培养直觉；记下一切，但是没必要现在就整理；拥抱新发现；别怕犯错；培养各种爱好；频繁出入咖啡馆和其他人多的场所；多跟别人交流；让自己的想法去启发别人；向别人学习借鉴，以此为基础再发挥；重新创造想法，建立一个丰富的创意库。"

引领创新（Leading Innovation）是一个实施过程，在这个过程中，领导者缩小了组织中的差距，从而改变了思维方式，激发了创新自信力和成长型思维；它是一种能力，需要把知识转化为行动，并遵循大多数创新组织所运用的创新原理和事实。

引领创新需要遵循3个基本原则，见图2-2：

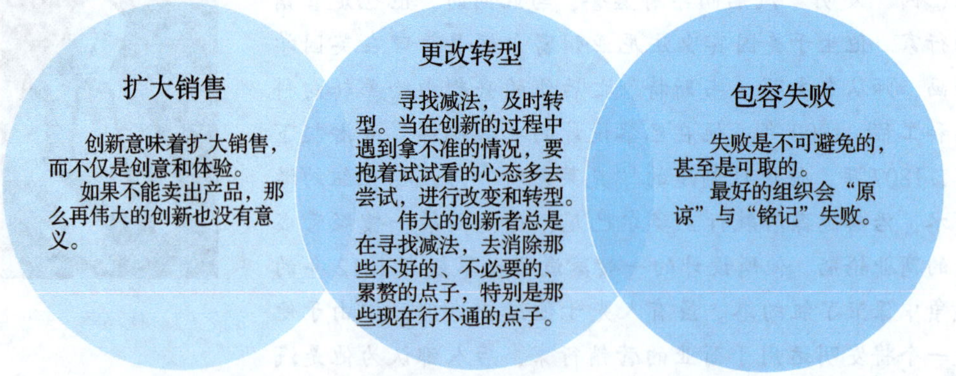

扩大销售

创新意味着扩大销售，而不仅是创意和体验。如果不能卖出产品，那么再伟大的创新也没有意义。

更改转型

寻找减法，及时转型。当在创新的过程中遇到拿不准的情况，要抱着试试看的心态多去尝试，进行改变和转型。伟大的创新者总是在寻找减法，去消除那些不好的、不必要的、累赘的点子，特别是那些现在行不通的点子。

包容失败

失败是不可避免的，甚至是可取的。最好的组织会"原谅"与"铭记"失败。

图2-2 引领创新需要遵循3个基本原则

第一个原则是扩大销售，创新意味着扩大销售，而不仅是创意和体验。如果不能卖出产品，那么再伟大的创新也没有意义。

第二个原则是更改转型，当在创新的过程中遇到拿不准的情况，要抱着试试看的心态多去尝试，进行改变和转型。伟大的创新者总是在寻找减法，去消除那些不好的、不必要的、累赘的点子，特别是那些现在行不通的点子。

第三个原则是包容失败，失败本身并不可怕，真正可怕的是失败的结果带来的影响。失败"可怕"的根源是害怕失败，失败是不可避免的，甚至是可取的。好的组织会"原谅"与"铭记"失败。正确认识创新过程中的失败，现在的失败是为了以后的成功，一次失败不代表永远的失败。害怕失败很容易使自己故步自封，或者说习惯了自己对自己的错误定位，不敢再做出突破自我的尝试，从而限制自己的潜能。众所周知，失败是成功之母。可在创新实践中，许多人害怕失败，因为失败后不仅颜面扫地，名利受损，而且还要受到批评教育，甚至被追究责任。请记住，有时从某种意义上来说，成功只不过是爬起来比倒下去多一次而已。如果因为担心失败而迟迟不肯跨出积极创新的一步，那样可能永远无法成功，人生将一事无成。当前，自主创新和人才强国的好时机已经到来，允许失败、包容失败的创新机制和营造自由创新的氛围的建立，给敢于创新吃下了定心丸。

知识应用

人类从出现开始，就不断通过各种方式创新，创新给人们带来了生活上的改变，也在不断改变着整个世界。

1）基于生存的创新，是亘古不变的创新主题。远古人类发明石器是为农耕与渔牧的需要；发明钻木取火是为了取暖、熟食和御兽的需要；发明甲矛剑箭是为了战争和狩猎的需要；车舟的发明是为了渡运与渔业的需要；发明尺剪是为了度量裁剪的需要；发明雕版、活字印刷是为传承文化的需要……

2）**创新不是凭空产生的，是基于对于自然认知的加深**。轮子的发明源自圆木滚动省力经验的启示；渔网的发明源自蛛网的启示；绳子的发明源自绞合藤本类植物承重的启示；蒸汽机的发明源自蒸汽顶开锅盖的启示；飞机的发明源自鸟类飞翔的启示；红外制导的发明源自响尾蛇红外感知能力的模仿；声呐的发明源自对蝙蝠超声定位能力的模仿；现代汽轮机的发明和改进基于叶轮流体力学知识；合金钢的发明与进步基于冶金学、金相学的知识；冰箱的发明与进步基于相变热和热功循环的知识；X光机的发明基于对X射线穿透性和成像性的认识；核磁共振仪的发明基于对生物氢原子磁场极化现象的认知……

3）**生产工具的创新，改变了人类的生活方式**。铁器的发明开启了农耕生产方式；蒸汽机和珍妮纺纱机的发明成为工业大生产方式的标志；电动机的发明和电力系统的形成及电话、电报、无线电的发明将人类社会推进到电气化时代；计算机、集成电路、互联网的发明标志着人类进入了信息化时代；流水线和自动线的发明开启了近代批量生产方式；数控机床和机器人的发明开始了柔性制造时代；快速成型、精密铸锻、现代物流技术等发明创造了精准制造方式；环境友好材料与环境友好工艺的发明开始了绿色制造方式……

4）**创新孕育了更美好的人类未来**。创新使人类连入一个无线、无缝、智能、自由、共享的信息网络时代；高效、廉价的光电、光化学、光热太阳能转化材料和器件的发明，新型高强度、轻质、自适应、环境友好风叶材料、结构和工艺以及高效稳压稳频、储能技术的进步，高光合作用生物物种的发现与发明，高效、清洁生物反应、生物炼制技术的创新将创造清洁可持续能源时代；创新将创造新材料、新结构与先进制造的新时代；营养组学、代谢组学、心理与行为科学、生态环境科学的新认知以及系统生物学、生态环境修复技术、基因技术、干细胞技术、先进诊断、监护、康复、救助技术创新等，将创造新的安全、健康的生态环境与美好生活……

 拓展训练

用引领创新的3个基本原则，对表2-2中的创新型餐厅的经营进行预测。
你要经营的餐厅进行了如下创新，每一项都很吸引眼球，究竟哪些创新是有商业价值，可以持续经营的呢？

表2-2 创新型餐厅的经营预测及原因分析

序号	创新餐厅类型	经营预测	原因分析
1	用餐免费！——但是，按顾客在餐馆待的时间收费，加上广告的投放		
2	没有菜谱！——只陈列食材，由顾客选择搭配，甚至直接DIY		

(续)

序号	创新餐厅类型	经营预测	原因分析
3	根本不卖食物！——顾客坐在包房，自带食品饮料和朋友聊天，收取服务费		
4	特殊服务人员！——动物服务员/机器人服务员		
5	鼓励健康饮食！——按摄入卡路里收费，超过标准线的支付超额"碳排放费"		
6	制作流程全透明！——点完菜后可以看到洗菜、炒菜等全过程		
7	不用进餐！——注射能量		
8	不用点菜！——根据仪器对顾客身体状况快速地分析扫描，直接配餐		
9	不用出门！——上门服务，"招之即来，挥之即去"		
10	分子厨艺！——改变原料的物理形态，保留其化学成分，用新颖的形式让顾客获得前所未有的味觉、嗅觉和视觉享受		

2.3 设计思维"五步法"

课堂引入

猜猜看，图2-3中的小朋友是在哪里？在做什么？

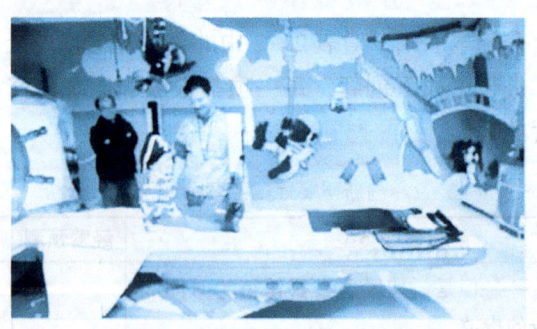

图2-3 给小朋友做核磁共振的医学实验室

第一眼看到图2-3的信息，反馈给你的一定是身处某游乐设施中，轻松而愉快的环境,如果告诉你,这是在医院,是一个准备给图中小朋友做核磁共振的医学实验室,是不是会让你大吃一惊,之后为这样的设计给出一个大大的赞呢?

一次,核磁共振扫描仪的研发成员道格到医院做实地考察时,正好看到了一个小女孩因为害怕核磁机器而哭闹不止,旁边的父母和医护人员都束手无策,最终导致检查根本无法进行。之后,道格就组建了由技术人员、医务人员和儿童专家组成的志愿者团队,通过与不同的客户沟通,找到了他们真正的痛点和需求,几经迭代改进,最后的产品被设计出来,完全出乎意料却也非常巧妙地解决了问题。方法是:机器原有功能不改变,只是增加了彩绘,就像儿童乐园那样,有不同的主题,如海底寻宝、太空探险,结合检查中各种机器的声音,把整个过程变成一个有趣的旅程。这个改进可以让检查顺利进行,检查时间更短,仪器使用效率提升,患者和医务人员的满意度非常高,尤其是小朋友对于检查的配合度大大提高。

思考启示:这个设计的出发点是"以人为本"。在这个案例里,用户是小朋友,需求是消除恐慌,放松,产生信任和安全感;彩绘、颜料、设计都是技术;要求设计具有商业的可延展性,包括研发一个产品需要多少钱和用户是否能够负担得起,是否愿意为这个创新买单。

 知识探究

"设计思维是一种以人为本的创新方法,从设计师的方法和工具中汲取灵感,它整合人的需求、技术的可能性以及实现商业成功所需的条件。"在设计思维流程中,需要理解市场、客户、技术、限制条件、规定以及最佳标准;观察并分析用户在真实场景下的行为,并将其与特定任务联系起来;可视化最初的解决方案,如建模、制作原型、手绘等;最后是评估并优化原型,以一连串快速、连续、重复的方式进行。

设计思维流程定义为5个简单步骤,也称"设计思维五步法",分别是:同理心、定义问题、生成想法、制作原型和测试,如图2-4所示。

第一步:同理心。同理心是以人为本的核心,通过与用户建立同理心去理解用户的诉求。同理心是理解和观察的结合。理解的出发点不是要达成某个目标,而是用户有需求或需要解决问题,一旦识别出需要解决的问题,应适当地定义问题陈述。

第二步:定义问题。定义问题是设计思维流程中最重要的一步,定义问题是对在同理心步骤中收集到的信息进行综合整理,总结出来有意义、可执行的问题陈述。

第三步:生成想法。生成想法是设计过程中的一种模式,目的是为了形成革新性的解决方案,为上阶段所定义出来的问题,产生尽可能多的想法。

第四步:制作原型。原型是指产品或服务的基本模型,它能够传达出关键的特性,但同时能够被持续修正。制作原型是设计思维中非常重要的一环,它鼓励大家在真实情形中测试功能和解决方案,同时从用户身上学习更多,持续改进所提供的服务。

第五步：测试。测试是获取有关解决方案反馈的机会，测试模式是一种迭代模式，有助于细化解决方案并使其更好，同时有助于继续了解潜在用户。每个原型建立后或是每个草图完成后，就会进入测试步骤，可以找组织中的成员测试，但对潜在用户的测试更具启发性。该步骤会收到大量定性的反馈，我们应该从中吸取可用之处，进一步产生自己的想法。

图 2-4　设计思维五步法

知识应用

下面用设计思维五步法分析上文核磁共振设计案例的完成过程。

第一步：同理心。要跟这个小朋友建立同理心，就要知道在做核磁共振的情况下，他的心理状态是什么样的，他需要什么。通过观察、聊天，知道这个小朋友的生理和心理状况，进而界定需求。小朋友的需求有消除恐惧的需求、安全感的需求和好玩的需求。

第二步：定义问题。案例中，确定了小朋友的需求有消除恐惧的需求、安全感的需求和好玩的需求，进而定义问题为改善核磁检测的外部环境，提升小朋友的安全感和舒适度。

第三步：生成想法。案例中，定义问题为改善核磁检测的外部环境，提升小朋友的安全感和舒适度，为解决这个问题，可能有各种各样的想法，如选择 VR 眼镜，提供洋娃娃或毛绒玩具等，但是最终哪个想法可行呢？

第四步：制作原型。案例中，究竟哪个想法可行呢？需要实际做一个产品原型去测试，然后看用户反应。例如，给小朋友戴一个 VR 眼镜来吸引注意力。测试完之后，发现 VR 眼镜不好用，就需要再换其他的方法。当然，在制作原型的过程中，还要关注方案的商业性，如成本。

第五步：测试。案例中，制作出的各类原型，要让用户进行使用测试，测试后会得到很多用户反馈，反馈回来之后，可以再回到前面的任何一步，也许是回到第二步定义问题，也许回到第一步同理心。不断迭代，直到接近理想的解决方案。

拓展训练

"笔袋"项目

为你的搭档设计一款笔袋,这是一项参与性很高的活动,因为笔袋是大部分人都会使用到的一项物品,而且可以承载很多意义,如个人审美、特殊的纪念意义等。在设计的过程中会激发出很多灵感见表2-3。

表2-3 "笔袋"项目拓展

分组	两人一组,可以自由组合,建议通过抽签等方式随机组合	步骤1	沟通,如"你有笔袋吗?它是什么样的?里面有什么东西?什么时候会用到?"(每人3分钟)
材料	彩纸、彩笔、硬纸板、布、曲别针等	步骤2	再发掘,如"你想要个什么样的笔袋?你有特别喜欢的东西吗?你有什么爱好?你觉得笔袋还能有其他用途吗?"(每人5分钟)
场地	教室(需要满足两人一组,自由活动的条件) 背景音乐采用无歌词的轻音乐	步骤3	各自总结对方的陈述,然后尽可能多提出你为对方设计的笔袋的想法,并讲给对方听(每人10分钟)
时间	45~60分钟	步骤4	根据对方的反馈,选择2个方案,使用已有材料进行原型制作,并展示给对方(每人10分钟)
要求	学生按时间完成每个步骤 最后必须有作品原型 老师在进行过程中不对学生做任何评价	步骤5	根据对方的反馈,对原型进行修改,并完成最终的设计(每人5分钟)

2.4 设计思维"五步法"实施工具(上)

课堂引入

请你观察图2-5中的每一幅图片,并思考:你看到了什么?图片中的人物经历了(在经历着)什么?他的需求是什么?

图2-5 同理心思考

思考启示：

你一定观察到很多东西，但换一个人来观察，他的发现和需求可能就有差异。由此可知，就算对于同一件事，不同的人也会存在完全不同的理解。而最接近事实的思考方法，或许就是同理心思考。

2.4.1 同理心

同理心是以人为本的设计流程的基础，包括理解客户的需求和体验。同理心是对他人才思的认同或对他人情感、思想或态度的感同身受。同理心对实现深层次、未达到需求的设计解决方案起到关键作用，通过观察、互动和自我投入，充分了解客户的需求和体验。

同理心是设计思维进行的第一步，需要找出用户并定义他们。理想状态下，在项目起始阶段，就应该去寻找潜在用户，观察他们，倾听他们，从而建立起同理心，这些观察最好能够通过视频或照片记录下来。在之后的步骤中，可以使用同理心图来记录观察结果。

 知识探究

建立同理心的6大准则：
- 我怎么对待别人，别人就怎么对待我。
- 想要他人理解我，首先要理解他人。
- 别人眼中的自己，才是真正的自己。
- 只能修正自己，不能修正别人。
- 真诚坦白的人，才是值得信任的人。
- 真情流露的人，才能得到真情回报。

建立同理心的3大方法：

● 理解对方的语言，积极倾听，仔细询问有歧义的词语，如"地方""感觉"等，确定想要表达的真实含义。

● 保持开放的心态，尽可能将自身的经验和价值取向放到一边，以不带偏见的方式和学习的心态提出问题。

● 在真实环境中，设身处地通过对方的视角，可以识别出关键需求。

知识应用

同理心访谈

同理心访谈是在设计思维背景下的一种探究受访者的背景、顾虑和需求的谈话方法。通过访谈建立同理心，挖掘客户的真实需求，见表2-4。

表2-4 同理心访谈6大规则

规则	说明
规则1	询问事例
规则2	提出开放式问题，如："请告诉我上一次你……"
规则3	如果某人说"我认为"或陈述意见或表现出有倾向的态度，那么本次对话没有结束，继续追问
规则4	每个问题尽量简短（你讲话的时间应占对话的25%）
规则5	不要给出二选一的问题，不提引导式问题
规则6	成功主导整个访谈

同理心访谈6个步骤，如图2-6所示：

第一步 介绍 → 第二步 正式开始 → 第三步 寻找案例 → 第四步 话题深入 → 第五步 反思 → 第六步 总结

图2-6 同理心访谈6个步骤

第一步是介绍，首先进行自我介绍，然后解释进行访谈的原因以及访谈的方式。要创建一个受访者感觉自在的氛围，要让他们感觉到被欣赏，以及他们的知识和经验非常有价值。

第二步是正式开始，以一些泛泛的、开放性的问题开始，基于回答再深入问一些问题，以扩展并澄清问题所在，重要的仍旧是受访者在被问时，感到舒服并且信任提问者。

第三步是寻找案例，试图找到一个受访者容易记忆的例子，这样可以让对方说得更加接近提问者所探寻的主题和问题。如果没有达到预期的深度，那么提问者需要耐心询问更多的经历和故事。

第四步是话题深入，然后寻找矛盾点。挖掘尽可能多的细节，包括一些明显事实和情感事实。如果受访者信任提问者，他们会打开心扉分享那些令人兴奋的故事和需求，而这些在一个普通的访谈里往往会被遮蔽。

第五步是反思，停顿一会儿，对受访者给予的重要发现表示感谢，同时从提问者的角度总结关键点。通常受访者会补充重要的事情，指出不一致的地方以及强调重要之处。

第六步是总结，通常在最后会发生最有趣的事情，所以提问者应该给予总结足够的空间和时间。再次感谢受访者的配合，询问他们有没有其他问题。之后就访谈内容和方法总结出最重要的发现。

 拓展训练

表 2-5 同理心访谈行动

	第一阶段：制定访谈计划		第二阶段：执行访谈
时间	20 分钟	时间	60~120 分钟
参与人员	2~4 人一组	参与人员	2~4 人一组
工具	笔、纸、相机、录音设备、录像设备	工具	笔、纸、相机、录音设备、录像设备
制定方式	组内所有人员参加讨论	行动目标	通过调研定义问题，为进一步确定解决方案奠定基础
内容	概览性问题/深入问题/扩展问题 组内分工（提问者/观察者/记录者/录摄像者）	步骤	做好准备 确定访谈方式（面对面/电话/视频，一对一/一对多/多对多） 访谈结束后及时整理，并进行组内讨论

2.4.2 问题陈述

观点（Point of View, POV）是利用在同理心阶段获得的灵感，反映用户的需求，是设计或重新设计解决方案的依据。观点是有意义和可执行的问题陈述，它允许以目标为导向的方式进行构思。问题陈述帮助完成设计思维的第二步，即"定义问题"。定义问题是设计思维流程中最重要的一步，定义问题是对在同理心步骤中收集到的信息进行综合整理，总结出有意义、可执行的问题的陈述。在定义问题的步骤中，需要清楚问题之所在，找到焦点。对用户需求的洞察是在综合整理信息的过程中逐渐清晰的。定义问题的过程实际上是一个推理的过程，针对证据和事实进行推理，在推理的过程中形成了问题陈述。

知识探究

问题陈述的主要作用在于收集、结构化和衡量所有的洞察，以便发现相关的要点。同时，观点也能够帮助我们识别出矛盾点，以决定下一轮迭代的优先顺序，这就是综合分析。综合分析主要是找到重要的用户需求和模式。综合分析的结果是一句具有总结性的句子，这也决定了接下来定义问题阶段要输入的问题。

可以结合用户、需求和洞察力这3个要素来进行问题陈述，如图2-7所示，将关于用户、需求和洞察力的信息整合到一个句子中，从而清晰地进行问题陈述。

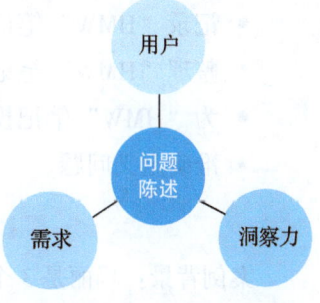

图2-7　问题陈述3要素

问题陈述需要完成至少以下4个步骤，如图2-8所示：

图2-8　问题陈述的4个步骤

第一步：分析信息，通过收集、解读并分析所有的信息，进而总结并整合关键发现，形成洞察。

第二步：推断洞察，总结最重要的10个洞察，从中推断涉及的原则或问题集合。

第三步：形成问题，标出可能的关键主题或问题，选择3个主题领域，然后设定问题。

第四步：细化问题，提出、讨论并选择一个问题，优化并完善所提的问题。

知识应用

"HMW" 提问法

"我们应该如何（HMW）"提问法是使用一系列短句问题进行提问的方法，可以在此基础上进行头脑风暴。"HMW"提问法是生成想法的萌芽，它来源于问题陈述。

- 想要提出一个合适的"HMW"的问题，就需要从个人主观视角、见解或问题陈述着手。
- 提出一个包含个人独特观点且可行的小问题。
- 记录"HMW"笔记，以"HMW"的短语作为开端。
- 整理"HMW"笔记。
- 为"HMW"笔记投票。
- 准确定义问题。

"HMW" 提问法案例

案例背景：玛丽是3个孩子的母亲，她急匆匆地穿过机场，但最终不得不在候机厅等上几个小时。同时，她需要照顾她的孩子。考虑重新设计一家地方国际机场地面服务的体验

提出问题	记录笔记
增强利好因素：如何利用孩子的能量来娱乐候机的其他乘客 **移除不利因素**：如何让孩子不影响其他乘客 **探索对立面**：如何让待机成为旅程中令人兴奋的一部分 **质疑假设**：如何完全去除在机场候机的时间 **关注形容词**：如何让赶飞机成为一种令人振奋而不是让人烦恼不堪的体验 **识别出让人意想不到的资源**：如何利用其他乘客的空闲时间来共同完成这个项目 **依据需求或背景，提出类比问题**：如何让机场变成像娱乐休闲的场所 **直击挑战**：如何让机场成为一个孩子都想去的场所 **改变现状**：如何让那些顽皮吵闹的孩子不再烦扰其他的乘客 **细分观点**：如何娱乐孩子？如何安抚其他旅客	**材料**：便利贴一本，黑色马克笔一支 **步骤**： 1）在便利贴左上角写下"HMW" 2）等待 3）听到有趣的论点时，把它转化成一个问题 4）把问题写在便利贴上 5）撕下这一页放到一边 6）最终每个成员都会写出一摞便利贴笔记

(续)

整理笔记	为笔记投票
原则：将笔记按组（相似主题）整理 **步骤**： 1）将同一主题的笔记便利贴纸贴在同一区域（主题无法提前确定时，在整理的过程中，主题会自动出现） 2）给主题打上标签 3）最好加以时间限制	**原则**：采用计点投票形式，为笔记排出优先顺序 **材料**：大圆贴纸 1）给每个成员发两个大圆贴纸 2）给每位决策者发4个大圆贴纸，因为他们的意见权重更高 3）让所有人回顾挑战主题和挑战问题 4）让每个人安静地把贴纸贴在最有用的"HMW"笔记上 5）可以投给自己，也可以给同一笔记投两票 6）投票结束后，笔记优先顺序就显现出来了

拓展训练

"HMW"提问法练习卡

案例背景：大林即将大学毕业，在即将离开校园的时候，面对着宿舍中几年时间积累起来的各类物品，大林不知道该如何处理。都带走不太可能，扔掉又觉得可惜，除了物品本身的价值外，还承载着几年时间的回忆。其他人也面临同样的问题。宿舍6人决定就这个问题通过设计思维的方式寻找一个解决方案

提出问题	记录笔记	整理笔记	为笔记投票
增强利好因素 移除不利因素 探索对立面 质疑假设等	**材料**：便利贴一本，黑色马克笔一支 **步骤**： 1）在便利贴左上角写下"HMW" 2）等待 3）当听到有趣的论点时，把它转化成一个问题 4）把问题写在便利贴上 5）撕下这一页放到一边 6）最终每个成员都会写出一摞便利贴笔记	**原则**：将笔记按组（相似主题）整理 **步骤**： 1）将同一主题的笔记便利贴纸贴在同一区域（主题无法提前确定，在整理的过程中，主题会自动出现） 2）给主题打上标签 3）最好加以时间限制	**原则**：采用计点投票形式为笔记排出优先顺序 **材料**：大圆贴纸 **步骤**： 1）给每个成员发两个大圆贴纸 2）给每位决策者发4个大圆贴纸，因为他们的意见权重更高 3）让所有人回顾挑战主题和挑战问题 4）让每个人安静地把贴纸贴在最有用的"HMW"笔记上 5）可以投给自己，也可以给同一笔记投两票 6）投票结束后，笔记优先顺序就显现出来了

2.5 设计思维 "五步法" 实施工具（下）

课堂引入

让别人接受你的设计的最好的方式什么？以图2-9中的电视机、电话和汽车为例，展开讨论。

图2-9 电视机、电话和汽车

在没有电视机的年代，人们无法想象怎么可以看到离自己千里之外的人的活动？在没有手机的年代，人们不知道怎样才能实时联系到想要联系的人，及时传递重要的信息？当然，在没有汽车的年代，人们会认为骑马是最快的运输方式。当第一个设计者有了这些新奇的设计想法时，人们往往因为对于新事物的恐惧和天生的惰性，不愿意接受对于已有生活的改变，这时，不断去强调想法的科学性和有效性显然不是最有效的方法，那么，应该做什么呢？很简单，把这个想法做出来，做成一个看得到的、摸得着的、可以体验的物品，比说什么都更有效果。

思考启示：针对定义的问题，生成众多想法。究竟哪种想法更有效？需要通过原型制作，将想法转变为潜在用户能够体验和评估的形式。原型具有强大的威力。

2.5.1 奔驰法（SCAMPER）

奔驰法（SCAMPER）是著名的奥斯本检查单法的进一步发展，在我们想要激发创意和找到更多想法时很有用。奔驰法几乎可以用在任何地方：产品、流程、系统、解决方案、服务、商业模式或生态系统。奔驰法共由7部分组成，分别是：Substitute 替代，Combine 结合，Adapt 适应，Modify 修改，Put to other uses 用作他用，Eliminate 去

除，Rearrange 重组。这 7 部分有助于检验是否有更好的改进现状的新想法。

奔驰法帮助实现设计思维的第三步，即"生成想法"。生成想法是设计过程中的一种模式，目的是为了形成革新性的解决方案，为上阶段所定义出来的问题，产生尽可能多的想法。这个步骤，专注于产出大量的想法，增加了寻找新的、非传统的解决方案的机会，为下一步提供"能量"和"原材料"。生成想法通常是在轻松的环境中完成，让每个参与者都有机会和勇气表达自己的见解，因此也确保了团队合作的最大利益。

知识探究

奔驰法 7 部分的详细内容如图 2-10 所示。

Substitute 替代	什么可以被替代？什么可以替代它？谁可以代为参与？还可以使用哪个流程？还可以利用哪些材料？
Combine 结合	可以跟什么进行结合？可以跟什么混合？如何连接某些部分？可以和哪些目的结合？
Adapt 适应	它还能提供什么想法？有没有相似的东西可以被拿来应用于现在的问题？过去有没有类似的情况？
Modify 修改	可以加入什么修改？意思可以改变吗？如果改变颜色或形状？可以增加或减少什么？可以放大或缩小吗？
Put to other uses 用作他用	就现有的状态，它可以被用作其他什么用途？如果修改它，它可以被用作其他什么用途？
Eliminate 去除	可以去除哪些东西？没有了哪些东西它仍旧能够运转？
Rearrange 重组	还有哪些模式可以起作用？可以进行哪些改装？哪些可以被替换？可以重组什么？

图 2-10 奔驰法 7 部分

知识应用

为生成更多的想法，需要做好各方面准备，例如，一个最适合你和你的团队进行创新的环境，就像谷歌为员工准备的办公室（见图 2-11）一样，他们的办公空间设计不仅传播了企业的文化，打破常规办公空间的布局形式，以人性化为主导要素。例如，谷歌特拉维夫办公室位于以色列特拉维夫市伊莱克特拉塔（Electra Tower）大楼上，一共拥有其中 8 层的空间，总面积约 8 万平方米，能够俯瞰整个城市和海湾景观。其办公室装修设计不仅包含了田园风格，还融合了乡村、海滩、未来都市等多种场景，置身之中让人流连忘返。每个楼层的空间都是基于当地特色进行的差异化设计，力求表现出以色列作为一个多元化国家的特点。每个设计主题都来自于当地谷歌员工的创意。

图 2-11 谷歌特拉维夫办公室

不同的空间会提供不同的信息，需要根据不同的团队性格和项目内容，随时调整环境。所以，能够激发创新的环境要有一定的包容性，要能够适应不断进行的调整和变化。如灰色的格子间办公室就像蚂蚁窝，暗示大家要勤奋工作，保证效率；传统的教室布置简洁大方，让学生专注学习；而开放的创意空间，则营造了平等的沟通氛围，暗示团队成员可以打开自我，突破常规。可以使用灵活变化的空间，提供充足的光线、有创意的灯光环境、有趣的色彩设计，以及不拘一格的家具或装饰物，甚至可以摆放一些玩具和道具，还可以播放营造氛围的音乐。

除了环境，丰富的创意物料也可以极大地激发人们创新的热情：

1）各种颜色的笔，如图 2-12 所示，不同颜色的笔不但能够激发想象力，也可以区分点子的内容。

2）便利贴，各种颜色的便利贴可以用于点子的描述和书写，每张便利贴上写下一个点子，方便分类整理。

图 2-12　各种颜色的笔

3）白板，用于书写创意主题、用户画像等。同时，写好的点子也可以贴在白板上供团队成员查看、分享。

4）启发创意的视听素材，可以准备与创意主题相关的图片、视频、音乐等内容，便于团队成员开启话题。这些视听素材能够调动起成员的感官，让他们有更多的想象空间。

 拓展训练

SCAMPER 工具卡

时间：30 分钟	
参与人员：指导老师、团队成员	
工具：每组 4 张大白纸、6 种颜色的便利贴、黑色记号笔	

活动目标：
在对主题做了充分的理解之后，需要提出有意义的、有创意的点子；揭开问题的真面目，需要从不同角度进行研究

活动规则：

1）在大白纸上，在 7 个方框中将讨论的主题分别进行替代、组合、借鉴、修改、改变用途、消除、重构的训练

2）将要讨论的主题或挑战写在大白纸的左上角，如"如何改进手机"

3）选择 SCAMPER 策略 7 种方法中的任何一个开始提问，每个人把问题写在便利贴上，然后贴到大白纸对应的问题栏里

4）经过 7 类问题的轮流提问，会产生很多想法，把这些想法写在便利贴上，再贴划中间的点子栏

5）当想法足够多时，将想法进行聚类、优化、投票，画出草图，做好最后的行动计划

2.5.2 原型制作

原型是指产品或服务的基本模型,它能够传达出关键的特性,但同时能够被持续修正。

"百闻不如一见,百见不如一试。"传统观点认为制作原型是测试功能的一种方法。但是制作原型的原因有很多,为了获得测试数据只是其中一种原因,制作原型还可以帮助加深理解设计思路、比较各类解决方法、进一步激发他人的灵感。制作原型是一个强大的工具,可以帮助消除设计团队内的分歧,帮助形成概念,并减少沟通不畅。制作原型同时也是与用户进行不同类型对话的最好方式。而且,制作原型是最好的学习机会,在制作过程中,可以把一个大问题分解成更小的、可测试的部分,并不断总结借鉴各部分中最有效的部分。原型能够从潜在用户那里快速且低成本地获取反馈。创建快速而简单的原型,可以在不需要花费大量的时间和金钱的前提下,有效地测试一些想法。

原型制作是设计思维的第四个步骤是设计思维中非常重要的一环。它鼓励人们在真实情形中测试功能和解决方案,同时从用户身上学习更多,持续改进提供的服务。其中至关重要的是愿意做彻底的改变。利用原型,可以将想法转化为潜在用户能够体验和评估的形式。原型要足够好,这样潜在用户才能够理解未来你想要提供服务的基本特征。

 知识探究

在做了大量的基础工作后,假设已经对问题陈述有深入且固定的理解,也已经验证了一些假设,并想出一些可能的解决方案,那么如何能够把确定的想法准确地展现出来,需要恰当、巧妙地使用各种材料,同时,针对不同类别的原型,采用不同的材质,见表2-6。

表2-6 原型类别及材质

原型类别	材质(建议,可无限扩展)
物理原型	铝箔、纸(纸制品)、乐高、曲别针、冰棍棒、金属线、胶带纸等
服务原型	角色扮演、情景再现、剧本等
数字化原型	视频、可单击的演示文稿、登录页面、AR、音频、小程序等
电子商务原型	线上模拟平台、同类商务平台数据等
复合原型	融合不同的类型,如物理+服务、服务+数字化等

在制作原型的过程中，需要遵循以下 3 个原则：

第一：喜欢它，改变它，放弃它。

一般而言，想法都是基于各种不同的假设，制作原型的任务则是质疑这些假设，从而通过在真实世界中的测试肯定或放弃它们。最初的原型可以用最简单的材料制作，而且做得越快越好，越简单、越快、越便宜，意味着当不得不放弃的时候，付出的代价也就越小。

第二：千万不要爱上你的原型。

原型的设计者常常会对于自己的设计有大量的投入。这种投入是会造成一种"投资偏见"，也就是说设计者在原型上花费的时间越多，原型对设计者来说就越有价值，但是对于别人而言并非如此。设计者会很容易忽略原型存在的缺点，即使这些缺陷很明显，设计者也会忽略团队成员和其他人的反馈。

第三：原型意味着迭代、迭代、再迭代。

这是一个永无止境的过程，在原型制作过程中会不断开发原型以及迭代测试。

知识应用

制作原型的 7 个步骤，如图 2-13 所示：

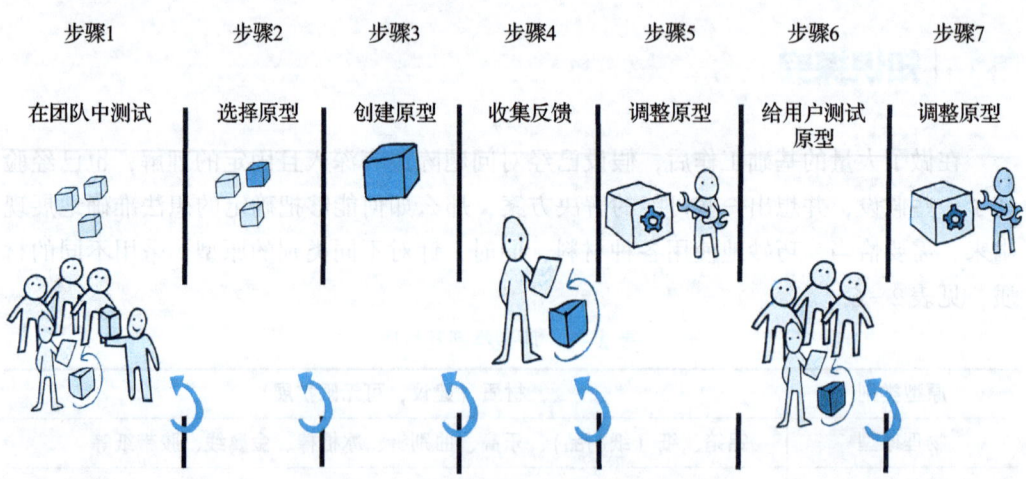

图 2-13　制作原型的 7 个步骤

拓展训练

任务名称	棉花糖游戏
任务目标	建立快速迭代的思维模式
实施者	指导老师、团队成员
活动道具	每组 1 块棉花糖、1 捆棉线、1 卷胶带、20 根意大利面
活动步骤	搭建最高的独立结构：桌面到棉花糖顶部之间距离最长 在规定时间内，小组成员利用工具，搭一座棉花糖塔，棉花糖必须放在塔的顶部。小组完成后举手示意，由主持人进行测量，测量桌面到棉花糖顶部的距离，距离最长的小组获胜。若小组数较多，则可以选出前三名 注意：棉花糖不能被破坏；意大利面可以剪断，如果不小心折断了，可以换取新的，但必须拿着全部折断的意大利面来换，不能将塔座粘到桌面上，也不能用绳子从天花板吊下来，然后挂上棉花糖算高度
过程呈现	

第 3 章　创新性思维训练及技法

 |**本章导读**|

　　创新是什么，很多人往往谈论创新的时候却被思维定式阻碍思考，更没有付诸行动，本章首先解析常见思维障碍，以批判性思维去建立自己的思维支点；然后讲解创造性思维以及华莱士的四阶段论来看创造性思维的活动过程。本章在创新思维的理论基础上，重点讲授了几种创新思维技法和工具：激发性思维的头脑风暴法；系统性思考的思维导图法；训练平行思维的六顶思考帽；激发创造发明的 TRIZ（萃智），不仅培养了创新的思维方式，还以典型的技法工作来践行实施创新的"渔"法。

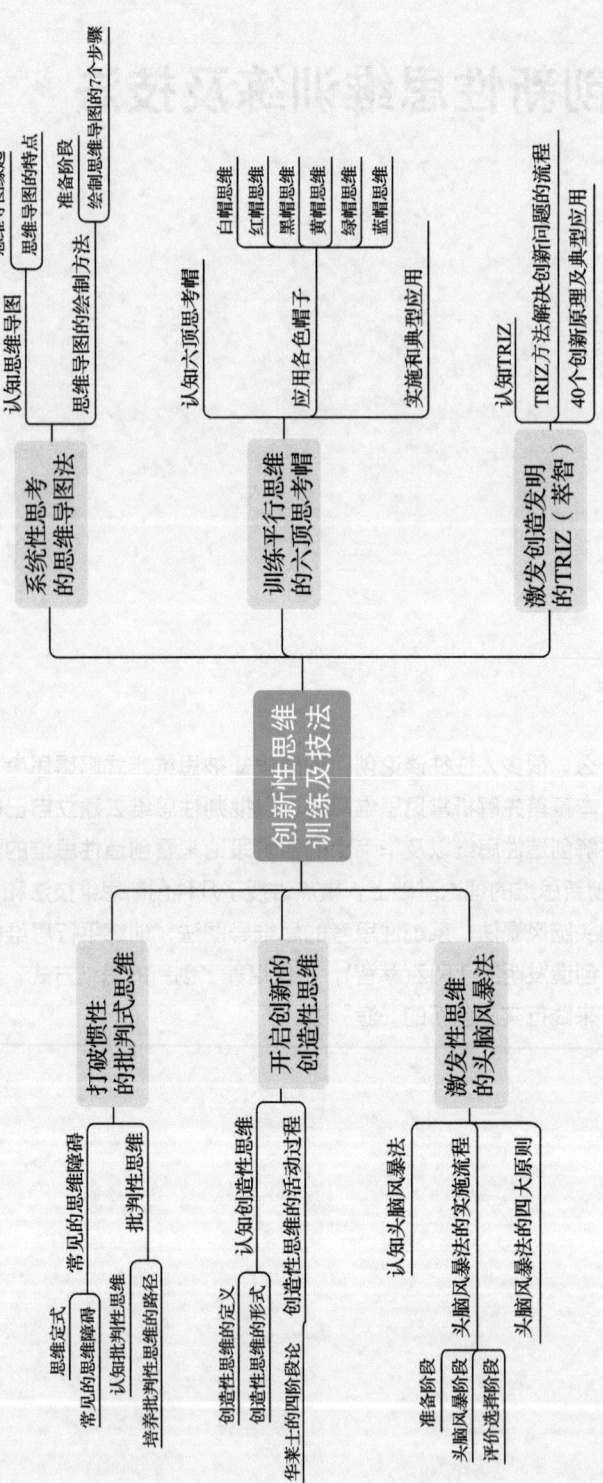

第3章内容思维导图

3.1 打破惯性的批判式思维

居里夫人发现新元素

1896 年，法国物理学家亨利·贝克勒尔发现了晶体射线，但是没有对其进行进一步研究。

当时的居里夫人还在巴黎大学读博士，机缘巧合，居里夫人以亨利的发现为论文研究对象进行深入的研究。刚开始的时候，她产生了测量射线力量强度的想法，但是实验没有任何进展，在接连挫败之后，她并没有放弃实验，只是对问题的分析换了一种思维：矿物中的杂质会增强放射量。

由这个想法，居里夫人得到一个推论：将矿物的杂质混合就能够增加物体的放射量。为了证明这个推论，她把各种元素混合起来，测验射线的强度，然而结果并不是她想的那样。

这个想法完全行不通，居里夫人又产生了第二个想法：强射线是由矿物中的元素释放出来的。所以她必须找到那种释放强射线的元素，这样的话就必须将其从矿物中提炼分离出来。几经波折，居里夫人终于在 1898 年发现了新的元素——镭。

思考启示：居里夫人对于亨利的实验结果勇于批判，敢于提出不一样的观点和想法，她之后的实验就是为了验证自己的想法是对还是错。居里夫人的事例表明了批判性思维对科学研究起到的推动作用。

人们往往在过去获得的经验和知识的基础上形成的感性认识，逐渐沉淀为一种特定的认知模式，上述案例是突破权威型思维障碍的典型案例，当看到一个事件或者一个观点的时候，人们往往不假思索地对这个事件下结论。这样的话，就很可能陷入思维定式。结合上述案例，请思考科学研究与理论探索的 4 个步骤（见图 3-1）各需做出的工作内容及典型案例。

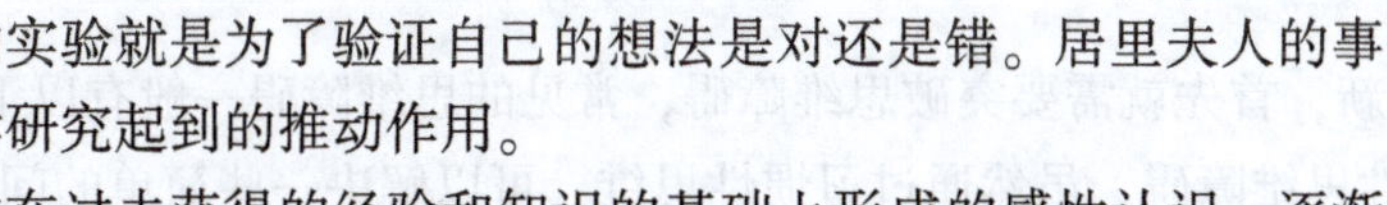

提出问题　　想法评估　　推理推论　　评估验证

图 3-1　科学研究与理论探索的 4 个步骤

3.1.1 常见的思维障碍

1. 思维定式

思维是人脑对客观事物的概括和间接的反应过程。如果人总是沿着一定方向、按照一定次序进行思考,久而久之会形成一种惯性,这种情况称为"思维惯性"。如果对于自己长期从事的工作或日常生活中经常发生的事情产生了思维惯性,多次以这种思维惯性来对待客观事物,就会形成较为固定的思维模式,称之为"思维定式"(Think Set),思维惯性和思维定式结合起来,很容易形成思维障碍。

图3-2　花瓶与对视人脸图

图3-3　老妪少女图

如图3-2和图3-3所示,图3-2既可以看作一个花瓶,也可以看作两张对视的人脸,图3-3是老妪少女图,在这幅图里可以看出两张人脸,既可以是一张老妪的脸,也可以是一个少女的侧颜。

2. 常见的思维障碍

要进行创新,首先就需要突破思维障碍,常见的思维障碍一般有以下几种。

1)习惯性思维障碍。虽然通过习惯性思维,可以解决一些简单的问题,可能会节省时间,但对于比较复杂的问题,如果也使用习惯性思维,就有可能产生错误;或者在面对新问题时有可能会一筹莫展。

2)直线型思维障碍。拥有直线型思维的人普遍认为:是即是,非即非,除此之外都是错误。他们往往对"是中有非、非中有是","对中有错、错中有对","失败中包含成功、成功中包含失败"等情况认为不可思议。

3)权威型思维障碍。有人群的地方就会有权威,权威是任何时代和社会都实际存在的现象。有不少人习惯引用权威的观点,不假思考地以权威的是非为是非;一旦发现与权威相违背的观点或理论,便想当然地认为其必错无疑。

4)从众型思维障碍。人的认识具有不平衡性,真理有时掌握在少数人的手里,而少数服从多数的这一心理，可能会掩盖和抹杀许多真理，从而压抑人的创造性。从众型思维障碍比较严重的人在认知事物、判断是非的时候，往往会附和大众、人云亦云，缺乏独立思考能力和创新观念。

5）书本型思维障碍。许多人认为一个人的书本知识多了，就必然拥有很强的创新能力；还有人认为书本上写的都是正确的，如果发现自己的情况与书本上不同，那就是自己错了。所以，书上没有说的不敢做，书上说不能做的更不能做，一味地迷恋和盲从"书本"，这就是书本型思维障碍。

6）经验型思维障碍。人们的经验具有不断增长、不断更新的特点，经验有其局限性；另一方面，可能导致人们对经验的过分依赖，形成固定的思维模式，结果就会削弱想象力，造成创新思维能力的下降。

7）自我中心型思维障碍。拥有自我中心型思维的人包括两种，一是过于自信，秉持一己之见，自以为是、刚愎自用，听不得不同声音和不同意见；二是存在着反面类型的"自我中心"，如存在自卑、麻木、偏执、浮躁、懒惰、封闭、怯懦、侥幸等心理。

3.1.2 批判性思维

1. 认知批判性思维

充满智慧的古人曾说："博学之，审问之，慎思之，明辨之，笃行之。"批判性思维（Critical Thinking）就是通过一定的标准评价思维，进而改善思维，是合理的、反思性的思维，既是思维技能，也是思维倾向。

批判性思维是指对他人或自己的观点、做法或思维过程进行评价、质疑、矫正，并通过分析、比较、综合，进而达到对事物本质更为准确和全面认识的一种思维活动。有批判性思维的人善于提出问题，分析问题，寻找解答方法，形成自己的意见，做出决定，形成结论。

从古希腊到文艺复兴，到启蒙运动，再到现代科学，杰出的批判性思维者都是创造知识的人。批判性思维的概念及其发展历程如图3-4所示。苏格拉底问答法是采用对话式、讨论式、启发式的辩论，进行逻辑推理和思辨的过程；杜威的反省式思维大胆提出质疑、谨慎断言，对某个观点、假说、论证需要首先进行主动、持续和细致的理性探究；波普尔的批判理性主义从科学哲学的角度强调批判式讨论在科学进步中的重要性，认为科学的精神就是批判，运用批判理性主义把知识增长的过程"理性重建"为4个阶段，如图3-5所示。

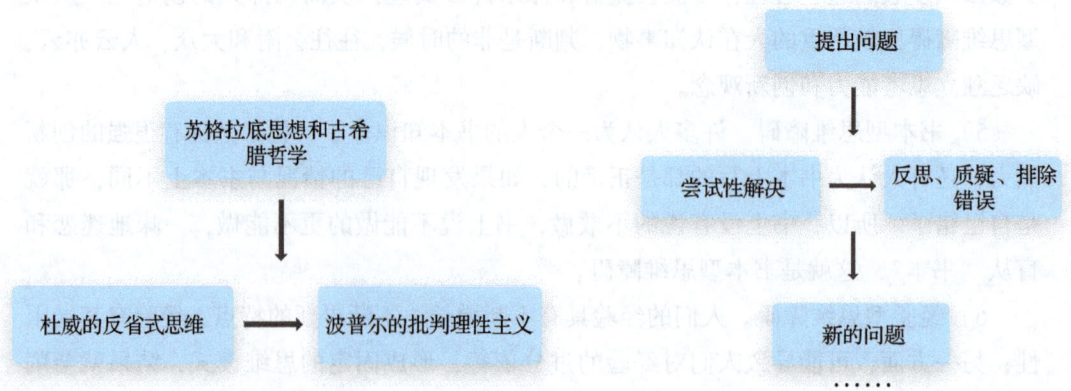

图3-4 批判性思维的概念及其发展历程　　　图3-5 知识增长的4个阶段

一个由46名批判式思维专家组成的国际小组,在1990年发表了Delphi报告,指出批判式思维是有目的的、通过自我校准的思维判断,批判式思维分为认知技能和感知倾向,其中认知技能要素包括阐述、分析、评估、推论、解释和自我校准,如图3-6所示;感知倾向维度包括好奇心、追求真理、心智开放、分析性、系统思考、自信和心智成熟,如图3-7所示。

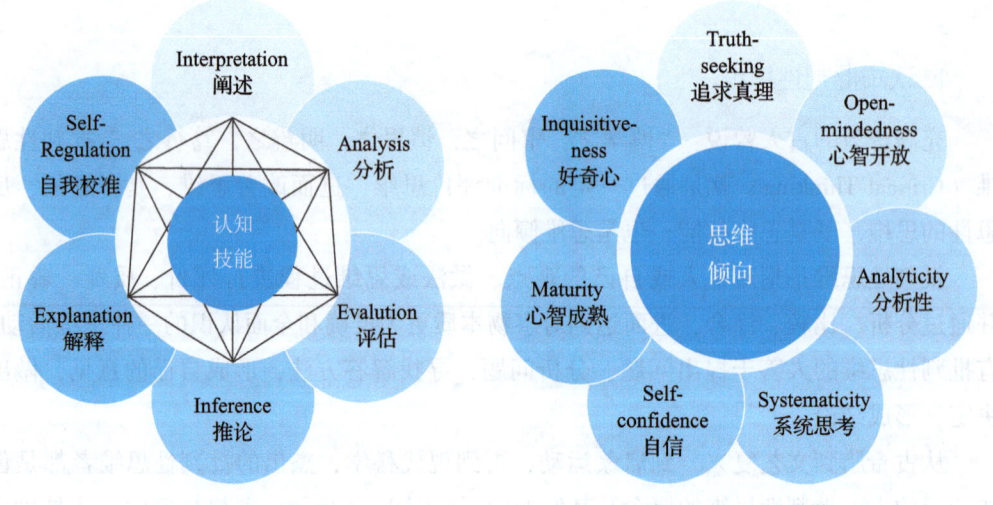

图3-6 Delphi认知技能6要素　　　图3-7 Delphi感知倾向7维度

在信息时代,批判式思维是一种评估、比较、分析、探索和综合信息的能力,批判性思维者愿意探索艰难的问题,包括流行的看法挑战。如今批判性思维的训练已经成为现代西方教育体系中不可分割的一部分,美国的许多大学都开设了一系列不同类别的通识教育课程(Liberal Arts,或称为博雅教育),这些课程的目的是为了:

1)让学生思维更开阔,尝试用不同角度看待问题,用多种方法解决问题。
2)培养学生的理性思维能力,让学生识别推理和逻辑过程中的错误,正确理解和评估各种学科领域的知识，理性地评判伦理道德或学术观点，并自我反省。

3）在对各领域重大问题的理解、解决的过程中，培养学生分析、判断、分类、综合的能力，辨别事物变化的模式。

4）培养学生的科学理性精神和思维能力，帮助学生掌握有效获取知识的方法和思维习惯，而批判性思维是科学探索能力的重要组成部分。

 知识应用

折叠一张纸

将一张普通 A4 纸从正中折叠一次，纸的面积减小了一半，厚度则增加一倍。反复折叠 50 次后这张纸的厚度将达到多少？如果以前从来没有想过或计算过类似的问题，可能会根据日常经验随意估计一个数值，如一座摩天大楼的高度，甚至是珠穆朗玛峰的高度等。而略懂数学的人就能够精确计算出来：一张普通 A4 纸折叠 50 次以后，其最终厚度将达到 1.5 亿千米左右，相当于从地球到太阳的距离。

有一个简单的原则，对批判性思维及其误区做了很好的概括：

怀疑，但不否定一切。
开放，但不摇摆不定。
分析，但不吹毛求疵。
决断，但不顽固不化。
评价，但不恶意臆断。
有力，但不偏执自负。

2. 培养批判性思维的路径

批判式思维的培养方法很多，针对各个层级和对象的方法也不尽相同，但没有绝对的"灵丹妙药"，这里列举几种通常的路径。

1. 要有自己的思维支点

建全自己的知识体系，用合理的判断去审视事物，判断信息是否恰当，区别事实与观点，很多人陈述事实时都会带有自己的判断，于是就变成了观点。在你要获取事实的时候，就要区分观点带给你的影响，区分出理性判断与情感判断，充分运用自己理性思考的能力。

2. 敢于质疑，从提问开始

人类历史上最伟大的发明家是那些想知道别人论证的假设是否错误的人，锻炼批判性思维要从提问开始，会提问且懂得提问是批判性思维的启蒙。提问也是有模式和方法的。

3. 洞察他人的论证：陷阱和漏洞

学会找到别人在细节上的漏洞和陷阱，你不一定要挑明，但是你必须知道其中的利害关系，考虑利益的相关主体，这样你的视角会更加清晰。

4. 独立思考，学会推翻事物

思维是可以训练的，善于利用方法和工具，独立分析数据和信息，辨证考虑问题是以一个更加客观全面角度去看待世界、发现信息和其来源的练习，解决难题的重要方式是扭转它——看起来是 X 导致了 Y，那如果是 Y 导致了 X 呢？

5. 记得反思自己

批判性思维是你在做重要决定或者解决难题时要用的工具，你不需要批判性地考虑所有的问题。不要过于自信，但是要明白进行自我反省对思考困难的问题是十分重要的，并且即便是在重要的问题上，你也可能在推理中失误。重要的是你记住这些错误，并且以后避免再犯。

 **知识探究**

5W1H 分析法

5W1H 分析法也叫六何分析法，是一种思考方法，也可以说是一种创造技法，是对选定的项目、工序或操作，都要从对象（何事 What）、目的（何因 Why）、地点（何地 Where）、时间和程序（何时 When）、人员（何人 Who）、方法（何法 How）等 6 个方面提出问题进行思考，见表 3-1。

表 3-1　5W1H 分析法的 6 次提问

	现状如何	为什么	能否改善	该怎么改善
对象（What）	做什么事情	为什么生产这种产品	是否可以生产别的	到底应该生产什么
目的（Why）	什么目的	为什么是这种目的	有无别的目的	应该是什么目的
地点（Where）	在哪干	为什么在那里干	是否可在别处干	应该在哪儿干
时间和程序（When）	何时干	为什么在那时干	能否在其他时候干	应该什么时候干
人员（Who）	谁来干	为什么那人干	是否由其他人干	应该由谁干
方法（How）	怎么干	为什么那么干	有无其他方法	应该怎么干

任务名称	具体场景的批判式思维训练
任务目标	人们生活在一个信息爆炸的时代，每天在现实生活中和网络上都会接触到大量的信息，人们需要从这些繁杂的信息中去伪存真，筛选、思考和判断出真实有用的信息
实施者	教学、学生
活动道具	一本书、一些便签、一部纪录片、几个实时热点
活动步骤	1）事实＆观点练习法，分析一句话、一段文字，甚至一篇文章，到底是一个事实，还是一个观点 2）便签阅读法，用6张不同颜色的便签，代表6个不同的思维角度 3）纪录片激发思辨，挑选一些有深度的纪录片，从不同角度出发不断地挖掘和探讨 4）时事热点分析，对热点事件本身进行评述，同时可以分析各大媒体对热点事件的报道，学会辨别哪些是事实、哪些是伪装成事实的观点，并尝试分析报道者背后的动机
过程呈现	

3.2 开启创新的创造性思维

盛怒之后的发明

1884年，沃德曼是欧洲一家公司的职员，一次他从好几位竞争者中为自己的公司拉到一笔生意。但是当他递上一瓶墨水和一支当时人们使用的羽毛笔，请对方在合同上签字时，不料从笔尖滴下几滴墨水，把合同给弄脏了。

更糟糕的是，合同上的关键的字句被染得模糊不清。沃德曼只得请对方稍等片刻，让他去重新拿一张合同纸来。可是就在沃德曼离开的那一会儿，另一家公司的业务员乘机抢走了这笔生意。这使沃德曼十分沮丧，他认为问题出在那支羽毛笔上。

强烈的悔恨与愤慨的情绪，变成了一种巨大的力量，他决心研制一种使用方便、墨水能自动地均匀流出的笔。经过努力，沃德曼终于发明了自来水笔。有人把自来水笔的诞生叫作"盛怒之后的发明"。

思考启示：一项创造性思维成果的取得，往往需要经过长期的探索、刻苦的钻研，甚至多次的挫折，而创造性思维能力也要经过长期的知识积累、智能训练、素质磨砺才能具备。创造性思维过程还离不开推理、想象、联想、直觉等思维活动。

请思考并举出传统行业融合创造性思维而转型升级成功的案例。

3.2.1 认知创造性思维

1. 创造性思维的定义

创造性思维（Creative Thinking），也称创新思维，是一种具有开创意义的思维活动，即开拓人类认识新领域、开创人类认识新成果的思维活动，是以感知、记忆、思考、联想、理解等能力为基础，具有综合性、探索性和求新性等特征的高级心理活动。

广义的创造性思维是指思维主体有创见、有意义的思维活动，每个人都有这种创造性思维。狭义的创造性思维是指思维主体发明创造、提出新的假说、创见新的理论，形成新的概念等探索未知领域的思维活动，这种创造性思维是少数人才有的。

创造性思维的本质是发散性思维，这种思维方式在遇到问题时，能从多角度、多侧面、多层次、多结构去思考，去寻找答案，既不受现有知识的限制，也不受传统方法的束缚。其思维路线是开放性、扩散性的，它解决问题的方法更不是单一的，而是在多种方案、多种途径中去探索、选择。

创造性思维具有新颖性，它贵在创新，或者在思路的选择上，或者在思考的技巧上，或者在思维的结论上，具有前无古人的独到之处，在前人、常人的基础上有新的见解、新的发现、新的突破，从而具有一定范围内的首创性、开拓性。

创造性思维具有极大的灵活性。它无现成的思维方法、程序可循，人可以自由地、海阔天空地发挥想象力。

 知识探究

熊彼特的创新理论

美籍奥地利经济学家约瑟夫·熊彼特是"创新理论"和"商业史研究"的奠基人如图 3-8 所示。熊彼特认为，创新就是要"建立一种新的生产函数"，即"生产要素的重新组合"，就是要把一种从来没有的关于生产要素和生产条件的"新组合"引进生产

体系中去，以实现对生产要素或生产条件的"新组合"，熊彼特指出"创新"的5种情况：

1）采用一种新的产品——也就是消费者还不熟悉的产品——或一种产品的一种新的特性。

2）采用一种新的生产方法，也就是在有关的制造部门中尚未通过经验检定的方法，这种新的方法决不需要建立在新的科学发现的基础之上，并且也可以存在于商业上处理一种产品的新方式之中。

3）开辟一个新的市场，也就是有关国家的某一制造部门以前不曾进入的市场，不管这个市场以前是否存在过。

4）掠取或控制原材料或半制成品的一种新的供应来源，也不问这种来源是已经存在的，还是第一次创造出来的。

图3-8　约瑟夫·熊彼特

5）实现任何一种工业的新的组织，例如，造成一种垄断地位（如通过"托拉斯化"），或打破一种垄断地位。

后来人们将他这一段话归纳为5个创新，依次对应产品创新、技术创新、市场创新、资源配置创新、组织创新。

创造性思维是创造成果产生的必要前提和条件，而创造则是历史进步的动力，创造性思维能力是个人推动社会前进的必要手段，特别是在知识经济时代，创造性思维的培养训练更显得重要。其途径在于丰富的知识结构、培养联想思维的能力、克服习惯思维对新构思的抗拒性、培养思维的变通性，以及加强讨论，经常进行思想碰撞。

2. 创造性思维的形式

创造性思维是在抽象思维和形象思维的基础上和相互作用中发展起来的，抽象思维和形象思维是创造性思维的基本形式，还包括直觉思维、灵感思维、发散思维、收敛思维、分合思维、逆向思维和联想思维等。

1）抽象思维亦称逻辑思维，是认识过程中用反映事物共同属性和本质属性的概念作为基本思维形式，在概念的基础上进行判断、推理，反映现实的一种思维方式。

2）形象思维是用直观形象和表象解决问题的思维，其特点是具体形象性。

3）直觉思维是指对一个问题未经逐步分析，仅依据内因的感知迅速地对问题答案作出判断、猜想、设想，或者在对疑难百思不得其解之中，突然对问题有"灵感"和"顿悟"，甚至对未来事物的结果有"预感""预言"等都是直觉思维。

4）灵感思维是指凭借直觉而进行的快速、顿悟性的思维。它不是一种简单逻辑或非逻辑的单向思维运动，而是逻辑性与非逻辑性相统一的理性思维整体过程。

5）发散思维是指从一个目标出发，沿着各种不同的途径去思考，探求多种答案的思维，与收敛思维相对。

6）收敛思维是指在解决问题的过程中，尽可能利用已有的知识和经验，把众多的信息和解题的可能性逐步引导到条理化的逻辑序列中去，最终得出一个合乎逻辑规范的结论。

7）分合思维是一种把思考对象在思想中加以分解或合并，然后获得一种新的思维产物的思维方式。

8）逆向思维是对司空见惯的似乎已成定论的事物或观点反过来思考的一种思维方式。

9）联想思维是指人脑记忆表象系统中，由于某种诱因导致不同表象之间发生联系的一种没有固定思维方向的自由思维活动。

知识应用

创造性思维的几个特性

1. 思维的连贯性

创新者在平时就要善于从小事做起，进行思维训练，不断提出新的构想，使思维具有连贯性，保持活跃的态势。托马斯·爱迪生一生拥有1000余项专利。他给自己和助手确立了创新的定额，每10天有一项小发明，每半年有一项大发明。有一次他无意将一根绳子在手上绕来绕去，便由此思考，可否用这种方法缠绕碳丝。

2. 思维的灵活性

数学中的"三点找圆心法"，就是从三个角度去探试。爱因斯坦创立的相对论，就是在对事物用不同视角进行观察后，对其相互之间的关系，做出了自己的解释。达·芬奇在绘画创作过程中观察人物、景物和事物时，就善于从一个角度不停地转向另一个角度，对创作对象、题材的理解随着视角的每一次转换而逐渐加深，从而最终抓住了创作对象的本质，创作出了一幅幅传世之作。

3. 思维的跨越性

创造性思维的思维进程带有很大的省略性，其思维步骤、思维跨度较大，具有明显的跳跃性。例如，俄国十月革命时，有一名对方阵营的军官发生了动摇，但还没有下定决心投诚。列宁没有再按部就班地去做那位军官的动员工作，而是让电台向全国广播这名军官已经起义，迫使这名军官下定了最后的决心，旋即宣布武装起义。

4. 思维的综合性

阿波罗登月计划总指挥韦伯说过："当今世界，没有什么东西不是通过综合而创造的。"阿波罗庞大计划中就没有一项是新发现的自然科学理论和技术，都是现有技术的运用。关键在于综合，综合就是创造。磁半导体的研制者菊池城博士说："我以为搞发明有两条路，第一是全新的发明，第二是把已知其原理的事实进行综合。"摩托车的诞生也是如此，它是将自行车的灵活性、轻便性和汽车的机动性、高速度合二而一的结果。

3.2.2 创造性思维的活动过程

创造性思维在解决问题的活动中，有很多工具和方法可以利用，如图3-9所示的思维脑图，人们要善用工具。

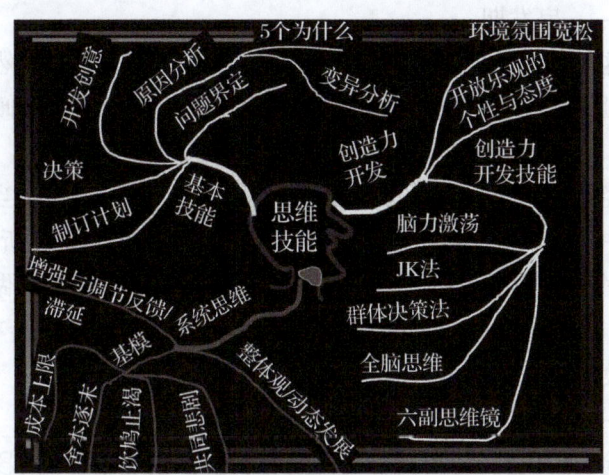

图3-9 思维脑图

创造性思维需要一定的过程，心理学家对这个过程做过大量的研究。比较有代表性的是英国心理学家华莱士（G. Wallas）所提出的四阶段论和美国心理学家艾曼贝尔（T. Amabile）所提出的五阶段论。华莱士认为任何创造过程都包括准备阶段、酝酿阶段、明朗阶段和验证阶段四个阶段。而艾曼贝尔从信息论的角度出发，认为创造活动过程由提出问题或任务、准备、产生反应、验证反应、结果五个阶段组成，并且可以循环运转。

这里，以华莱士的四阶段论来看创造性思维的活动过程。

1. 第一阶段——准备期

关键活动：掌握问题、搜集各种材料、动脑筋的过程，即自觉的努力时期。

实施意义：由于对要解决的问题，存在许多未知数，所以要搜集前人的知识经验，来对问题形成新的认识，从而为创造活动的下一个阶段做准备。

典型案例：爱迪生为了发明电灯，据说，光收集资料整理成的笔记就200多本，总计达4万多页。可见，任何发明创造都不是凭空杜撰，都是在日积月累的大量观察研究的基础上进行的。

2. 第二阶段——酝酿期

关键活动：对前一阶段所搜集的信息、资料进行消化和吸收，在此基础上，找出问题的关键点，以便考虑解决这个问题的各种策略。

实施意义：在这个过程中，有些问题由于一时难以找到有效的答案，通常会把它们暂时搁置。但思维活动并没有因此而停止，这些问题会无时无刻萦绕在头脑中，甚至转化为一种潜意识。在这个过程中，容易让人产生狂热的状态。

典型案例："牛顿把手表当成鸡蛋煮"，牛顿就是典型的钻研问题狂热者。所以，在这个阶段，要注意有机结合思维的紧张与松弛，使其向更有利于问题解决的方向发展。

3. 第三阶段——启发期

关键活动：这是豁朗阶段，也即顿悟阶段，解决问题的启示突然出现，这种"突然出现"是指人处于不工作情况下所得到的答案，"突然出现"的倾向是视觉形象多于语言形象。

实施意义：经过前两个阶段的准备和酝酿，思维已达到一个相当成熟的阶段，在解决问题的过程中，常常会进入一种豁然开朗的状态，这就是前面所讲的灵感。

典型案例：耐克公司的创始人比尔·鲍尔曼，一天正在吃妻子做的威化饼，感觉特别舒服。于是，他被触动了，如果把跑鞋制成威化饼的样式，会有怎样的效果呢？于是，他就拿着妻子做威化饼的特制铁锅到办公室研究起来，之后，发明了耐克鞋。

4. 第四阶段——验证期

关键活动：验证阶段又叫实施阶段，主要是把通过前面三个阶段形成的方法、策略，进行检验，以求得到更合理的方案。

实施意义：推敲突然出现的启示，并且予以具体化的过程，这是一个"否定—肯定—否定"的循环过程，通过不断的实践检验，从而得出最恰当的创造性思维过程。

知识应用

图3-10所示为8个训练发散性思维的方法，先说明每一种发散思维方法的特点，再结合问题进行训练。

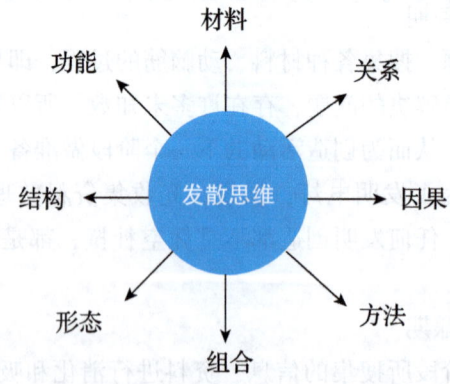

图3-10 发散性思维8个方法

1. 材料发散

材料发散是以某种物品作为"材料",以"材料"为发散点,设想它的多种用途。

2. 功能发散

功能发散是以某种事物的功能为发散点,设想出实现该功能的各种可能性。

3. 结构发散

结构发散是以某种事物的结构为发散点,设想出利用该结构的各种可能性。

4. 形态发散

形态发散是以某种事物的形态(如形状、颜色、声音、味道、气味等)为发散点,设想出利用某种形态的各种可能性。

5. 组合发散

组合发散是以事物之间的组合为发散点,尽可能多地设想不同事物之间的不同组合可能会产生的新的功能或价值(或附加价值)。

6. 方法发散

方法发散是以人们解决问题或制造物品的某种方法为发散点,设想出利用该种方法的各种可能性。

7. 因果发散

因果发散是以某种事物发展的结果为发散点,推测造成该结果的各种原因;或以某种事物发展的起因为发散点,推测可能发生的各种结果。

8. 关系发散

关系发散是以某种事物为发散点,尽可能多地设想这种事物与其他事物之间的各种联系。

 拓展训练

任务名称	发散性思维训练	
任务目标	通过8个发散点训练发散思维,先说明每一种发散思维方法的特点,再结合问题进行训练	
实施者		小组名称	
活动道具	白纸,签字笔	
活动步骤	● 材料发散 【练一练】请尽可能多地列举出手机的用途 ● 功能发散 【练一练】假设驴友开车自助探险旅游,受困在一个寒冷的山间,如何御寒	

（续）

活动步骤	• 结构发散 【练一练】请尽可能多地列举出"立方体"结构的物体（已发明或自己设想出来的） • 形态发散 【练一练】生活中有多种不同的铃声，如闹钟、电话铃等，请列举还有哪些？可以做什么 • 组合发散 【练一练】请尽可能多地列举出音乐可以同哪些东西组合在一起 • 方法发散 【练一练】请尽可能多地列举出用"摩擦"的方法可以做哪些事情或解决哪些问题 • 因果发散 【练一练】请尽可能多地列出埃隆·马斯克的哪些特质使得其在多个领域创业成功 • 关系发散 【练一练】请尽可能多地列举出任正非初创企业时，受到哪些自身及外在的因素影响
过程呈现	

3.3 激发性思维的头脑风暴法

讨论几个案例

- 计算机显示器的屏幕保护/幻灯播放功能，激发了"电子相框"的发明。
- 根据飞机尾翼的设计概念，设计出了跑车的尾翼。
- 根据砸地锤的原理，发明了可以调节速度与力度的按摩器。

思考启示：好的创意无处不在，每个人的设想都有可能带来新的技术创新，思考以上案例并展开讨论，毫无拘束地畅所欲言，不必顾虑自己的想法或说法是否"离经叛道"或"荒唐可笑"，充分发挥想象，提出自由奔放、异想天开的意见，列举手机、汽车的发展前景。

3.3.1 认知头脑风暴法

头脑风暴法出自"头脑风暴"一词。所谓头脑风暴（Brain-Storming），最早是精神病理学用语，是针对精神病患者的精神错乱状态而言的。而现在则成为无限制的自由联想和讨论的代名词，其目的在于产生新观念或激发创新设想。

头脑风暴法又称脑力激荡法、智力激励法、BS 法、自由思考法，是由美国创造学家 A·F·奥斯本于 1939 年首次提出、1953 年正式发表的一种激发性思维的方法，目的是通过找到新的和异想天开的解决问题的方法来解决问题。

头脑风暴法可分为直接头脑风暴法（通常简称为头脑风暴法）和质疑头脑风暴法（通常简称为反头脑风暴法）。前者是尽可能激发创造性，产生尽可能多的设想的方法，后者则是对前者提出的设想、方案逐一质疑，分析其现实可行性的方法。

3.3.2 头脑风暴法的实施流程

头脑风暴法的实施程序如图 3-11 所示。

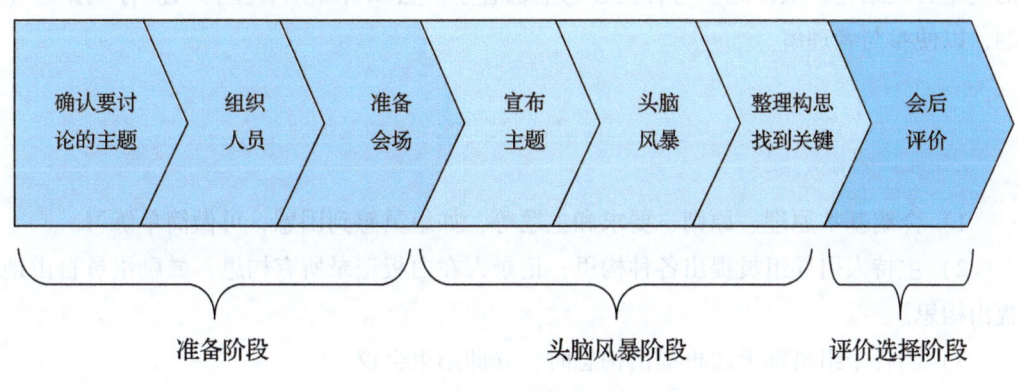

图 3-11 头脑风暴法的实施程序

1. 准备阶段

准备阶段包括产生问题，组建头脑风暴法小组等，这阶段的主要任务是：
1) 确认要讨论的主题。

2）组织人员，选定参加者（一般不超过 10 名），其中记录员 1 名。

3）准备会场，确定会议时间和场所。

4）准备好大白纸、记录笔等记录工具。

5）布置场所，将大白纸贴于白板上。座位的安排以"凹"字形为佳。

6）会议主持人应掌握头脑风暴法的所有细节问题，真正理解头脑风暴法的基本原理、四大原则、8 点要求等，如图 3-12 所示。

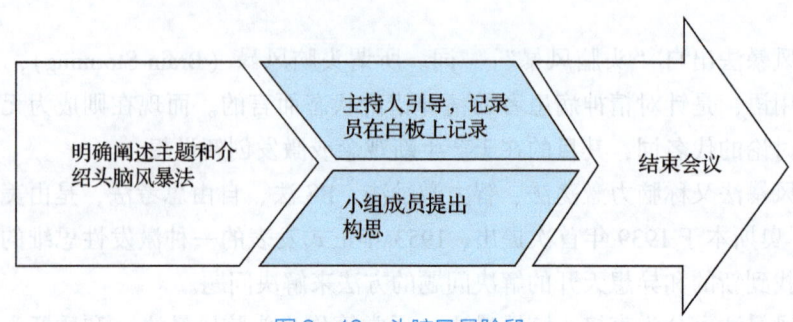

图 3-12 头脑风暴阶段

知识应用

关于议题的选择

从平时悬而未决的问题着手，必须合乎参与者的能力层次和关心程度，以参与者一直期待解决的问题为最佳。主题必须单一并且明确，不该模棱两可、似是而非，大的主题必须细化，从接近参与者关心的主题着手。会议开始后，主持人应仔细阐述主题，以便参与者理解。

2. 头脑风暴阶段

1）介绍基本原理、原则、要求和主题等，如组员感到困惑，可做简单练习。

2）主持人引导组员提出各种构思，记录人在白板记录所有构思，鼓励组员自由地提出构思。

3）当各个组员都无法再提出构思时，立即结束会议。

知识应用

会议主持人的技巧

1）主持人应懂得各种创造思维和技法，会前要向与会者重申会议应严守的原则和纪律，善于激发成员思考，使场面轻松活跃而又不失头脑风暴的规则。

2）避免形成辩论会和发言不均，要以赏识激励的词句语气和微笑点头的行为语言，鼓励与会者多出设想。

3）禁止使用不当的话语，经常强调设想的数量，遇到暂时停滞的情况时，可采取一些措施。

4）根据主题和实际情况需要，引导大家掀起一次又一次头脑风暴的"激波"。

5）要掌握好时间，会议持续 45~60 分钟左右，形成的设想应不少于 100 种。

记录员的工作要点

1）记录员应依照发言顺序标号并记录点子，在发言内容含糊不清时，应向发言者确认，发言内容过长时，仅记录要点即可。

2）会议结束后应该对所作记录进行分类整理，并加以补充，然后交与具有丰富经验和专业知识的专家组进行筛选。筛选应主要从可行性、应用效果、经济回报率、紧急性等多个角度进行，以选择最恰当的点子。

3）由于用头脑风暴法产生的构想大部分都只是一种提示，很少是可以用来直接解决问题的，整理和完善构想这一步就显得相当重要。在整理补充点子时，为了使构想更具体化，也可继续使用头脑风暴法。

3. 评价选择阶段

1）会后以鉴别的眼光讨论所有列出的构思，也可以让另一组人来评价。

2）将会议记录整理分类后展示给参加者，从效果和可行性两个方面评价每条构思。

3）进行删选、分析、决策，选择最合适的构思，尽可能采用会议中激发出来的构思。

3.3.3　头脑风暴法的四大原则

1. 原则之一：自由奔放地去思考

要求与会者毫无拘束地畅所欲言，不必顾虑自己的想法或说法是否"离经叛道"或"荒唐可笑"；欢迎自由奔放、异想天开的意见，必须毫无拘束，广泛地想，观念愈新奇愈好。

顺利联想的 5 个要点：

- 有没有类似的东西？
- 有没有可借用的东西？有无替代品？

- 改变一下看看？
- 借助童话故事或小孩的经验获得启发？
- 移动身体，专心思考？

思考问题的方法：
- 5M1E（人、机、料、法、环、测）。
- 5W2H（What、Where、When、Who、Why、How、How Much）。
- 奥斯本检查法（12 法则）。

2. 原则之二：会后评判

禁止与会者在会上对他人的设想评头论足，排除评论性的判断。至于对设想的评判，留在会后进行，不要评估好与坏，不要挑毛病。

8 项忌讳的语句：
- 太新奇了。
- 不实际。
- 没意义（无聊）。
- 无法成功。
- 不符合目的。
- 成本会增加。
- 不合道理。
- 想法陈旧。

3. 原则之三：以量求质

鼓励与会者尽可能多地提出设想，以大量的设想来保证质量较高的设想的存在，设想应多多益善，不必顾虑构思内容的好坏。

以量求质的诀窍：
- 接连不断地发言。
- 指名发言方式也有效。
- 一想到马上开口发言。
- 1 分钟就出 1 个创意。
- 累了就休息。

4. 原则之四："搭便车"，构思（思路）无专利

鼓励引用别人的构思，借题发挥，根据别人的构思联想另一个构思，即利用一个灵感引发另外一个灵感，或者把别人的构思加以修改。1 个构想可以诱发其他创意，不必客气，利用别人的创意进行联想。

借题发挥的要求：
- 珍惜"如此说来……"

- 不必因为是某人的创意，而不敢引用。
- 领导的构思一样可以引用。
- 变化一下，得到一个更好的创意。
- 把 2 个创意结合看看，互相配合看看。

 知识探究

卡片式头脑风暴法

卡片式头脑风暴法，又称 CBS 法，特点是可以对每个人提出的设想进行质询和评价，如图 3-13 所示。卡片式头脑风暴法是由日本创造开发研究所所长高桥诚根据奥斯本的智力激励法改良而成的一种创造技法。

具体做法是：召开由 3 至 8 人参加的会议，会前宣布发明课题，会议时间为 1 个小时。会上发给每人 50 张卡片，桌上放 200 张卡片备用。在开始 10 分钟内，与会者独自在卡片上填写设想，每张卡片填写一个设想。接着用 30 分钟时间，按座次每位与会者轮流宣读自己的设想，一次只能介绍一张卡片（宣读时将卡片放在桌子中央，让大家能看清楚）。然后其他与会者即可质询，也可将受启发所得的新设想填入备用卡片。最后 20 分钟，大家可以相互评价和探讨各自的设想。

图 3-13 卡片式头脑风暴法

默写式头脑风暴法（635 法）

默写式头脑风暴法（635 法），是德国人鲁尔巴赫根据德意志民族习惯于沉思的性格提出来的，以及由于数人争着发言易使点子遗漏的缺点，对奥斯本智力激励法进行改造而创立的，如图 3-14 所示。它与头脑风暴法原则上相同，其不同点是把设想记在纸上。头脑风暴法虽规定严禁评判，自由奔放地提出设想，但有的人对于当众说出见解犹豫不决，有的人不善于口述，有的人见别人已发表与自己的设想相同的意见就不发言了。

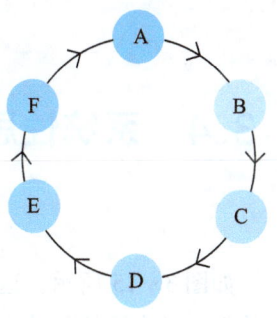

图 3-14 默写式头脑风暴法（635 法）

默写式头脑风暴法具体做法是：由 6 个参与者围坐成一圈，每个人 5 分钟内在一张纸上写出 3 个设想（故又叫 635 法），然后按顺时针或逆时针方向传递给相邻的人完成第一轮设想。然后下一轮开始，依然是 5 分钟，参与者根据自己拿到的纸上的 3 个设想，再写下 3 个设想，依此类推，在半小时内共可产生 6 人 ×3 个设想 ×6 轮 = 108 个设想。

 拓展训练

任务名称	×××主题的头脑风暴
任务目标	组织实施一场头脑风暴，选定的主题（备选）：1）智能手机的未来应用前景；2）汽车未来的样子。掌握头脑风暴法的实施阶段、实施要素、主持技巧等
实施者	以学生为主体，5~6 人分为一组，选定主持人和主题
活动道具	白板、卡片、纸、笔等
活动步骤	1）准备阶段 2）头脑风暴阶段 3）评价选择阶段
过程呈现	

3.4 系统性思考的思维导图法

如图 3-15 所示，这是一份购物单的思维导图，从中你可以了解思维导图的特点是什么，基本画法是什么，有哪些优点，并调研思维导图有哪些类型。

📢 **课堂引入**

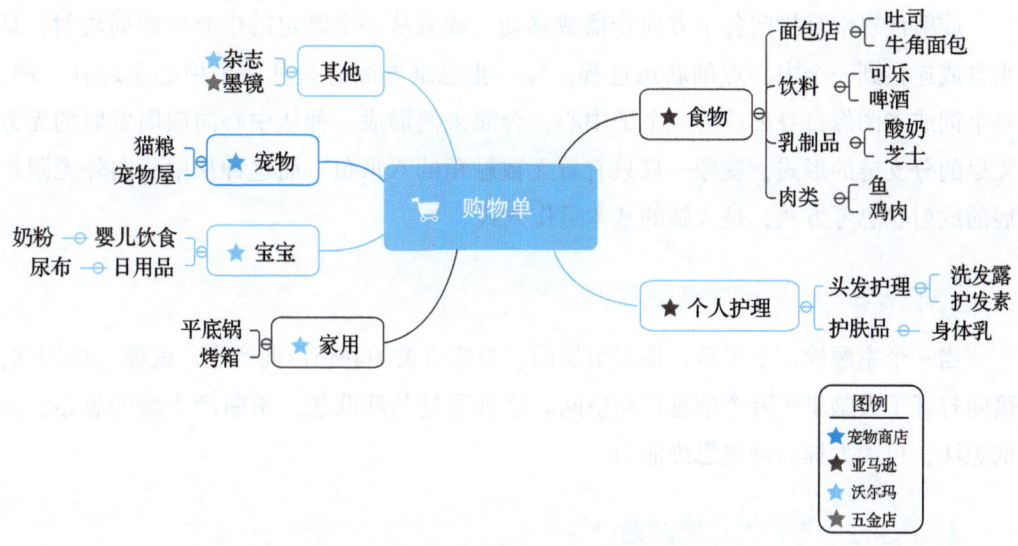

图 3-15 购物单的思维导图

注：资料来源于 Xmind 软件模板。

3.4.1 认知思维导图

一、思维导图的定义

思维导图（The Mind Map），又叫心智导图，是表达发散性思维的有效图形思维工具，它简单却很有效，是一种实用性的思维工具。思维导图运用图文并重的技巧，把各级主题的关系用层级图表现出来，把主题关键词与图像、颜色等建立记忆链接。思维导图充分运用左右脑的机能，利用记忆、阅读、思维的规律，协助人们在科学与艺术、逻辑与想象之间平衡发展，从而开启人类大脑的无限潜能。

1971 年托尼·巴赞开始将他的研究成果集结成书，慢慢形成了发射性思考（Radiant Thinking）和思维导图法（Mind Mapping）的概念。思维导图是大脑放射性思维的外部表现。思维导图利用图像、代码和文字等图文并茂的形式来增强记忆效果，使人们关注的焦点清晰地集中在中央图形上。

二、思维导图的特点

1. 发散性——放射思维能力

放射性思维是指向各个方向传播或移动,或者从一个既定的中心向四周放射,是来自或连接到一个中心点的联想过程。每一张思维导图总是从一个中心主题开始的。每个词或者图像自身都成为一个子中心,合起来便形成一种从中心向四周发射的无穷无尽的分支链的形式,就像一只只有着无数触角的八爪鱼。而这种从中心向外无限扩展的放射状思考方式,是大脑的基本运作方式。

2. 联想性——创造思维能力

当一个主题确定下来后,该点引发的、与它有关的联想由此产生,就像一把钥匙,瞬间打开了大脑里千万个信息存储空间。这种通过关联联想,不断产生新的思路、新的想法,可大大提高创造思维能力。

3. 条理性——归纳思维能力

相对于传统线性笔记,导图利用本身所具备的逻辑归纳的特点,可以帮助人们从材料中找出重点,选择并提炼关键词,进行全面的逻辑梳理与归纳,锻炼人们的归纳思维能力,从而使材料本身变得条理清晰。

4. 整体性——分析思维能力

尽管思维导图是在二维的纸上画出来的,但它可以代表一个多维的空间,包含了时间和色彩等,这种多维空间显示了它具有高度的全局整体性。它着眼于全局,可以从宏观角度进行整体分析,从而有效处理宏观与微观之间的关系。

3.4.2 思维导图的绘制方法

1. 准备阶段

绘制思维导图非常简单,思维导图就是帮助你了解并掌握大脑工作原理的使用说明书。思维导图的绘制工具如下:

1) 一张 A4 或 A3 的白纸。
2) 1 支铅笔,2 支以上不同颜色、色彩明亮的涂色笔,1 支钢笔或水性写字笔。

3）开启大脑，发挥想象。

这些就是基本的工具，当然在绘制的过程中，你还可以拥有更适合自己习惯的绘图工具，例如，成套的软芯笔、色彩明亮的涂色笔或者钢笔等。

2. 绘制思维导图的七个步骤

1）从一张白纸的中心画图，周围留出足够的空白，找主题，画出中心词。
2）确定你要绘制的类型，如图 3－16 所示，理清层次。

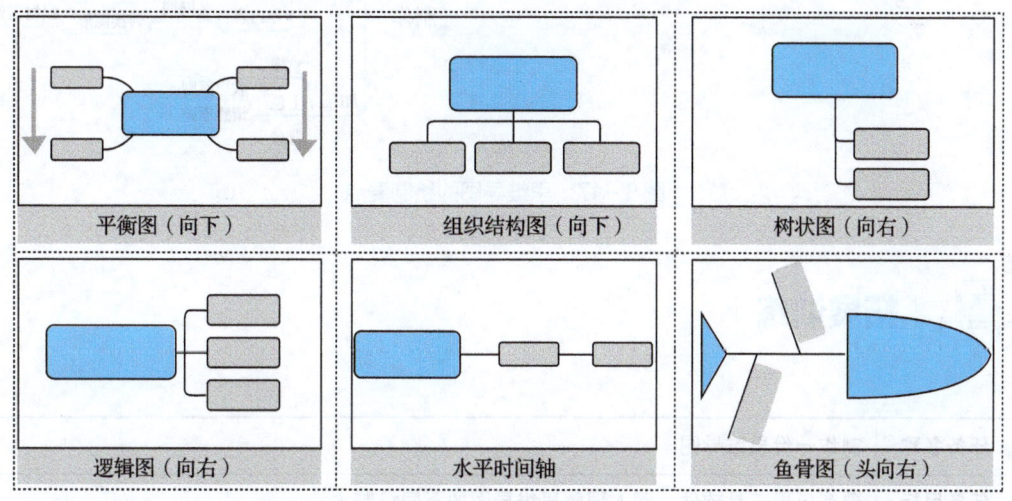

图 3－16　思维导图类型

3）添加内容，用曲线把中央的主题和关键词连接起来，而且一定要确保词在线上。
4）将中心图像和主要分支连接起来，然后把主要分支和二级分支连接起来，再把二级分支和三级分支连接起来，以此类推。
5）让思维导图的分支自然弯曲，不要画成一条直线。
6）在每条线上使用一个关键词。
7）自始至终使用图形。

思维导图的绘制要点如图 3－17 所示，应注意：线条要弯曲、柔软，向四周发散时应像树枝一样自然；线条长度刚好包住关键词；关键词要简短，可以引发下级分支的联想，有较强的概括性；图片的选择可遵循"夸张、有趣、关己、有情"原则；发挥导图本身具备的强大的助记功能，充分利用各制图元素帮助记忆，如背景、颜色、字号、空间位置等。

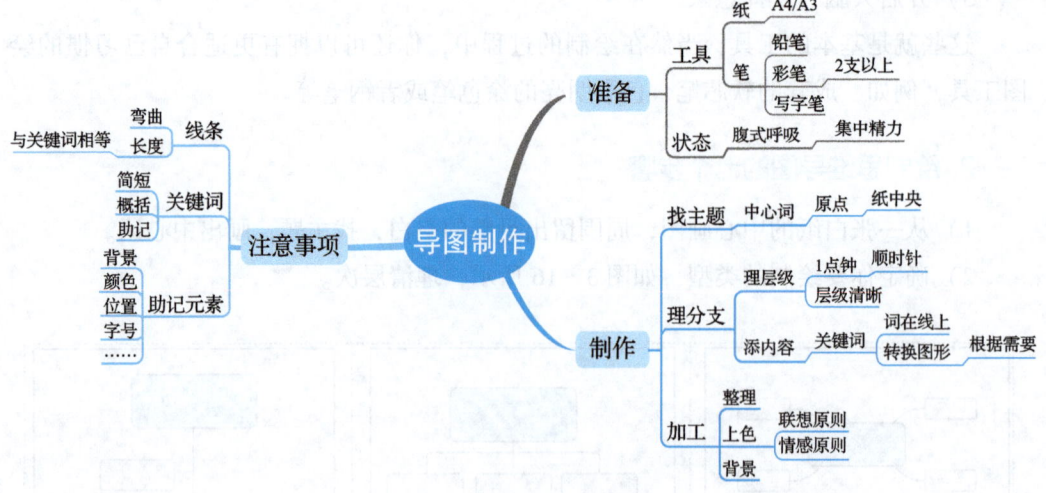

图 3-17 思维导图的绘制要点

 拓展训练

任务名称	制作一份思维导图	
任务目标	熟练应用工具软件,深入理解思维导图的不同绘制方法	
实施者		小组名称
活动道具	MindManager 等软件	
活动步骤	1)制作一份关于你的理想未来的思维导图 2)制作一份读书笔记思维导图,如《三体Ⅱ·黑暗森林》等个人喜欢的图书,有两种设计思路: ①向别人推荐这本书,例如推荐原因、精彩点评、图书信息等 ②围绕整本书或者某一章节的内容进行推荐 3)制作一份大学生涯规划的"鱼骨图"思维导图 注:鱼骨图指的是一种发现问题"根本原因"的分析方法,制作鱼骨图分两个步骤	
过程呈现		

3.5 训练平行思维的六顶思考帽

六顶思考帽的应用

六顶思考帽作为思维工具已被美、日、英、澳等 50 多个国家政府在学校教育领域内设为教学课程，作为创造组织合力和创造力的通用工具，同时也被世界许多著名商业组织所采用。这些组织包括：微软、西门子、松下、杜邦以及麦当劳等。

德国西门子公司有 37 万人学习"六项思考帽"的思维课程，随之公司的平均产品开发时间成本减少了 30%。

麦当劳日本公司让员工参加"六项思考帽"思维训练，取得了显著成效——员工更有激情，坦诚交流。

在杜邦公司的创新中心，设立了专门的课题探讨用"六项思考帽"的思维工具改变公司文化，并在公司内广泛运用"六项思考帽"。

思考启示：当人们进行传统性思维时，总是尽可能地同时考虑很多因素。人们总是在同一时刻既考察信息、形成观点，又要评判其他人的观点，这是传统思维的局限，即容易从自身的角度进行考虑，从片面的角度进行考虑，情绪会影响思维的效率。

请思考怎样理解替代传统思维的六顶思考帽？

3.5.1 认知六顶思考帽

六顶思考帽是"创新思维学之父"爱德华·德·博诺（Edward de Bono）博士开发的一种思维训练模式，或者说是一个全面思考问题的模型。它提供了"平行思维"的工具，避免将时间浪费在互相争执上，强调的是"能够成为什么"，而非"本身是什么"，是寻求一条向前发展的路，而不是争论谁对谁错。

平行思维是管理思维本身的一种方法。它将思维从不同侧面和角度进行分解，分别进行考虑，而不是同时考虑很多因素。

在同一时间从同一角度和侧面进行思考，每一位思考者都将自己的观点同其他人同等对待，而不是一味地批驳其他人的观点。

 知识探究

六种颜色的思考帽代表六种思考问题的角度，每一种颜色都会引起人们的一种联想，不同颜色的帽子代表不同的思考规则。帽子为组织思维提供了框架，使思维变得更加集中，更加有组织性和创造性，如图 3-18 所示。这种思考方式将思维分为几个方面，帮助人们变换思维模式，将表现与自我分开，平行地探讨所有的主题。

- 一种有效地获取信息的技巧（白帽）
- 决策时恰当的情感、直觉和预感（红帽）
- 在评估中使用逻辑性正面探索方式（黄帽）
- 在评估中恰当、有限地使用谨慎的逻辑性反面探索方式（黑帽）
- 设计创造性解决问题的基本工具（绿帽）
- 一种有效地主持会议的技能（蓝帽）

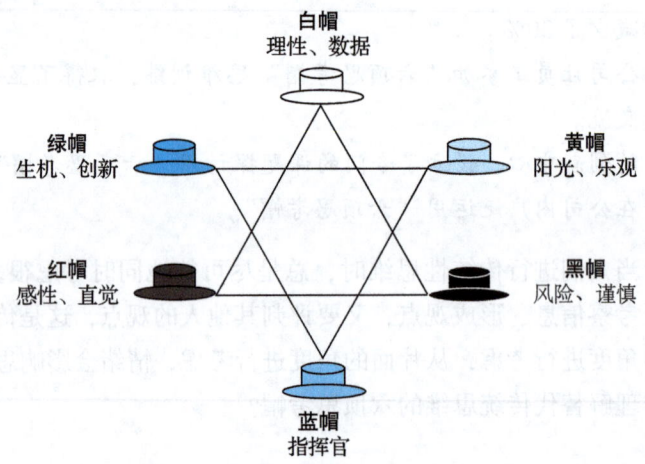

图 3-18　六顶思考帽的思考角度

六顶思考帽经历了从理论到课程化开发的过程，可作用于企业的会议、决策、沟通、报告甚至影响个人生活，很多企业评价六顶思考帽的推行改善了企业文化、极大地提高了管理效能。

3.5.2　应用各色帽子

六顶思考帽的思考角度见表 3-2。

表 3-2 六顶思考帽的思考角度

序号	六顶思考帽	颜色联想	思考角度
1	白色思考帽	中立而客观	代表着事实和资讯,收集已知的或者是需要的信息,仅仅是中立和客观的事实和数据
2	红色思考帽	情感的色彩	代表感觉、直觉和预感,为情绪和感情的表白提供机会,这是一个直觉和预感的判断
3	黑色思考帽	冷静和严肃	代表冷静、反思或谨慎,以探索事物的真实性、适应性、合法性为焦点,运用负面的分析,帮助人们控制风险
4	黄色思考帽	乐观和希望	代表的是乐观、探究价值和利益,帮助人们发现机会
5	绿色思考帽	创意的颜色	代表创新和改变,寻找更多的可选方案和可能性,从而获得具有创造力的构想
6	蓝色思考帽	天空的颜色	代表理性和沉稳,思维中的思维,一顶控制思维过程的帽子,就像是乐队中的指挥一样来组织思维

1. 白帽思维

白色是中立而客观的,代表着事实和资讯。中性的事实与数据帽,处理信息的功能,与白帽相关的就是资料与信息。

- 我们拥有哪些信息?
- 我们希望拥有哪些信息?
- 我们如何获得信息?

白色思考帽明确地重视事实和信息,拒绝个人主观情感的参与,要求参与的每个人都要说出一个观点,要求充分发挥每个人的主观能动性,发挥自己在群体思考中的作用。

2. 红帽思维

红色是情感的色彩,代表感觉、直觉和预感。红色思考帽是情感帽,具有形成观点和感觉的功能。

- 我戴上红帽,我不喜欢这个计划。
- 我的预感告诉我,这个做法行不通。
- 我不喜欢你们处理这件事情的方式。
- 我的直觉告诉我,价格很快就会跌下来。

红帽思维承认情感是思维的一部分,让背景情感现形,以便观察可能带来的影响,可以让情感得以发泄,让直觉和预感发挥优势。

红帽思维的使用原则:

- 正确认识和运用直觉与情绪。
- 不要证明或解释自己的感觉。
- 认可预感,但非凭预感作决定。
- 避免争辩。
- 须在 30 秒以内做出回答,避免过度使用红帽。

3. 黑帽思维

黑色是阴沉的颜色，意味着警示与批判，属于谨慎帽，具有发现事物的消极因素的功能。黑色思考帽对事实和数据提出质疑，指出不符合逻辑的方面，指出未来的风险与可能发生的问题。

- 它会起作用吗？
- 它的缺点是什么？
- 它为什么不能这样做？
- 这样做会存在什么危险？

黑帽思维的原则：

- 黑帽思维是一种强势思维。
- 可以用黑色思考帽应付黑色思考帽。
- 黑帽思维应该提出应对方式。

黑色思考帽考虑的是事情的负面因素，它运用否定、怀疑、悲观的看法对事物的负面因素进行逻辑判断和评估，谨慎小心地指出任一观点的风险所在。

4. 黄帽思维

黄色思考帽是顶乐观的帽子，代表与逻辑相符合的正面观点，识别事物的积极因素的功能，探求事物的优点，证明为什么某个观点行得通（必须符合逻辑），检查忽略的价值。当未来不确定的时候，黄帽思维通过一些问题建立可行性的基础，如寻求线索、预测趋势和其他可能性。

- 为什么可以做这件事情？
- 优点是什么？
- 这样做会带来哪些积极正面的影响？

黄帽思维是积极正面的，而黑帽思维是负面的，因此，在考虑一些新的想法与改变时，通常优先采用黄帽思维，然后才用到黑帽思维。

5. 绿帽思维

绿色是春天的色彩，是具有创造力的颜色。绿色思考帽是创造力之帽，具有创造解决问题的方法和思路的功能。

- 新的想法、建议和假设是什么？
- 我们还有其他方法做这件事情吗？

绿帽思维的用途：寻求改进、摆脱束缚、寻找创新，它能够使人们提出新的创意，排列出各种可能的选择，既包括原有的选择也包括新产生的选择，培养人们的创新创造能力，这种创造力不仅包括大胆的创造力，也包括审慎的创造力。

6. 蓝帽思维

蓝色是天空的颜色，笼罩四野，控制着事物的整个过程。蓝色思考帽是指挥帽，指挥其他帽子，管理整个思维进程。
- 我们的议程是怎样的？
- 我们下一步该采用哪项帽子？
- 我们怎么总结现有结论？

蓝帽思维的使用原则：
- 在蓝色思考帽下，我们不再思考讨论的主题，我们考虑的是那些与主题有关的思维。
- 蓝帽思维经常使用在思维的开始、中间和最后阶段。
- 一般具有蓝帽思考功能的人是主持人，但也可以是另外指定的人。
- 蓝帽思维有一个重要的工作就是打断争论。

蓝色思考帽的主要责任是集中思考者的思考范围，把所有人的心智集中在某个点上，尽可能地深入思考，尽可能地就某一点去拓宽思路。在一个集体中，一个人要自始至终戴蓝色帽子，指挥和安排整个思考过程的发展，并经常对思考结果加以总结。

3.5.3 实施和典型应用

六顶思考帽基本上是集体性思考，而不是个人思考。当然一个人思考的时候也可以采用六顶思考帽的思考方式，从不同的角度去看问题，但是这种思考方法用在集体思考时最有效。这是一种慎重、严肃、用尽心智的思考，但也重在行动，因为有的时候为了沟通上的方便，需要用行为表达思想，即用行动外化思维，用行为把思维过程表达出来，作为一种更有效的沟通。这种思维方式往往不是一个人独处时的思考，更多的是在集体思考的时候运用。每个人都往同一个方向去考虑的时候，就容易把各种各样的可能性都考虑充分。这种思维方式一定要做角色扮演，不以自我为出发点。六顶思考帽认识问题和解决问题的角度如图3-19所示。

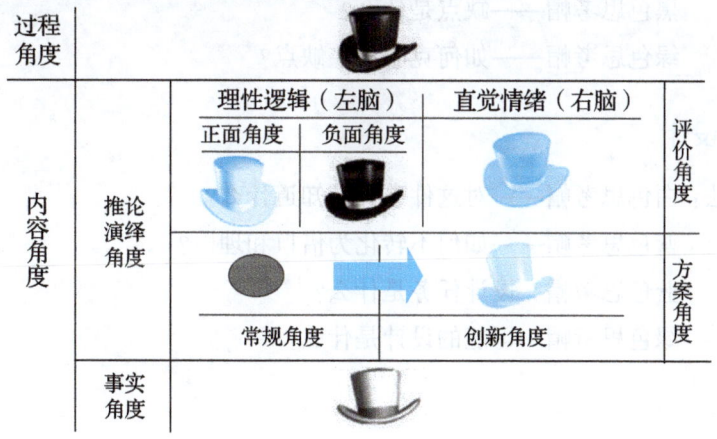

图3-19　认识问题和解决问题的角度

知识应用

使用六顶思考帽的几个阶段

1. 制定初步方案

实施方法：蓝色思考帽——思维任务是什么？
白色思考帽——我们都知道什么内容？
绿色思考帽——我们能想出什么主意？
红色思考帽——感觉怎样？
黄色思考帽——有哪些优点？
黑色思考帽——有哪些缺点？如何弥补？

2. 快速评价

实施方法：黄色思考帽—优点是什么？
黑色思考帽—缺点是什么？
蓝色思考帽—我们能总结这些优缺点吗？

3. 评估改进

实施方法：黄色思考帽——优点是什么？
黑色思考帽——困难和危害是什么？
黑色思考帽——缺点是什么？
绿色思考帽——如何克服这些缺点？

4. 总结设计

实施方法：白色思考帽——对这件事我们知道什么？
蓝色思考帽——如何不转化为借口和理由？
蓝色思考帽—设计任务是什么？
绿色思考帽—可能的设计是什么？

拓展训练

任务名称	应用六项思考帽进行会议沟通		
任务目标	理解在初始阶段、中间阶段、结尾阶段的思考模式		
实施者		小组名称	
活动道具	白纸，签字笔		
活动步骤	初始阶段、中间阶段、结尾阶段使用的思考帽见表3-3 1）你与同学一起完成一项任务，因为同学的原因造成了很大失误，老师在总结会上当众批评了你，却没有批评同学，你该怎么办 2）你的朋友小贾是某公司的一名职员，虽然收入很高，但工作压力也很大，几乎每天都要加班。昨天上午因遭受经理的训斥而很烦闷，他（她）约你今天晚上去喝茶，你觉得见面后应该怎样做才能更好地帮助他（她）		
过程呈现			

表3-3 初始阶段、中间阶段、结尾阶段使用的思考帽

思考过程	关注点（参考）	思考帽
初始阶段	让我们先看这个观点对我们有利的地方 我该如何解决这个问题 你怎么看这个问题 我有什么可用的信息	黄色思考帽 蓝色思考帽 红色思考帽 白色思考帽
中间阶段	替代方案是什么 让我们看看它有什么价值 有什么缺点 与我们所知道的信息是不是相符	绿色思考帽 黄色思考帽 黑色思考帽 白色思考帽
结尾阶段	总结一下我们的思考 这能达到预期的结果吗 我们该如何处理这个方案 我们现在觉得如何	蓝色思考帽 黑色思考帽 绿色思考帽 红色思考帽

3.6 激发创造发明的 TRIZ（萃智）

顾客需求与技术参量导致的矛盾

比萨饼：比萨饼经常作为外卖送到客户手中，用方形纸盒包装后送达。顾客希望得到的比萨饼是热的，而且在享用时还是较脆的，但为了保温而使包装密闭的结果就是比萨饼会变得较软。

数码相机：普通顾客希望数码相机越小越好，易于携带且易于使用，并且不易引人注目。但是机器越小，使用者手的抖动越易反映出来，导致使用者不易获得清晰的图像。

思考启示：上述两个例子都是在产品设计中遇到的矛盾。在铁路运输中也会遇到类似问题，例如，为了增加运量可在每节车厢中增加旅客人数，但这就会降低每位旅客的舒适性；为增加运量也可增加列车对数，但可能需要减少供电和工务的天窗维修时间，这又会使设施欠维修，从而降低运行效率。这就产生了上面类似的矛盾。

对于上述问题，TRIZ 是有用的工具，可以有效地解决思维定式和知识领域的局限，请列举几个典型的需求变化和产品设计的矛盾，并探讨解决之道。

3.6.1 认知 TRIZ

随着社会发展对创新需求的提升，单一的创新思维方法已经不能满足需要，于是有学者就梳理总结出系统化的创新思维方法。TRIZ（萃智）是解决发明性问题的理论，是指导人们进行发明创新、解决工程问题的系统化的方法学体系。1946 年，俄罗斯的创新大师根里奇·阿奇舒勒创立 TRIZ，其形式上操作程序严谨，内容上着重对客观（发明物）和客观规律运用的研究，更重视左脑式的逻辑思维方法的作用，因此在应用范围上专注于科技发明。

创造性不是天生的，一定存在某些通用的发明原理，每个工程师都可以学会如何具有创造性。TRIZ 的核心思想是：①技术系统的进化不是随机的，而是遵循一定的客观规律；②同生物系统的进化类似，技术系统也面临着自然选择、优胜劣汰。几种解决问题的方法比较如图 3-20 所示。

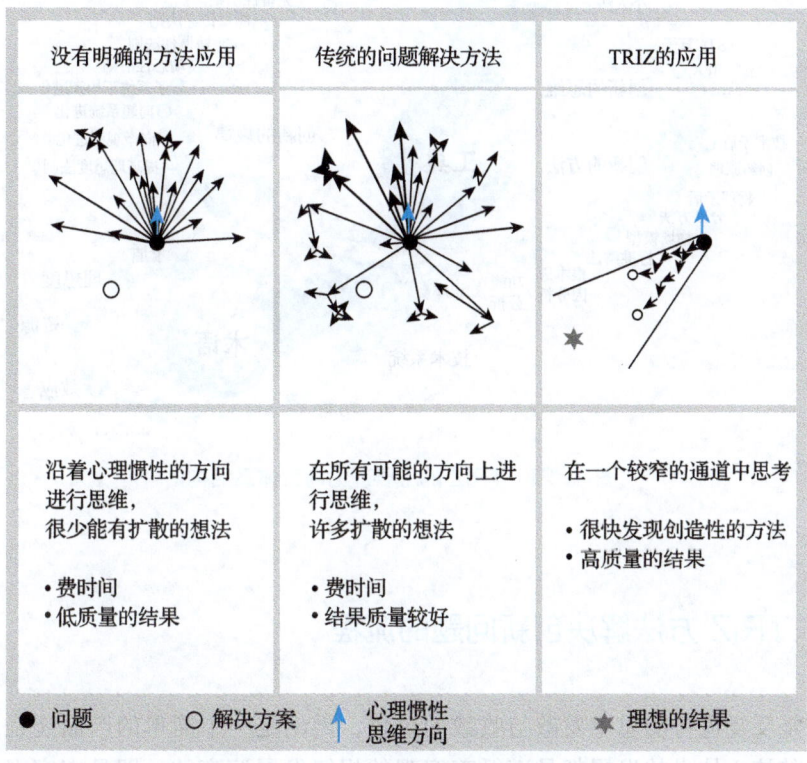

图 3-20　几种解决问题的方法比较

知识探究

TRIZ 的主要理论内容体系

TRIZ 的形成过程经历了萌芽期、发展期和完善期 3 个阶段，并分为经典 TRIZ 和现代 TRIZ 两大流派。现代 TRIZ 尚在发展过程中，流派众多，发展路径各异，本节主要介绍的是经典 TRIZ。TRIZ 的主要理论内容体系包括以下 4 个部分，结构图如图 3-21 所示。

理论基础：S 曲线、完善性法则、能量传递法则等。
分析工具：技术矛盾、物场模型、根本原因分析、功能分析等。
解题工具：分离原理、40 条发明原理、76 个标准解法与科学知识效应和现象库。
发明问题解决算法：ARIZ、九步法等。

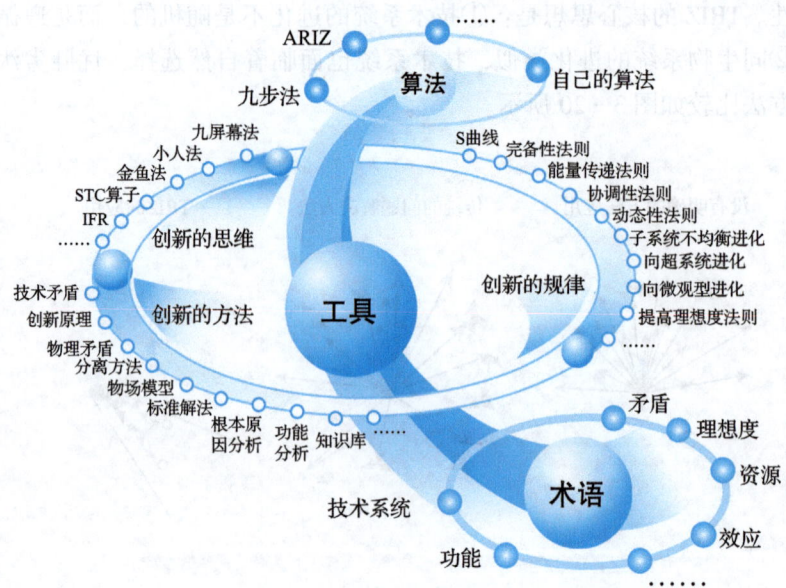

图 3-21　TRIZ 的主要理论内容体系结构

3.6.2　TRIZ 方法解决创新问题的流程

创新是反复进行的思维发散与收敛的过程，无论是一个简单的产品还是复杂的技术系统，其核心技术的发展都是遵循着客观的规律发展演变的，即具有客观的进化规律和模式。各种技术难题、冲突和矛盾的不断解决是推动这种进化过程的动力。技术系统发展的理想状态是用尽量少的资源实现尽量多的功能，TRIZ 与经典创新方法如图 3-22 所示。

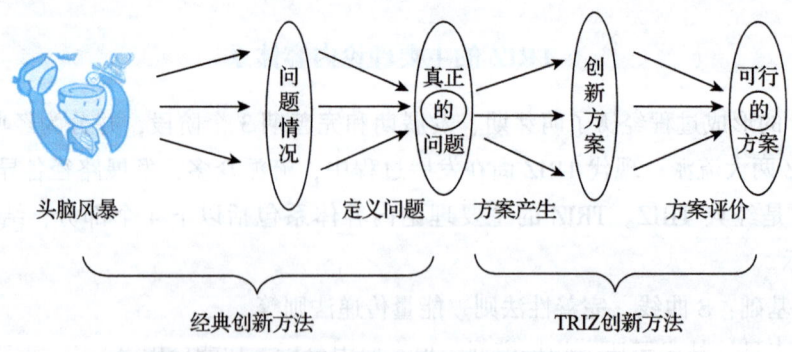

图 3-22　TRIZ 与经典创新方法

在 TRIZ 理论体系中，包含着众多系统的、具有可操作性的创造性思考方法和发明问题的解决路径，而且这些方法还在不断地发展和完善中，这里总结出 TRIZ 解决问题的一般流程，如图 3-23 所示。

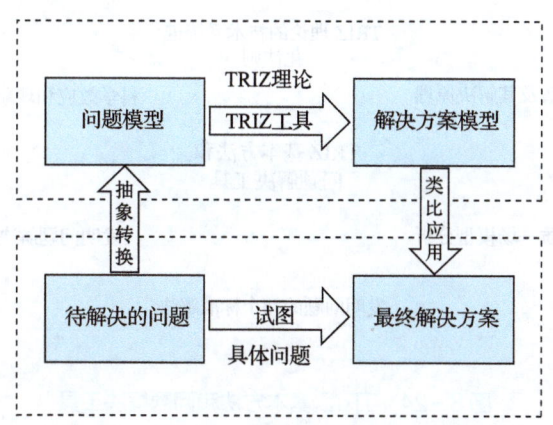

图 3-23　TRIZ 解决问题的一般流程

第一步：情景分析，构建问题模型，采用与技术及实现无关的语言对需要创新的原因进行描述，从完成功能的角度分析系统、资源消耗、利害因素、成本投入与理想度等，把需要解决的实际问题归纳为一个类似的 TRIZ 标准问题模型。

第二步：利用因果分析和功能模型分析对问题进行分析，找到突破问题瓶颈的其他路径，或者找到问题出现的根源，然后将这个问题抽象成一个一般化的问题。对于这个一般化的问题，根据 TRIZ 的工具，如标准解、发明原理、科学效应库、技术发展趋势等找到一般的解决方案。

第三步：把待解决的问题，通过抽象或转换，搜索已有的解决方法，如果矛盾不能解决，调整或者重新构建初始问题模型。

第四步：确定最终的解决方案，将这些一般化的解决方案引入到具体项目中，转化成自己的解决方案。

知识应用

TRIZ 基本方法和问题解决工具

TRIZ 基本方法和问题解决工具包括 TRIZ 理论的技术系统进化法则、矛盾及其解决原理、物质—场模型分析、发明问题的 76 个标准解法、发明问题解决算法、科学效应和现象知识库，如图 3-24 所示。

TRIZ 理论的技术系统进化法则：包括提高理想度法则、完备性法则、能量传递法则、协调性法则、子系统的不均衡进化法则、向超系统进化法则、动态性和可控性进化法则。

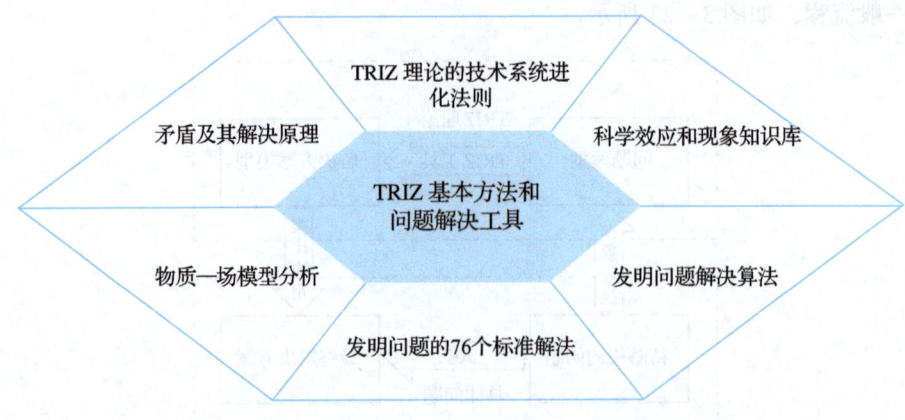

图 3-24　TRIZ 基本方法和问题解决工具

矛盾及其解决原理：阿奇舒勒将矛盾分为 3 类，即物理矛盾、技术矛盾和管理矛盾，其中管理矛盾不属于 TRIZ 理论研究的范畴。

物质—场模型分析：主要用于建立与已存在的系统或新技术系统的问题相联系的功能模型，是 TRIZ 理论中一种常用的分析工具。

发明问题的 76 个标准解法：主要用于解决技术系统进化模式的标准问题，并建议采用某一种系统变换来消除所存在的问题。

发明问题解决算法：是采用一套完成的逻辑步骤将初始问题程式化，是解决发明问题的完整算法，也是 TRIZ 理论的一种主要工具。

科学效应和现象知识库：是一种基于物理、化学、几何学等工程学知识的解决问题的工具，为相关领域的发明创造和技术创新提供丰富的方案来源，对发明问题的解决有着巨大作用。

3.6.3　40 个创新原理及典型应用

40 个创新原理是阿奇舒勒先生的第一个研究成果，是技术创新的 TRIZ 诀窍。40 个创新原理已经从传统的工程领域扩展到微电子、医学、管理、文化教育等当今社会的各个领域。2012—2014 年，日本索尼公司的 TRIZ 专家高木德提出将 40 个发明措施符号化，并将这些原理分成九大类（见表 3-4）。

表 3-4　TRIZ 的解题工具：40 个发明措施

类别	发明举措	典型应用	发明举措	典型应用
第一大类 空间分离	分割	组合式家具 百叶窗	抽取/萃取	手机中的 SIM 卡 战斗机的副油箱
	局部特性	工具箱 瑞士军刀	不对称	操作手柄 减速箱

（续）

类别	发明举措	典型应用	发明举措	典型应用
第二大类 时空组合	组合/合并	海底潜水设备 集成电路电子芯片	通用/普遍性	万能充电器 沙发床
	嵌套	俄罗斯套娃 便携式音箱	重量补偿	救生圈 轮船
第三大类 预先安排	预先反作用	铁轨之间的缝隙 汽车的安全气囊	预先作用	建筑内安置灭火器 不干胶粘贴
	预先防范	应急楼梯 降落伞备用伞包	等势	操作台同高传送带 巴拿马运河水闸
第四大类 稳态逆变	反向作用	跑步机 自动扶梯（滚梯）	曲面化	洗衣机内筒 圆珠笔球形笔尖
	动态化	笔记本计算机 医疗结肠镜	不足或过度	离子切割 化学试剂攻击冰雹
第五大类 高效化	增加维度	立体车库 垃圾自动卸载车	振动	石英振动机芯 超声波清洗
	周期性	呼吸机系统 警笛	持续性	汽车路口停车，飞轮存储能力，使发动机平稳
第六大类 无害化	急速作用	淬火（提高硬度） 照相机闪光灯	变害为益	再生纸 废热发电
	反馈	声控喷泉 主动噪声控制	中介	化学萃取工艺 饭店上菜托盘
第七大类 省力化	自服务	自动饮水机 汽车下坡时充电	复制	用影子测量高度 虚拟训练飞行员系统
	廉价替代	尿不湿 一次性餐具	替代机械系统	物理键盘输入→语音输入 有线系统→无线系统
第八大类 材料改变	流动性	气泡包装 气垫运动鞋	轻薄柔韧性	农业薄膜 充气儿童城堡
	多孔材料	泡沫塑料 多孔去污材料	改变颜色	感光玻璃 交通指示灯
	同质性	金刚石切割钻石 气态氧解冻固态氧	复合材料	多层防弹服 合金金属
第九大类 材料改变	抛弃或再生	枪射后弹壳弹出 火箭推进器分离	参数变化	环保的人造橡胶 固态二氧化碳
	相变	热力泵 铸造	热膨胀	温度计 热敏开关
	强氧化	气割 高压氧舱	惰性环境	氩弧焊 霓虹灯

知识探究

九大类别发明措施的三组划分

九大类别发明措施可以简化为九个字——分、合、预、效、益、省、逆、材、性。按照划分九大类别所依据的不同标准,它们可以分为三组,见表3-5。

表3-5 九大类别发明措施的划分标准、分组及其简称

划分标准		划分标准		划分标准	
时空	简称	目标	简称	材料	简称
空间分离	分	高效化	效	稳态逆变	逆
时空组合	合	无害化	益	材料改变	材
预先安排	预	省力化	省	属性改变	性

拓展训练

任务名称	产品进化预测案例分析		
任务目标	理解技术与产品的生物进化规律		
实施者		小组名称	
活动道具	白纸,签字笔		
活动步骤	图3-25是产品的进化规律S曲线,一个技术系统的进化一般经历4个阶段,分别是婴儿期、成长期、成熟期和衰退期,请查阅资料并撰写一篇短文,分析产品在不同阶段的特征,并举2~3个实例。 图3-26是显示器的动态性进化。技术与产品的发展像生物体进化一样遵循着客观规律,请阐述其进化的特点及遵循的法则,利用了TRIZ的40个创新原理中的哪些。		
过程呈现			

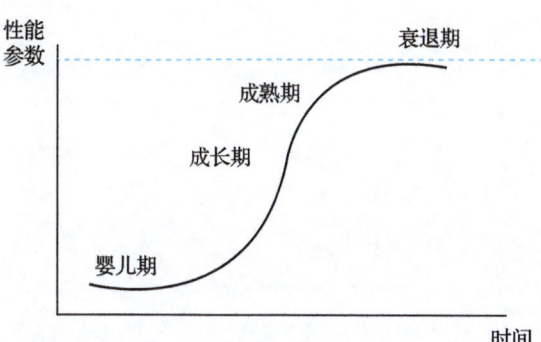

图 3-25　进化规律 S 曲线

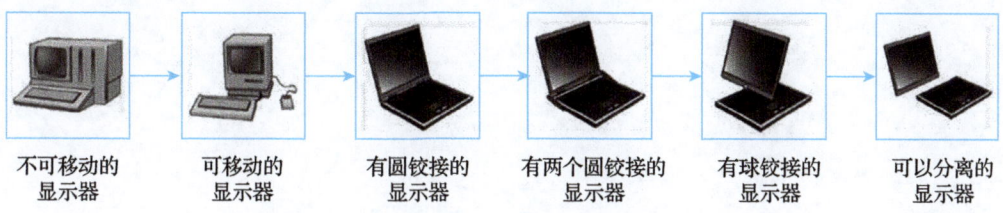

图 3-26　显示器的动态性进化

第 4 章 需求挖掘与商机识别

 本章导读

著名心理学家亚伯拉罕·马斯洛曾说过:"需要和动机是推动人们行为的原因,任何一种特定需求的强烈程度取决于它在需求层次中的地位",勾勒用户画像、挖掘用户需求是启动产品的第一步。福特汽车创始人亨利·福特表示:"如果我最初问消费者想要什么,他们会告诉我是一匹更快的马",其实用户需求与产品需求之间还存在一道鸿沟,那就是需求的转换与管理。现代管理学之父彼得·德鲁克谈道:"当今企业之间的竞争,不是产品之间的竞争,而是商业模式之间的竞争",因此,需要在满足产品需求的基础上,进行科学的市场洞察与竞品分析,构建具备竞争力的商业模式。

第4章内容思维导图

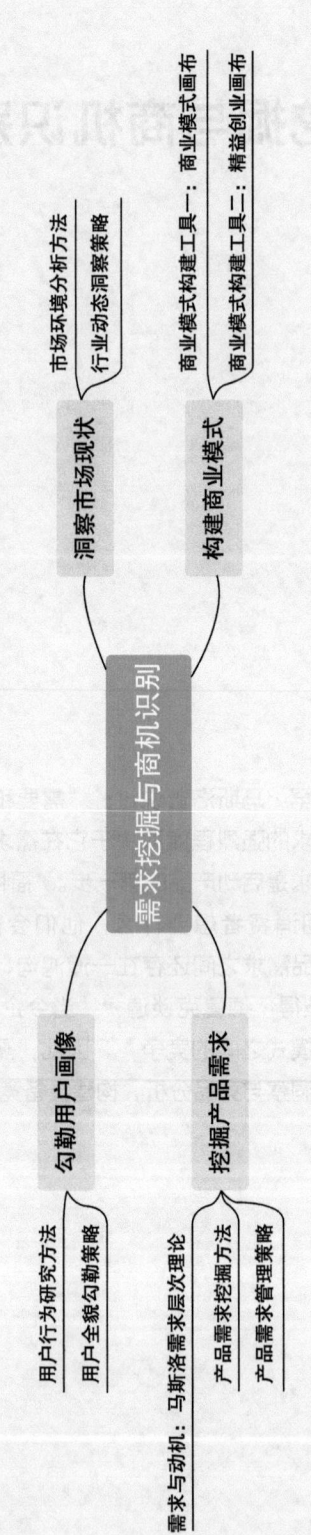

4.1 勾勒用户画像

| 课堂引入 |

索尼公司调研音箱颜色时，消费者为何"口是心非"？

曾经，索尼公司准备推出一款新的音箱，公司的市场部邀请部分潜在消费者组成内测小组，对产品进行测试。在谈到大家对音箱颜色的偏好，选黑色还是黄色时，大家纷纷表示喜欢黄色，于是这次访谈在愉快的氛围中结束了。会后，索尼公司市场部宣布赠送每人一个音箱作为答谢，大家可以自行挑选，令人惊讶的是大部分人选择了黑色音箱。

思考启示：上述案例采用的是"焦点小组"的用户行为调研方法，结果消费者却表现为"口是心非"，这主要是因为不能用定性方法得出定量结论。请思考当调研音箱颜色时，应该选择何种用户行为调研方法以及如何去实施？

4.1.1 用户行为研究方法

| 知识探究 |

人们在认知时，总喜欢把自己的想法、观点、价值观和习惯强加在他人身上，认为自己和其他人是一样的，在心理学上这种现象被称为虚假同感偏差，即人们假定自己与别人有很多的共通性，但事实却并非如此，特别是在定义产品或做商业决策时，科学的用户行为调研是非常有必要的，因为调研可以帮助企业了解用户的需求，设计产品的功能，优化产品体验，传递企业或品牌理念，帮助企业定位目标用户群，勾勒目标用户画像。

用户行为调研是指通过各种方式了解用户的行为习惯，收集用户的偏好、思维想法，并根据用户研究的反馈进行合理的用户需求推演、预测。用户行为研究的核心在于挖掘用户的真实需求或发现用户的真实意图，有时用户的"是"与"否"也许只是提问方式的不同导致的，是非判断只在一念之间。目前常见的用户行为研究方法包括深度访谈、焦点小组、可用性测试、卡片分类、眼动测试、问卷调研等，14种常见的用户行为调研方法见表4-1。

表4-1 14种常见的用户行为调研方法

调研方法	方法介绍
深度访谈	调研员与被访问者针对调研问题进行一对一地深度交流
焦点小组	采取小型座谈会的形式，挑选一组目标用户，在调研员的引导下，按照设定的主题，进行开放、深入的讨论
参与式设计	在整个产品设计过程中不断地卷入用户，让用户推进、优化产品设计
卡片分类	让用户对功能卡片进行命名、分类、组织，通过探索用户的心理模型，帮助网站进行信息架构的构建和优化
合意性研究	让用户基于118个单词的列表来描述或设计产品并说明理由，此方法可以检查用户对设计或产品的情绪反应
日志研究	收集用户一段时间内的产品使用相关行为、活动和体验数据，进而分析用户行为的调研方法
可用性测试	让目标用户对产品进行典型操作，界定出可用性问题并解决这些问题
概念测试	将产品概念描述给目标用户，以获得用户的系统评价与信息反馈
眼动测试	使用眼动追踪软件追踪用户在屏幕上的眼睛活动，测量用户在屏幕上最常查看的内容以及查看的顺序
5S测试	将应用软件或网页的界面向用户展示5秒，然后让用户回忆他们看到了什么内容。这是检测主视觉画面或者行为召唤是否起到了正确作用的好办法
问卷调研	设计详细周密的问卷，要求被调查者据此进行回答以收集资料的方法
拦截调研	在大街上拦截被调查者从而寻求交谈机会、收集信息的调查方式
A/B测试	提供2个不同版本的产品或设计，测试人们更喜欢哪个版本
文献调研	围绕研究主题有计划地查阅相关文献、行业分析报告等资料

用户行为调研贯穿产品的整个生命周期，且在不同的阶段，用户调研有不同的方法和侧重点。产品生命周期4阶段如图4-1所示。在产品导入期，产品未上线或刚上线，用户行为调研以深度访谈、问卷调研、文献调研为主，以便确定目标用户，了解用户需求，检验产品功能设计是否满足用户需求；在产品成长期、成熟期，用户数量正在快速增长，此时用户行为调研以日志研究、深度访谈为主，以便了解用户的产品使用感受，根据用户需求增加新功能，通过不断创新以保证竞争力，延长成熟期；在产品衰退期，新用户增长乏力，老用户流失加速，用户行为研究以问卷调研、深度访谈为主，以便了解用户流失的原因，为新产品的开发积累经验、提供数据支撑。

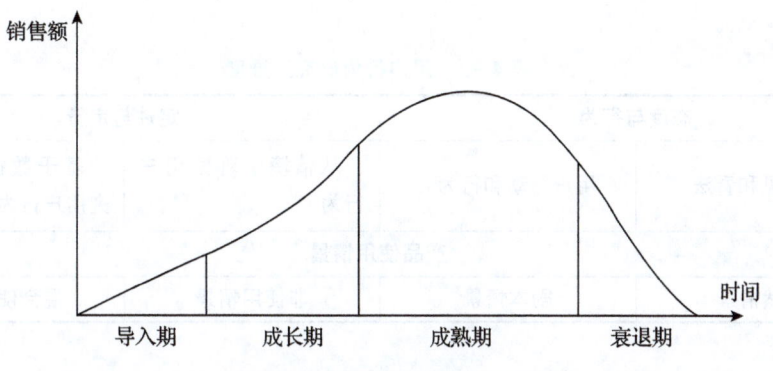

图 4-1 产品生命周期 4 阶段

知识应用

每一种用户行为研究方法均有其特色及使用场景，因此在实际操作中应该视调研目标来决定采用哪种调研方法，为了更好地理解并使用这些方法，可参考用户行为研究全景图，如图 4-2 所示，其包括态度与行为、定性与定量、产品使用情景 3 个维度，见表 4-2。其中，在产品使用情景中，自然情景是用户自然使用产品时的研究，要尽可能减少对用户的干扰；剧本情景是按照脚本对一个产品的用途进行研究，其目的是将研究重心聚焦在一些明确的使用方向上；非使用情景是在不使用产品的情况下做一些品牌研究或泛文化行为研究；混合使用情景是一种为了达到调研目的而使用的一种创新性情景，如参与式设计。

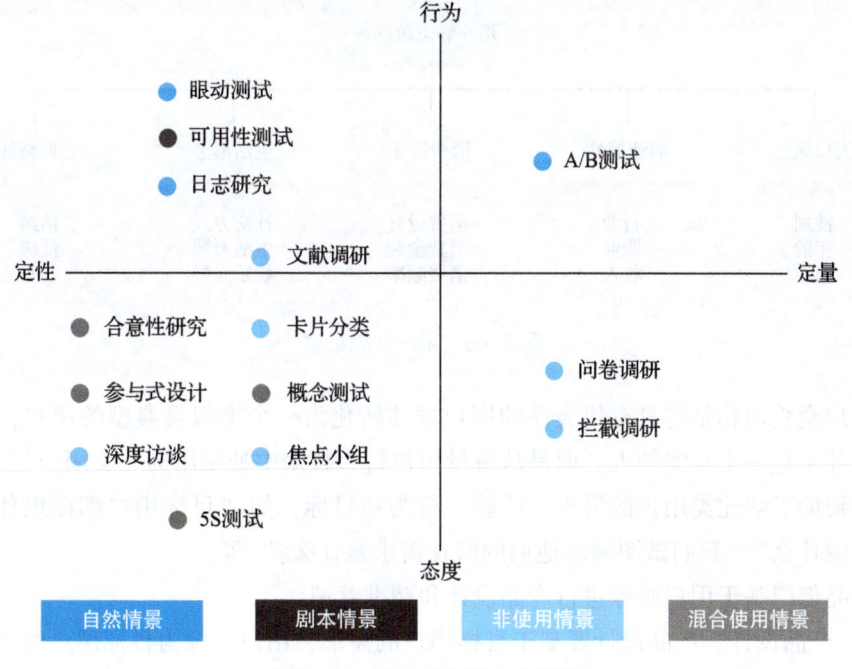

图 4-2 用户行为研究全景图

表4-2　用户行为研究三维度

态度与行为		定性与定量	
用户意见和看法	用户行动和行为	从情境中观察用户行为	基于数据和统计研究用户行为
产品使用情景			
自然情景	剧本情景	非使用情景	混合使用情景

4.1.2　用户全貌勾勒策略

 知识探究

用户画像，即用户信息标签化，就是企业通过收集与分析消费者静态数据，完美勾勒出一个用户商业全貌的方式。静态数据主要包括用户的人口属性、商业属性、消费特征、生活形态、心理特征，其获取方式存在多种，有时需要多种调研方式相结合的方式，如通过小组座谈会、深度访谈来了解用户的真实心理需求，通过调研问卷获取用户的人口属性及消费特征等信息，如图4-3所示。

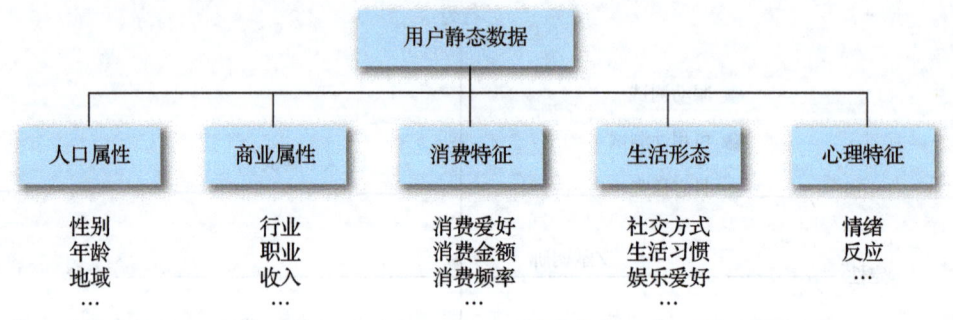

图4-3　用户静态数据

用户全貌勾勒是将具有代表性的用户群体转化为一个虚拟且典型的用户，这一典型用户并不是一个真实的人，而是从海量用户行为数据中抽象出的一类用户信息全貌，其可以帮助了解此类用户的需求、体验、行为和目标，如"目标用户都在想什么、做什么、说什么""我们试图满足他们的潜在需求是什么？"等。

产品部门基于用户画像进行产品设计和精准营销。

1）产品设计。产品设计要基于目标用户的需求，用户画像为目标用户的全貌勾勒提供了方向，因此，用户画像可以用于评估需求价值、辅助产品设计，保证产品设计满足核心用户的核心需求。例如，依据用户的性别、爱好设计产品外观，依据用户的消费特征定义产品的价格。

2）精准营销。用户画像将用户群体切割成更细的粒度，进而实现精细化管理，企业可以依据用户标签，借助短信、邮件、线下活动等手段，辅以关怀、挽回、激励等策略进行精准营销，提高资源的有效利用率。例如，电商网站为准妈妈推荐婴儿用品，为摄影爱好者推荐镜头。在个性化推荐中，计算出用户标签是其中一环，还需要有协同过滤等推荐算法来实现物品的推荐。

知识应用

电商平台典型用户画像

近几年来，随着网购用户的不断增长，越来越多的用户习惯将购买过程转移到线上，"淘宝""京东"等电商平台悄然改变着用户的购物方式的同时，为用户提供了高性价比的产品。目前我国电商用户已经从城市延伸至农村，表4-3为电商平台3类典型用户画像。

表4-3　电商平台3类典型用户画像

用户 静态数据			
人口属性	小苏，男，35岁，硕士毕业，定居深圳	小张，女，25岁，大专毕业，定居西安	老李，男，43岁，初中毕业，定居天水
商业属性	软件工程师，月收入15000元左右	公司前台，月收入5000元左右	农民，月收入2800元左右
消费特征	需求明确，追求性价比，买完即走	有大概需求，喜欢在线上门店闲逛，注重产品外观	有大概需求，上网时间不多，特别重视产品价格
生活形态	下班后一般"宅"在家里，喜欢打游戏，生活方式相对简单	喜欢购物、看电影，生活方式相对丰富	休息时一般在家看看电视，刷刷抖音，生活方式相对简单
心理特征	情绪稳定、内向，办事果断	情绪易受周边环境影响，做事粗枝大叶	情绪易受周边环境影响，办事优柔寡断

拓展训练

任务名称	勾勒儿童智能手表用户画像
任务目标	结合实例,加深对用户行为研究方法及用户全貌勾勒策略的理解
实施者	学生团队,5~6人组成1组
活动道具	白纸、白板、马克笔、便签贴、多媒体教室
活动步骤	1)A企业打算开发一款儿童智能手表,作为该企业产品团队,主导完成用户行为调研,挖掘用户需求 2)依据用户行为调研结果,勾勒儿童智能手表产品的用户画像
过程呈现	

4.2 挖掘产品需求

 **课堂引入**

你吃过20元一盒的泡面吗?

登山是很多人的爱好。当经过数小时的跋山涉水,游客到达山顶后,往往饥肠辘辘。此刻,温饱成为大多数游客需要首先解决的问题。"泡面"这种速食食品成为很多游客的首选,20元一盒,加水还要加3元,对于饿着肚子的游客而言,虽然价格比平时高很多,但不得不接受。

思考启示:需求是与时间、空间相关联的,平时5元一盒的泡面,大部分消费者都很少吃,此时泡面价格高达20元一盒,消费者却会选择购买。请思考举例生活中类似的需求场景。

4.2.1 需求与动机：马斯洛需求层次理论

知识探究

需要和动机，是推动人们行为的原因，任何一种特定需求的强烈程度取决于它在需求层次中的地位。美国心理学家亚伯拉罕·马斯洛在 1943 年提出马斯洛需求层次理论，将人类需求从低到高按层次划分为 5 类：生理需求、安全需求、情感和社交需求、尊重需求和自我实现需求，这种理论也被称为人类需求层次理论，如图 4-4 所示。

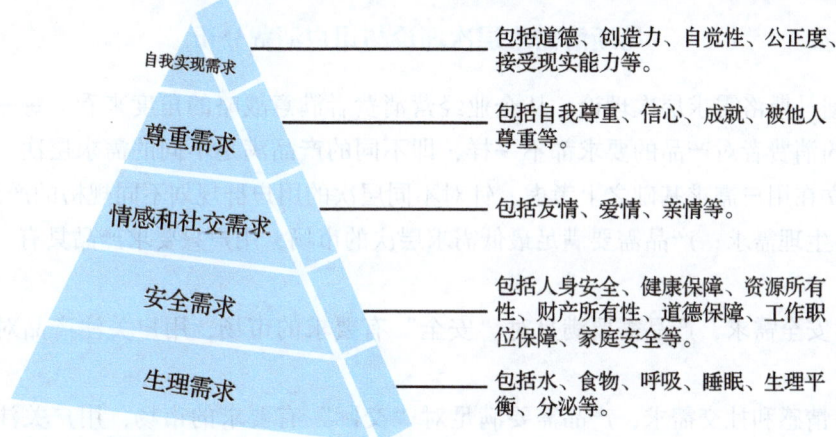

图 4-4　马斯洛需求层次理论

1）生理需求。这个层级的需求是最基本的生存需求，也就是能够维持人活下来的需求，反映在生活中就是衣食住行等方面，如美团、饿了么等外卖服务，以及高德地图、航班管家等各种出行类产品。

2）安全需求。这个层次需求一般是在满足生理需求的情况下，人们开始注意自身安全和稳定方面的需求。这个需求主要体现在社会秩序、法律、和平、医疗、教育等各方面。例如，出于对贫困的恐惧，希望快速地以钱生钱达到富足的目的，就需要各式各样的理财产品；出于对网络安全的渴望，计算机、手机安装各种杀毒软件产品。

3）情感和社交需求。感情上的需要比生理上的需要来的细致，在生理需求、安全需求得到满足的情况下，人们就开始渴望亲人、朋友的爱与关注，希望能和别人建立起一定的交际关系，它和一个人的生理特性、经历、教育、宗教信仰都有关系。

人们需要各式各样的社交软件来满足对爱与被爱的渴求，寻找感兴趣的或者与自己身份背景相似的人群或者行业相关的社群，在社群中获得归属感。在城市化的大环境下，人与人之间的线下连接逐渐弱化，互联网时代给人们的沟通创造了另一条途径，因此，微信、微博、百度贴吧、汽车之家等各种社交、论坛类产品大受欢迎。

4）尊重需求。这是更高层次的精神需求，此时人们希望自己有稳定的社会地位，个人的能力和成就得到社会认可。信任和认可，更多地体现在社交过程之中，每一个人的尊重与被尊重都存在于交流和互动之中。

目前，很多网站功能设计是为了满足用户的"面子"需求，很多时候称用户为"您"，再如网店的货到付款服务，可以先拆包验货再签单，不满意的可以不签单，客户就感觉自己被尊重了。

5）自我实现需求。自我实现是指个体的各种才能和潜能在适宜的社会环境中得以充分发挥，实现个人理想和抱负的过程，亦指个体身心潜能得到充分发挥的境界。

知识应用

马斯洛需求层次理论与用户消费分析

根据马斯洛需求层次理论，从企业经营消费者满意战略的角度来看，每一个需求层次上的消费者对产品的要求都不一样，即不同的产品满足不同的需求层次。将产品规划建立在用户需求基础之上考虑，针对不同层次的用户群规划不同规格的产品。

1）生理需求，产品需要满足最低需求层次的市场，用户只要求产品具有一般功能即可。

2）安全需求，产品需要满足对"安全"有要求的市场，用户关注产品对安全的影响。

3）情感和社交需求，产品需要满足对"交际"有要求的市场，用户关注产品是否提高社交效率及自己的交际形象。

4）尊重需求，对产品有与众不同的要求，用户更希望得到情感上的尊重，用户更关注产品的象征意义。

5）自我实现需求，用户对产品有自己的判断标准，且拥有自己的固定品牌。

经济学上，"消费者愿意支付的价格等于消费者获得的满意度"，因此，满足消费者需求层次越高，消费者能接受的产品定价也越高。市场竞争遵循"越低端越激烈"，价格竞争显然是将"需求层次"降到最低，用户感觉不到其他层次的"满意"，愿意支付的价格当然也低。

4.2.2 产品需求挖掘方法

知识探究

从创业者的角度来说，需求是特定的人在特定的情况下产生了特定的问题，并且这种问题是可以被解决的。需求不能被创造，只能被发现，无论是多么伟大的产品，都是通过挖掘发现用户的需求衍生出来的，可以按照获得灵感、深度挖掘两个步骤挖掘产品需求。

（1）获得灵感（横向）　通过细致入微的观察、全面谨慎的调研、资源信息的整合分析，发现某个可能成为需求的点。

（2）深度挖掘（纵向）　对于这个可能成为需求的点深入追问，挖掘最本质的需求，即问题的根源。

产品需求源于人类的需求本质，遵循马斯洛需求层次理论，马斯洛的需求层次与产品需求之间其实存在一定规律：

1）越靠近需求层次底层的需求越是刚需。所谓刚需，即需求是硬性的，是必需的，其对应的是弹性需求，只是在某些场景下才需要，是可选择的，是非必要的，一款产品的核心竞争力在于是否解决用户刚需。马斯洛需求层次最底层为生理需求，如生活类的衣食住行，即为刚需，其上一层为安全需求，安全感缺失，也都是普遍存在的，而越往上，则变得越来越不必要，如自我实现，变得可有可无，变得因人而异，变得有选择性，不再是所有人的刚需。

2）满足需求层次底层需求的产品呈现工具化态势。越是满足需求层次底层需求的产品越是平淡无奇，如外卖类、租房类、公交类等产品，对于用户而言，已经成为一种工具，只有需要时才会打开，甚至对于一些"低频"工具类软件，只有需要时才会下载，用完即删，但基于满足底层需求的工具类产品，用户黏性未必最高，但一定是生存最久的。

3）满足需求层次高层需求的产品新鲜感驱动明显。满足需求层次高层需求的产品，用户基数小且缺乏刚性需求驱动，更多的是需要新鲜感来驱动，新鲜感驱动的产品，相对容易扩散和裂变，可以在短期内获取巨大的用户基数，但很难形成强有力的黏性，用户的留存根本无法保证，因此，这类产品如何通过满足其目标用户的核心需求，并将其留存，才是未来能否持续稳定地生存下去的关键。

 | 知识应用 |

创新项目 Playpump 在非洲的失败应用

1989 年夏天，偶然的一次机会，南非广告人 Trevor Field 发明了一种将旋转木马与抽水泵结合起来的儿童玩具设备，采用与风车类似的原理，如图 4-5 所示。这一设备可以在儿童们高兴玩耍的同时，将地下水抽取出来，从而替代了传统的费时又费力的压缩式水泵，对于非洲广大缺乏清洁饮用水的地区来说，这似乎是一个绝妙的机会。

Playpump 水泵系统于 1997 年起在南非部分地区安装使用。这一项目获得了舆论的广泛好评，2006 年获得多家基金会的投资，之后迅速扩展到莫桑比克、坦桑尼亚、马拉维等国家。

图4-5 旋转木马与抽水泵结合起来的儿童玩具

但现实情况是，人们并没有看到儿童们兴奋地玩耍，取而代之的是当地妇女和儿童们艰难地使用 Playpump 取水，很多地方甚至因为水泵损坏多时而无人维修，造成严重的缺水问题。当地人普遍希望能够用回旧式的水泵，这一计划到底出了什么问题？

2010 年，两位加拿大志愿者在马拉维对这一设备进行了实地测试，结果表明，抽满一桶水，Playpump 需要花费 3 分 7 秒的时间，而当地的传统水泵只需要 28 秒。英国《卫报》的一个报告同样指出，想要满足 2500 人的日均饮水需求，需要儿童们每天玩 27 个小时。对于缺水地区的人来说，他们最关注的是如何能够以最便捷的方式获得饮用水，Playpump 显然没有意识到这个问题，这一设备的娱乐性显然超过了其实用性，更不用说对大多数缺水地区来说，其本地并没有足够的地下水资源供 Playpump 来抽取使用。

这个需求挖掘上具有严重缺陷的产品是如何获得广泛采用的呢？当地人的一句抱怨说明了一切："在 Playpump 安装前，没有任何人前来询问我们的意见，我们没能对安装的水泵类型有任何选择的机会"。Playpump 的安装方式是：志愿团队的车队浩浩荡荡地开进村庄，在村民们的诧异眼神下，将旧的水泵拆除换上 Playpump，之后才向村民们解释这一设备有什么样的好处。

当然，说 Playpump 完全没有采纳用户需求也并不准确，正如其宣传视频中拍到的，当这一设备首先在南非应用时，当地儿童们都争先恐后地抢着玩，而大人们似乎也很高兴能取到水。实际情况是，当摄像头关闭后，儿童们很快就从 Playpump 边散去，真正费力取水的依然是那些苦命的女人们。对于这一设备的推广者来说，他们看到了他们想看到的画面——Playpump 非常受到当地人的欢迎，却没有意识到这一用户反馈属于无效参与，并非其真实的需求。

4.2.3 产品需求管理策略

福特汽车创始人亨利·福特曾经说过："如果我最初问消费者他们想要什么，他们

会告诉我要一匹更快的马",为什么会这样?具体到当时的情景,涉及"用户反馈""用户需求""产品需求"3个概念:

- 用户反馈:一匹更快的马。
- 用户需求:用最短的时间到达目的地。
- 产品需求:更便捷的交通工具。

用户说要一匹更快的马,其实是更便捷的交通工具(汽车)。多数情况下,"用户反馈""用户需求"并不等同于"产品需求",如果错误地将"用户反馈""用户需求"当作"产品需求",那必将会造成错误的决策,因此,基于专业角度收集"用户反馈",分析"用户需求",确定"产品需求"是非常必要的。

在实际工作中,往往"用户需求"是无限的,相应的"产品需求"也会各种各样,产品需求管理就是决定需求的"是与否、先与后",简单来说就是懂得判断什么事情该做与不该做,决定什么事情先做与后做。东京理工大学教授狩野纪昭(Noriaki Kano)提出了对产品需求分类和优先排序的工具"KANO模型",如图4-6所示,以分析产品功能设置对用户满意度的影响,体现了产品性能和用户满意度之间的非线性关系。按照KANO模型,从产品功能设置与用户的满意程度两个维度对需求进行管理,可以将需求划分为无差异需求、基本需求、期望需求、兴奋需求、反向需求5个层次,见表4-4。

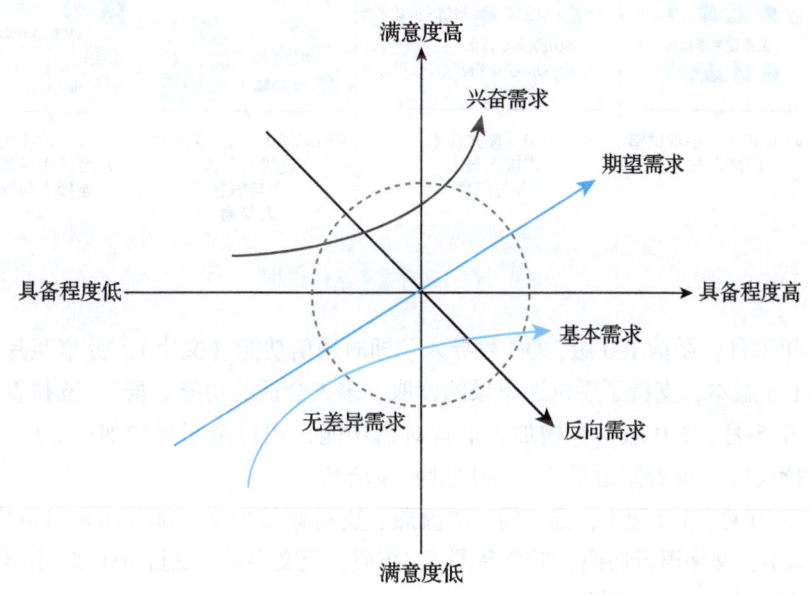

图4-6 KANO模型-需求分析

表4-4 需求五层次分类

属性	特 点
无差异需求	功能的提供与不提供，用户满意度不会改变，用户不在乎这个功能的存在
基本需求	产品的基本要求，如果不满足该需求，用户满意度会大幅降低
期望需求	提供该功能，客户满意度提高，如果不提供该功能，客户就会不满
兴奋需求	让用户感到惊喜的属性，如果不提供此属性，不会降低用户的满意度，一旦提供魅力属性，用户满意度会大幅提升
反向需求	用户没有这个需求，臆想出来或者对需求的判断失误，提供该功能后，用户满意度反而会下降

知识应用

从微信的发展历程看如何管理需求

微信版本迭代过程如图4-7所示，可以从微信的发展历程看如何管理需求。

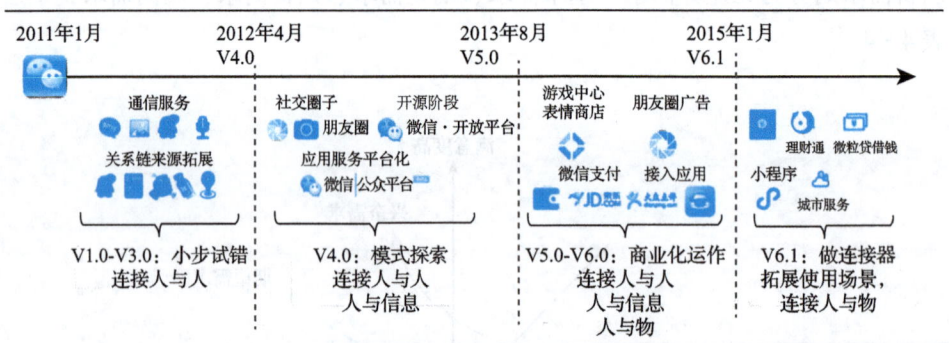

图4-7 微信版本迭代过程

2011年1月，微信1.0版，QQ号导入、即时通信功能（文字）、分享照片、更换头像。1.1~1.3版本，支持了手机通讯录的读取、多人会话的功能（群）、支持发送表情。

2011年5月，2.0版本，增加了语音对话功能，用户量明显增加；2.1、2.2、2.5版本，支持视频、查看附近的人，用户量明显增长。

2011年10月，3.0版本，摇一摇、漂流瓶、支持繁体中文、部分用户可绑定手机号；3.1~3.5版本，文字语音切换、听筒模式、二维码、英文界面、支持100多个国家使用。

2012年3月，用户破亿。

2012年4月，4.0版本，相册、朋友圈，增强用户黏性。

2012年7月，4.2版本，视频聊天、网页版、朋友圈回复。

2012年9月，4.3版本，摇一摇传图、解绑手机号QQ号、语音搜索功能、动态表情下载、扫一扫。

2013 年 8 月,5.0 版本,新版扫一扫、支付、游戏中心、表情商店。

2014 年 9 月,6.0 版本,增加微信小视屏(进入视频时代)、微信卡包功能、游戏中心改版。

2015 年 1 月,6.1 版本,增加小程序功能。

采用 KANO 模型回顾微信的发展历程,对众多需求进行简单分类如下:

1)基础性需求:个人之间的聊天。

2)期望性需求:群聊、表情、语音文字聊天、搜索、设置聊天背景以及标注聊天对象、添加好友、朋友圈等。

3)兴奋性需求:收付款、红包、公众号、转账、位置、扫一扫、摇一摇、附近的人、漂流瓶、卡券等。

 拓展训练

任务名称	儿童智能手表产品需求管理训练
任务目标	结合实例,加深对用户需求管理策略的理解
实施者	学生团队,5~6 人组成 1 组
活动道具	白纸、白板、马克笔、便签贴、多媒体教室
活动步骤	1)某儿童智能手表厂商收到一条用户反馈:"手表 App 建议增加远程开关机功能" 2)讨论与思考本条用户反馈背后的产品需求是什么 3)尝试设置相关功能来满足产品需求
过程呈现	

4.3 洞察市场现状

 **课堂引入**

一家羊肉泡馍小店的市场洞察

在大众创业、万众创新的号召下,毕业三年的小张打算自主创业,计划在深圳科技园开一家羊肉泡馍小店，开店前他设计了以下几个问题进行市场分析，以便做出商业预测。

- 科技园中喜欢吃羊肉泡馍的消费者有多少？
- 羊肉泡馍这种饮食是否匹配消费者的饮食习惯？
- 目标定价能否被大部分消费者接受？
- 类似的兰州拉面、黄焖鸡米饭等小店，是否更吸引消费者？
- 周边是不是已经有很多家羊肉泡馍小店了？
- 其他人会不会很容易就开一家羊肉泡馍小店？
- 自己家的羊肉泡馍是否有独家秘方，口味广受消费者青睐？

思考启示：科学的市场分析与行业洞察有助于了解市场的现状、容量、发展趋势及竞争态势。上述羊肉泡馍小店案例中，小张计划通过分析 7 个问题来评估周边快餐店市场，请思考小张的问题设置是否合理？若换成你会从哪几个方面分析市场？

4.3.1 市场环境分析方法

 知识探究

市场宏观环境是指企业所处的外部环境，一般不受企业控制，但会对企业或产品市场表现产生重大影响。目前，企业在进入一个新的市场领域或发布一款新的产品时，一般采用 PEST 分析模型对该市场进行宏观分析。PEST 分析模型是一种从政治（Politics）、经济（Economy）、社会（Society）、技术（Technology）4 个方面，基于公司战略的眼光来分析宏观市场环境的方法，其可以帮助企业较好地把控市场现状及发展趋势，有利于企业对生存发展的机会加以利用，对环境可能带来的威胁及早发现和避开。

1）政治环境。一个国家或地区的政治制度、体制、方针政策、法律法规等因素，常常影响着企业的经营行为，尤其是对企业长期的投资行为有着较大影响。例如，对于煤炭行业和旅游业，国家为发展新能源、改善环境，正在大力支持旅游业发展，推动新农村建设，并对煤炭行业加大监管力度，对不符合相关规定的企业进行惩罚。

2）经济环境。一个国家或地区的宏观经济环境与微观经济环境等因素将直接影响市场容量及发展趋势。宏观经济环境主要指一个国家的人口数量及其增长趋势，国民收入、国民生产总值及其变化情况以及通过这些指标能够反映的国民经济发展水平和发展速度；微观经济环境主要指企业所在地区或所服务地区的消费者的收入水平、消费偏好、储蓄情况、就业程度等因素。

3）社会环境。一个国家或地区的民族特征、文化传统、价值观念、宗教信仰、教育水平以及风俗习惯等因素将直接影响消费者偏好及差异。例如，这个国家的人对于外国产品和服务的态度如何？这个国家的男人和女人的角色分别是什么？这个国家的宗教信仰是什么？语言障碍是否会影响产品的市场推广？

4）技术环境。一个国家或地区的技术水平、技术政策、新产品开发能力以及技术发展的动态等常常影响企业的经营行为。例如，现有技术水平能否支撑开发这款产品？现有技术水平能否降低产品和服务的成本，并提高质量？专利及其保护情况如何？

知识应用

我国新能源汽车市场 PEST 分析

近年来，随着环保理念的发展和动力电池技术的逐渐成熟，新能源汽车已经逐渐成为未来的大趋势，而新能源汽车的发展极大地降低了传统意义上的汽车产业的技术门槛，越来越多的新品牌汽车在短时间内"井喷式"登场，国际品牌也纷纷进军我国市场，看得人眼花缭乱目不暇接。

1）政策驱动引导新能源汽车市场（政治环境）。随着汽车销售量的持续增加，由此带来的环境污染和能源消耗问题也日益凸显。我国在标准、管理规划、财政补贴等方面出台了一系列政策法规，引导汽车产业的合理发展，这些政策法规，有力地促进了节能减排、新能源汽车的研发与推广。

2）用户消费需求旺盛，市场购买力强劲（经济环境）。随着社会经济快速发展和人民生活水平的不断提高，我国汽车化进程不断加快，汽车消费需求旺盛，市场增长潜力巨大，且目前我国人均可支配收入逐年上升，市场购买力强劲。但我国新能源汽车的配套措施建设存在一定延迟性，特别是充电桩的建设。

3）用户对新能源汽车的接受度逐年提升（社会环境）。从社会文化环境分析，消费者对汽车产品的消费需求和倾向趋向于多样化，从而促进产品呈现多样化发展，用户对新能源汽车的接受程度逐渐增加。部分新能源汽车品牌如图 4-8 所示。

图 4-8　部分新能源汽车品牌

4）关键技术仍待攻克（技术环境）。新能源汽车的某些关键技术仍待攻克，如电池容量及充电速度等。

综上分析，我国新能源汽车市场，无论政治环境还是经济环境、社会环境都已经成熟，目前比拼的是技术实力，只有通过加大基础技术的研究，快速形成技术壁垒，才可能占据领导地位。

4.3.2 行业动态洞察策略

知识探究

与市场分析侧重点有所不同，市场分析侧重消费者所处的消费环境分析，行业洞察侧重观察同类企业，一般采用波特五力模型。商业管理界的"竞争战略之父"迈克尔·波特于20世纪80年代提出波特五力模型（Michael Porter's Five Forces Model），如图4-9所示，其认为行业中存在着决定竞争规模和程度的5种力量，即供应商的议价能力、购买者的议价能力、潜在竞争者进入的能力、替代品的替代能力、行业内竞争者现在的竞争能力，这5种力量综合起来影响着产业的吸引力以及企业的竞争战略决策。目前，波特五力模型已经被很多企业用来分析行业的基本竞争态势，为企业战略的制订提供依据。

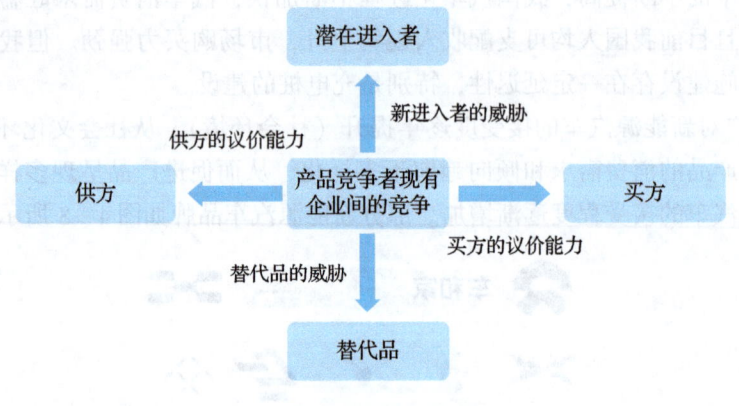

图4-9 波特五力分析模型

1）供应商的议价能力。即评估企业与上游谈判价格的能力。一个产品从原材料到用户的手中，需要经过多个工序（流程），每一个工序（流程）都会涉及利益分配，例如，羊肉串的产业链为农场主－贩卖商－烧烤摊。如果你正在做烧烤摊，只有一个贩卖商，你别无选择，只能从他们那里买，贩卖商可能会为独特资源向你收取过高的价格。再如，零售行业中，沃尔玛与小商店相比，与上游供应商的议价能力就强很多，往往更能挤压上游利润。

2）购买者的议价能力。即评估企业与下游谈判价格的能力，简单来说就是评估买家的议价能力。强势的行业往往具备较强的谈判能力，能够合理控制自己的利润，例如，房地产与零售行业相比，哪个与下游的谈判能力更强呢？市场中的买家数量、买家从一个供应商切换到另一个供应商的成本、市场中供应商的数量等因素都会影响购买者的议价能力。

3）潜在竞争者进入的能力。盈利的市场必然会吸引新进入者，进入者增多会降低整个行业的盈利能力，因此要评估所选行业的行业壁垒。竞争壁垒越高，行业就越好。例如，房地产行业的壁垒就非常高，进入者需要拥有不错的软硬件资源才能立足。

4）替代品的替代能力。替代品就是帮助用户解决问题的另一个选择。替代品的替代能力强，会增加用户应对价格上涨而转向替代品的可能性。例如，电子书相对纸质书而言，就是一个不错的替代品；微信语音相对电信通话，也是一个不错的替代品。

5）行业内竞争者现在的竞争能力。行业内竞争者现在的竞争能力主要指现有的行业玩家的数量及能力，如果同一行业存在众多竞争对手，提供无差别的产品及服务，或某一行业存在垄断巨头，那必然会降低行业吸引力。

 知识应用

咖啡店行业波特五力模型分析——以星巴克为例

1. 星巴克具备较强供应商的议价能力且能保障产品质量

星巴克的主要供应商是咖啡豆供应商和牛奶供应商，其中咖啡豆的来源大约有50%来自拉丁美洲地区，35%来自太平洋周边地区，15%来自非洲东部地区。因咖啡豆的质量对于星巴克咖啡而言非常重要，尽管星巴克在咖啡业占据行业优势，但其并没有利用自己的购买能力来压榨咖啡供应商以达到提高利润的目的。相反，星巴克携手一家非营利性国际环境保护组织，联合开发了咖啡与种植农户公平惯例准则，来帮助咖啡种植农户改善生计，从而长期保证高品质咖啡的生产。

对星巴克来说，供应商的议价能力较强，但咖啡豆占总成本的比例不高，不会威胁它的竞争地位，关键在于保证咖啡豆的质量。

2. 星巴克购买者的议价能力较低

星巴克作为一种休闲文化品牌，并不是一个单纯的卖咖啡的地方，消费者支付给咖啡的钱，不仅是为有形的咖啡成本买单，也是为无形的咖啡体验买单，特别是在我国市场，星巴克的主要消费人群是收入较高的白领，它代表一种小资生活的态度，星巴克是他们所能承担得起的消费，消费者对价格的敏感度较低，因此购买者的议价能力较低。

3. 星巴克潜在竞争者进入的威胁并不大

咖啡行业的技术含量不高，进入壁垒并不是太大，但是咖啡行业同时是一个较为独立的行业，没有十足的把握，潜在竞争者不敢贸然进入。即使有新进入者，星巴克的品牌优势不容易被替代，新进入者要想威胁星巴克的地位，必须提供和他相类似的环境和品牌认同感，这在短时间内是很难做到的，因此，新进入者对星巴克的威胁不大。

4. 星巴克替代品的替代能力不强

咖啡的替代品是果汁、奶茶等，但现在星巴克也有特制的果汁、奶茶供应。尽管街上有很多卖果汁、奶茶的门店，但这些门店没有完整的品牌体系，无法营造星巴克特有的氛围和体验，所以替代品的替代能力不强。

5. 星巴克行业内竞争者现在的竞争能力正在逐步加强

目前我国市场上主要存在的咖啡品牌有：COSTA、上岛咖啡、半岛咖啡等，如图4-10所示。虽然星巴克已经建立了自己的品牌文化，推出了星巴克体验，但现有的这些竞争者也在做相似的品牌文化、环境体验，正逐步威胁到星巴克的市场领先地位。

图4-10 我国市场常见的咖啡品牌

综上分析，星巴克在行业内具备较强的供应商议价能力、购买者议价能力，但也面临着来自于外界的激烈竞争，当然星巴克也在主动创新，主动求变来适应市场变化，如推出外卖服务、重构第三空间、推出咖啡杯等周边产品。

 拓展训练

任务名称	儿童智能手表产品国内市场竞争态势洞察训练
任务目标	结合实例，加深对市场环境分析与行业动态洞察的理解
实施者	学生团队，5~6人组成1组
活动道具	白纸、白板、马克笔、便签贴、多媒体教室
活动步骤	1）查阅相关资料了解国内儿童智能手表类产品市场相关信息 2）利用PEST模型分析市场环境，利用波特五力模型分析行业现状，评估新企业进入此行业的可行性并提出科学性的建议
过程呈现	

4.4 构建商业模式

共享很实用,但怎么赚钱?

过去几年,共享经济的商业模式在全球范围迅速崛起,共享经济商业平台以超乎想象的速度在影响和改变着人们的生活方式、商业运行模式、组织管理模式,也对传统领域带来了巨大的冲击和压力。在我国,从 2012 年的出行领域开始,共享经济的商业模式也在更多的行业和领域显现出来,从出行到短租平台、从物品的分享到技能、知识的分享、从 C2C 到 B2B 等。

思考启示:大批创业者和创新者在共享经济领域探索,但 2017 年开始的共享模式倒闭潮抛出了几个关键问题:共享很实用,但怎么赚钱呢?共享经济的商业化进程应该如何走?

4.4.1 商业模式构建工具一:商业模式画布

企业都是通过挖掘用户需求、识别商业机会来创造价值,商业模式阐述了一个企业如何与利益相关者联系在一起,如何与这些利益相关者进行经济交换来创造价值。为了帮助企业催生创意、降低猜测、快速构建竞争优势,2008 年,著名商业模式创新作家、商业顾问亚历山大·奥斯特瓦德(Alexander Osterwalder)提出了商业模式画布(Business Model Canvas,简称 BMC)的概念,如图 4-11 所示,将商业模式中的元素标准化、关联化。很多企业得益于这种简单的方式去描绘、设计其商业模式。

商业模式画布(图 4-11)将商业模式相关的核心要素归纳为客户细分、价值主张、渠道通路、关键业务、收入来源、核心资源、成本结构、重要伙伴、客户关系 9 个元素,并将其放入 9 个方格中,每一个方格都代表着替代方案,找到最佳的那一个。商业模式画布中 9 个元素的填写遵循一定的规律,按照逻辑顺序,定位目标用户(客户细分）、挖掘目标用户需求（价值主张）、思考如何接触到目标用户（渠道通路）、设计产品来满足目标用户需求（关键业务）、思考产品赢利模式（收入来源），分析有什么筹码赢利（核心资源），计算投入产出比（成本结构），思考能伸出援手的人（重要伙伴）以及如何维护客户关系（客户关系），见表4-5。

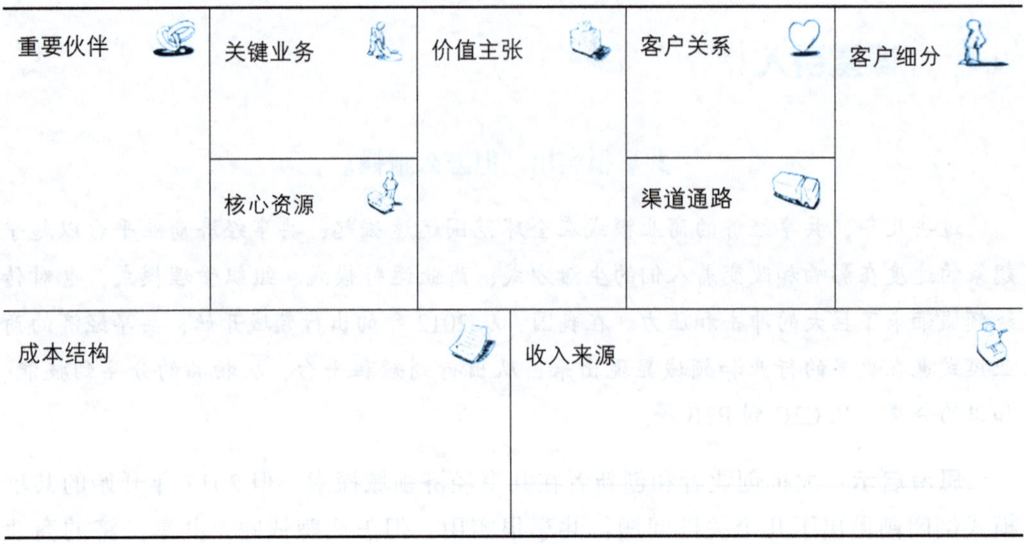

重要伙伴	关键业务	价值主张	客户关系	客户细分
	核心资源		渠道通路	

成本结构		收入来源	

图4-11 商业模式画布

表4-5 商业模式画布核心元素描述

序号	元素	描述
1	客户细分	定位产品的目标客户，勾勒目标客户全貌，客户分为B端客户、C端客户、单边客户、多边客户等；目标客户分类将直接决定产品面向的是大众市场还是小众市场
2	价值主张	挖掘目标用户需求，满足用户需求，为用户创造价值，如为用户提供便利性、易用性、高质量、高性价比的产品，提升品牌价值，为用户创造优越感等
3	渠道通路	评估营销、运营渠道，让目标用户了解、购买、宣传产品，例如，哪些销售、运营渠道可以抵达目标用户？哪些销售、运营渠道最高效？我们可以掌控哪些销售、运营渠道
4	关键业务	设计产品或服务来满足目标用户需求，依据用户需求确定业务领域，比如平台型、服务型、生产型、分销型等

(续)

序号	元素	描 述
5	收入来源	思考产品赢利模式，分析用户为什么付费，用户更喜欢如何付费，此赢利模式毛利率能否满足企业要求，常见的收入来源有售卖产品、交易提成、服务费、平台费、广告费等
6	核心资源	评估实现此产品，我们具备的关键资源、核心资源，如厂房、人才、渠道优势、技术壁垒等
7	成本结构	计算商业模式中的固有成本、变动成本，哪些成本占比最高？哪些成本可以优化
8	重要伙伴	思考哪些搭档可以帮助我们的产品取得成功，如供应商、分销商、投资人等
9	客户关系	思考与客户建立什么样的关系，建立这些关系的成本、难度如何？常见的客户关系包括买卖关系、优先供应关系、合作伙伴关系、战略联盟关系等

知识应用

共享单车商业模式画布——走出校园市场

重要伙伴	关键业务	价值主张	客户关系	客户细分
• 资本投资方； • 城市管理机构	• 单车分时租赁	• "最后一公里"共享单车出行服务； • "无桩"停放，随借随用	• 单次租赁关系； • 会员关系	• 年轻一族； • 接受新事物的中老年人
	核心资源 • 巨额资本推手； • 资深运营团队		渠道通路 • APP； • 广告； • 其他品牌合作	
成本结构 • 单车成本； • 运维成本； • 推广成本			收入来源 • 租赁收费； • 押金池资金运作； • 广告	

4.4.2　商业模式构建工具二：精益创业画布

知识探究

精益创业画布（Lean Startup Canvas，简称LSC）由创业畅销书《精益创业实战》的作者Ash Maurya提出，如图4-12所示。精益创业画布设想来自于商业模式画布，表现形式上也沿用了商业模式画布的布局，两者看起来非常像，但实际上存在较大差异。相比商业模式画布，精益创业画布则完全是为创业者量身打造的，其去掉了核心资源、重要伙伴等企业资源，取而代之的是发现和解决客户问题、提供解决方案和反馈学习的模块，包括用户问题、解决方案、独特卖点和关键指标等，其对创业项目更聚焦的思考和精确的提炼，能够帮助创业者抓住事物的本质，找准切入口。

客户细分	需求/问题/机会	解决方案/产品	战略价值定位	竞争优势	战略目标
种子用户	替代方案/竞争对手		传播点	渠道	战略举措
成本结构			收入来源		

图4-12　精益创业画布

资源基础观认为创业是一个企业资源从无到有的过程，而用户基础观认为创业是识别和挖掘目标客户需求并为之提供解决方案的过程，目前资源的获取难度较高，存在一定的门槛。作为初创企业，更应该坚持用户基础观，将发现并解决用户面临的问题作为首要任务。且资源基础观所关注的核心资源、重要伙伴也只有在明确了用户需求，解决用户需求之后才变得重要，显然以资源为焦点，为大企业量身定做的战略思维和工具对初创企业并不适用。从商业模式画布到精益创业画布的变化，反映出创业的资金门槛和技术门槛逐渐降低，而初创企业挖掘潜在用户需求、设计解决方案将成为决定创业成败的首要关键。

精益创业画布将商业模式相关的核心要素归纳为客户细分、种子用户、需求/问题/机会、替代方案/竞争对手、解决方案/产品、战略价值定位、传播点、竞争优势、渠道、成本结构、收入来源、战略目标、战略举措13个元素，见表4-6，填写时同样要遵循一定的逻辑顺序，定位目标用户（客户细分）与种子用户（种子用户），挖掘目标用户需求（需求/问题/机会），分析现有解决方案（替代方案/竞争对手），设计产品或服务来满足目标用户需求（解决方案/产品），规划产品价值定位（战略价值定位），思考产品传播点（传播点），突出竞争优势（竞争优势）分析如何接触到目标用户（渠道），思考产品赢利模式（收入来源），计算投入产出比（成本结构），制订企业未来发展规划（战略目标），思考支撑战略目标实现的具体措施（战略举措）。

表4-6 精益创业画布核心元素描述

序号	元素	描述
1	客户细分	定位产品的目标客户，勾勒目标客户全貌，客户分为B端客户、C端客户、单边客户、多边客户等；目标客户分类将直接决定产品面向的是大众市场还是小众市场
2	种子用户	新产品的第一波用户，也是目标用户中的核心用户，这一部分用户具有需求性强、容错率高、乐于参与等特点
3	需求/问题/机会	挖掘目标用户需求，寻找用户痛点，识别商业机会，为用户提供便利性、易用性、高质量、高性价比的产品
4	替代方案/竞争对手	分析此类用户需求的现有解决方案、替代方案有哪些？有何优势和劣势
5	解决方案/产品	设计产品或服务来满足目标用户需求，依据用户需求确定业务领域，如平台型、服务型、生产型、分销型等
6	战略价值定位	企业或产品在用户心中的印象，是企业有意识地去规划，并在对外的宣传中，从产品和服务的交付中慢慢形成的特点
7	传播点	除了产品自身的内驱力之外，还必须有一个强大的向外扩张的张力进行产品的传播与推广，一般包括传播点与传播渠道
8	竞争优势	分析并突出产品在功能、价格、品牌、渠道等方面的竞争优势
9	渠道	对于产品的销售渠道，需要考虑哪些销售渠道可以抵达目标用户？哪些销售渠道最高效？我们可以掌控哪些销售渠道
10	成本结构	计算商业模式中的固有成本、变动成本，哪些成本占比最高？哪些成本可以优化
11	收入来源	思考产品赢利模式，分析用户为什么付费，用户更喜欢如何付费，此赢利模式毛利率能否满足企业要求，常见的收入来源有售卖产品、交易提成、服务费、平台费、广告费等
12	战略目标	企业未来2年的目标，包括产品目标、业务目标、财务目标等，目标的设定应该具备科学性并可量化
13	战略举措	支撑战略目标实现的具体措施，包括企业的组织架构、业务策略、人力资源、运营管理、战略合作等

知识应用

共享单车精益创业画布——开拓校园市场

客户细分	需求/问题/机会	解决方案/产品	战略价值定位	竞争优势	战略目标
• 高校师生	• 自行车易丢失、损坏 • 自行车闲置问题 • 自行车随时使用问题	• 校园内部共享自行车出行服务 • "无桩"停放，随借随用	• 随借随用，共享骑行	• 无桩 • 共享	• 产品更轻便，APP更易用 • 走出校园市场
种子用户 • 对新鲜事物感兴趣的同学	替代方案/竞争对手 • 政府公共自行车 • 自己购置自行车 • 校园巴士或步行		传播点 • 校园论坛 • 口碑传播	渠道 • APP • 广告 • 其他品牌合作	战略举措 • 加大产品研发投入 • 引入社会资源
成本结构 • 单车成本 • 运维成本 • 推广成本			收入来源 • 租赁收费 • 押金池资金运作 • 广告		

 拓展训练

任务名称	儿童智能手表产品商业模式构建训练
任务目标	结合实例，加深对商业模式构建方法的理解
实施者	学生团队，5~6人组成1组
活动道具	白纸、白板、马克笔、便签贴、多媒体教室
活动步骤	1）结合前期总结的儿童智能手表产品相关产品需求、用户画像、市场现状及竞品分析。 2）尝试构建儿童智能手表产品的精益创业画布，分析其商业模式
过程呈现	

第 5 章　产品规划与开发管理

 本章导读

　　纵观全球企业创业史，均起步于产品，成长于产品，产品的好坏将直接影响创业的成败，因此，打造产品是创业的核心环节。将商机转换为用户欣然接受的产品要先后经历产品规划、产品开发、市场营销与互联网运营等环节，产品规划阶段要穷尽用户使用场景，科学定义产品的功能、价格；产品开发阶段要平衡好研发的质量与进度，积极调动项目团队的主观能动性，充分挖掘供应商潜力；市场营销阶段要充分理解用户，并将他们潜在的心理需求变成实际的购买行为；互联网运营阶段要积极搭建产品与用户之间的桥梁，不断向用户传递产品价值，进而实现"用户获取"和"用户维系"两个目的。

第5章内容思维导图

5.1 明确产品定义

 课堂引入

"微信"会覆盖"陌陌"吗?

"微信"和"陌陌"这两款产品相信大部分人都用过,都是社交类工具,"微信"的核心功能是移动通信,并在移动通信上做了很多创新,其聊天方式分为一对一聊天和群聊,聊天内容也多样化,可以是文字、图片、语音、视频,还可以发布位置、名片和其他数据包,后期"微信"在保持移动通信为核心功能的基础上,拓展了应用、娱乐、电商等功能。"陌陌"可以基于地理位置认识附近的人,免费发送信息、语音、照片等,也可以创建和加入附近的兴趣小组、留言,丰富用户的社交圈。"微信"和"陌陌"的产品定位对比见表5-1。

表5-1 "微信"和"陌陌"的产品定位对比

	"微信"	"陌陌"
产品定位	移动通信产品	基于地理位置的交友工具
用户属性	熟人圈	陌生人
产品目标	平台型产品,移动互联网最大的入口	交友产品,兴趣群组

思考启示:差异化作为产品战略布局的重要因素之一,近年来备受企业关注。2020年,"微信"用户超过11亿,几乎占领了整个社交市场,试想以"微信"目前的用户基数及发展趋势,其会覆盖"陌陌"吗?为什么?

5.1.1 基于场景设计产品

 知识探究

场是空间和时间的概念,一个场就是"时间+空间",用户可以在这个空间去停留、消费,如果用户不能在某个空间去停留、消费,这个场就是不存在的;景是情景

和互动的概念,就是用户在某个时间停留在某个空间内,通过情景和互动,触发用户情绪,并裹挟用户意见。消费的实质是场景消费,不同的场景下发生的消费是不一样的,所谓的场景消费实际上就是用户在某个时间去某个空间,通过情景和互动,触发用户情绪,购买相关产品。可以从中提取一个场景消费模型,如图5-1所示,包括用户、时间、空间、情景互动4个核心要素。

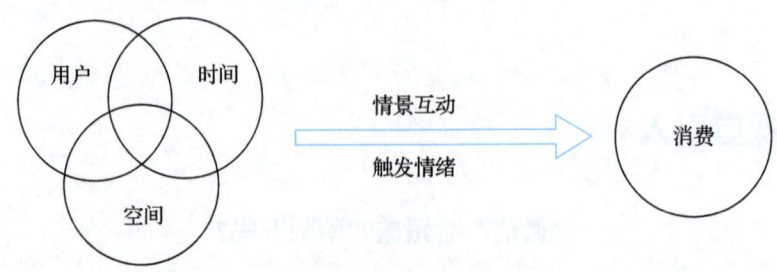

图5-1 场景消费模型

众所周知,产品设计要以用户需求为中心,而用户场景正是用户解决需求的过程,场景是需求的灵魂,是真实的以用户为中心的细节体验,对于产品团队来说,场景能够形成用户故事,只有基于场景的产品设计,才能更好地满足用户需求,体现产品价值。产品场景化设计就是基于当前的用户使用场景进行产品分析,以解决用户需求为导向,结合前后场景预判用户目标,通过设计提高用户效率,解决用户需求,让产品更加符合用户当前使用场景。

既然基于场景设计产品这么好,那么产品团队设计产品应该遵循什么流程呢?

(1) 穷尽场景,流程再现 因与用户空间相隔,产品团队无法完全感知用户在真实场景中使用产品的具体情况,但是可以站在用户的角度去走一遍完整流程:"若我是用户,我会怎么做?需要什么样的帮助?"这里以用户乘坐飞机旅行为例,穷尽乘坐飞机涉及的关键场景:

Step1:用户在某机票APP上选择购买机票,航班多、价格区别较大,想找一个时间、价格都不错的航班,查找起来比较麻烦;

Step2:赶往机场的路上,遇到早高峰,内心焦虑烦躁,担心误机;

Step3:安检流程复杂,又检测出不符合登机规定的物品,让人心烦,手忙脚乱;

Step4:本次航班候机区域人多嘈杂,而且没有座位,到其他区域坐下候机,担心错过值机,时刻关注航班信息;

Step5:检票开始,工作人员站在入口处开始检票;

Step6:检完票,因为远机位,背着沉重行李乘坐摆渡车,摆渡车上嘈杂、拥挤;

Step7:下摆渡车后,拿出登机牌,背着行李排队检票登机;

Step8:登机后,寻找自己的座位,将沉重行李艰难地放到置物架上,系好安全带,等待飞机起飞;

Step9:飞行过程中,百无聊赖,没有提前带本书或下载一部电影打发时间;

Step10：到达目的地，找了好久才找到行李转盘，没想到目的地天气很冷，但没带厚衣服。

通过对关键场景的详细描述，将用户场景像电影一样在眼前逐一呈现，可以发现很多想不到或者通过调研得不到的细节，帮助发现用户真正的痛点与需求，洞察设计机会点。

（2）挖掘触点，寻找机会 场景消费模型4个核心要素为用户、时间、空间、情景互动，在场景设计第一步中已经完成了场景切分，即确定了用户、时间、空间，接下来需要对场景进行分析，挖掘触点，寻找机会。触点为场景中某个元素与用户直接情景互动的"关键点"。机会挖掘有两个方向，一是通过分析当前场景存在的痛点和需求挖掘机会，二是通过对用户下一步目标的预判寻找机会。

仍以用户飞机旅行为例，"用户在某机票APP上选择购买机票，航班多、价格区别较大，想找一个时间、价格都不错的航班，查找起来比较麻烦"这一步的用户痛点为如何快速找到性价比最高的航班，这就是通过分析当前场景存在的痛点和需求挖掘机会。另外，用户购买机票后，下一步会考虑何时乘坐什么交通前往机场，这就是通过对用户下一步目标的预判寻找机会。

（3）设计产品方案 将机会转化为具体产品设计时，一定要遵守"高效、简单"原则，即用户能够快速、简单地使用产品解决当前需求。

例如，淘宝APP底部导航栏，第一个"首页"按钮，当用户向下滑动"首页"商品时，该按钮会由"首页"功能变为"置顶"功能，如图5-2所示。这就是产品设计"高效"原则的一个简单案例，通过对用户下一目标的预测，缩短其操作流程，达到高效的目标。

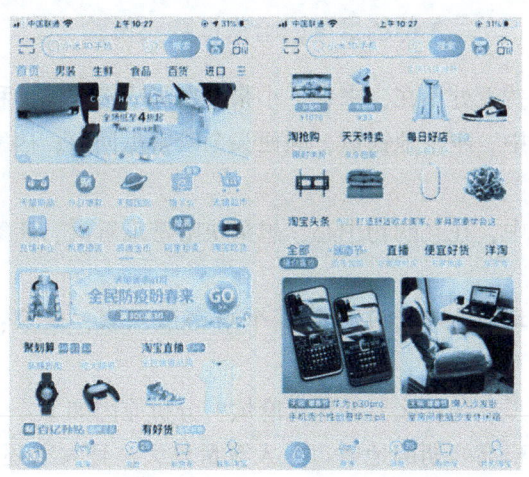

图5-2 淘宝APP底部"首页"按钮设计方案

对于微信"扫一扫"功能，在光线较暗的场景下，屏幕下部会自动弹出"轻触照亮"按钮，而在光线较亮的场景下则不会出现。这就是产品设计"简单"原则的一个案例,在光线较暗的场景下,直接把手电筒按钮前置到当前操作界面,方便用户操作,如图 5-3 所示。

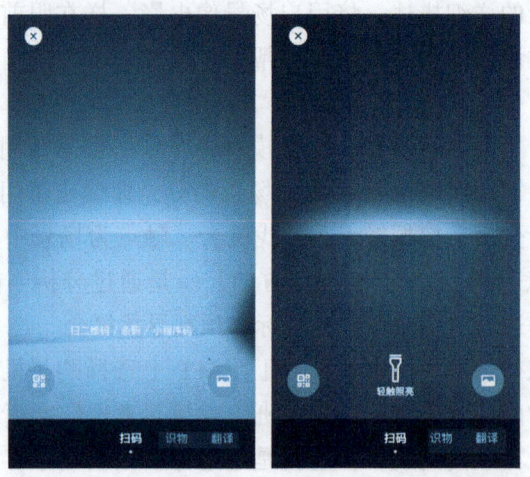

图 5-3　不同场景下的微信"扫一扫"功能界面

(4) 设计检验　最后一步就是产品方案的验证,设计方案能否帮助用户缩短操作流程?降低用户思考成本?帮助用户高效地完成任务?是否能打动用户给他们带来惊喜与温暖?此时,需要通过用户调研的方式来进一步验证,如可用性测试等。

知识应用

3 种场景下的哈密瓜购买体验

生活中的场景消费无处不在,来看下小张 3 次买哈密瓜的过程:

第一次,下班途中,刚出地铁口,顺便买个哈密瓜回家,店家:哈密瓜一律 15 元 1 个任意挑;

第二次,逛街途中,在某购物中心,想买块哈密瓜解渴,店家:哈密瓜切成块,2 元一支;

第三次,水果市场买水果途中,想买个哈密瓜回家,店家:哈密瓜 5 元一斤任意挑。

同样都是卖哈密瓜,为什么要弄这么麻烦?分析原因如下:

第一种场景,下班高峰期的地铁口,人流量较大,且大家还赶着回家吃饭,如果按论斤来称的话,会导致服务一个客户的时间太长(挑、称、收钱、找零),店家服务不过来而流失客户,15 元一个,只要消费者觉得划算,挑一个给钱就行了,而且此时消费者赶着回家吃饭,价格相对不太敏感,额外的服务也不需要。

第二种场景,大家在购物中心逛了好久,口干舌燥,此时切好、洗好的哈密瓜才是他们需要的，2元一支，也可以接受，主要是方便。

第三种场景，在水果市场买哈密瓜，一般消费者都是专程过来多买一些，去家里慢慢吃的，此时，价格、重量成为关键因素，要想获得长期客户，店家按斤称最合理。

因此，同样是买哈密瓜，不同的消费场景会有不同的消费体验。

5.1.2 定位产品功能

 知识探究

从用户需求转化到产品的功能过程中间存在一个黑箱子，用相同的方式满足相同用户的相同需求，就会导致产品同质化。很多企业在定位产品功能时，看到竞品具备某些功能或正在开发某些新功能，就囫囵吞枣地照搬过来，但用户真的需要这个功能吗？

其实，一个好用的产品，并非表现在功能的广而全，关键在于是否满足用户的核心需求，更准确地说，应该是满足主流用户的核心需求。细心打磨产品设计的细节是为了让用户更加专注地完成预设的目标，让每个环节的设计者更专注于解决核心的问题，否则复杂混乱的产品特性和功能将使用户体验大打折扣。

功能是来满足用户需求的，按照KANO模型，将需求划分为无差异需求、基础需求、期望需求、兴奋需求、反向需求5个部分，同样也可以依据用户满意度将产品功能分为必备型功能、期望型功能、兴奋型功能，如图5-4所示，这3类功能该如何取舍呢？

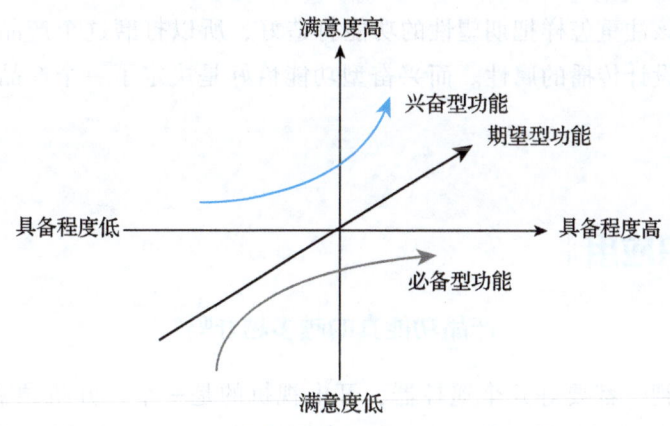

图5-4　KANO模型-功能定义

（1）必备型功能奠定产品基础　必备型功能是指有了这个功能，用户并不会对这个产品产生多少好感，但是没有这个功能，用户的满意度会直线下降，这类功能通常都是产品中的基础功能。例如，一个社交通信产品中的加好友功能，以及留言、分享等功能,都是用户社交互动中一些"标配"。

必备型功能是用户使用这个产品最根本的原因,也是最常被用户使用的功能,满足用户对产品的基本需求,用于奠定产品基础,通常在版本迭代计划中是最先开发的功能。如果产品要进入已经有竞争者占领绝对优势的市场,这些必备型功能的体验必须要做到极致,才可能从竞争者手中争取到用户。

(2)期望型功能提升产品口碑　期望型功能是指有了这个功能,用户的好感会明显增加,没有这个功能,用户的不满也会增加,这类功能往往对应的都是用户的核心需求。例如,社交软件中都有查找人的功能,在查找附近的人的时候,按照性别、年龄等对用户进行筛选功能,以及查看用户头像大图功能,都属于期望型的功能。

期望型功能用户期望被更好地满足需求,这种功能如果做得足够好,一定能够为产品带来良好的用户反馈,能够让用户帮助你进行产品的传播,提升产品口碑。

(3)兴奋型功能打造产品差异点　兴奋型功能是指有了这个功能,用户的好感会明显增加,没有这个功能,用户也不会觉得使用不方便。这类功能往往是一些很酷炫、很花哨,但是实际上用处不大的功能。还是以社交软件为例,很多社交软件都有换背景、个性化装扮这类功能,这些功能是让这个软件更有意思,但是并没有解决社交核心的问题。兴奋型功能往往是在功能刚推出的时候让用户觉得有新鲜感,但随着使用时间的变长,兴奋度会慢慢降低,功能慢慢就会被用户放弃。

兴奋型功能往往是不会被用户过分期望,让用户完全没有想到的一点。如果能够洞察和挖掘出来,可能给用户造成惊喜的效果,这个功能可以用来去打造出产品上最明显的差异点。

强刚需产品需要先把必备型功能做好、做透,才能够让产品立足于市场;而非强刚需产品应该注重怎样把期望性的功能打造好,所以打磨这个产品的时候,就要着重考虑怎么设计传播的属性。而兴奋型功能恰好是决定了一个产品能否成功的关键因素。

 知识应用

产品功能真的越多越好吗?

每次开电视,都要好几个遥控器,开电视机的是一个,开机顶盒的是另一个,再加上输入的信号源切换,从 HDMI1 一直切换到 HDMI3,打开电视的步骤十分烦琐……

家里的电视遥控器,是不是上边大部分按钮几乎用不到,但又有几个按钮已经被指纹磨得非常光滑?某厂商的家用电视遥控器如图 5-5 所示。

图 5-5 某厂商的家用电视遥控器

很多人开车时也就听听音乐和广播，但汽车中控台的按钮多得让用户"抓狂"，某汽车厂商中控台设计如图 5-6 所示。

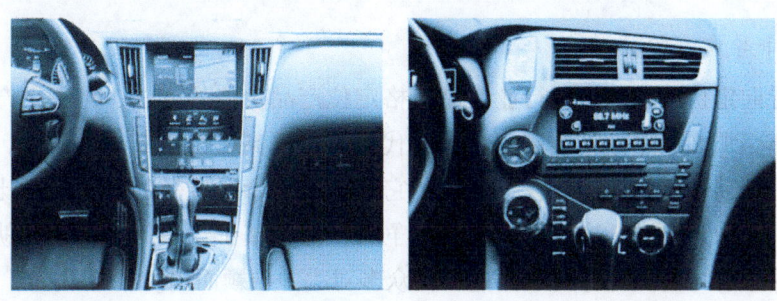

图 5-6 某汽车厂商中控台设计

传统观念认为，一个产品的功能越多，产品用途就越广，实用性就越强，真的是这样吗？相信上述用户体验已经给出了答案，产品功能并不是越多越好，正如汽车大王亨利·福特在《超级产品的本质》中写道："去掉产品多余的部分，通过简化必需的部分，我们便也同时降低了成本，这一逻辑再简单不过，但奇怪的是，通常的做法却是本末倒置，千方百计降低生产成本，而非先简化产品。"

5.1.3 定位产品价格

 知识探究

价格是竞争的重要手段，为产品定价是市场营销组合中一个关键的组成部分，价格定得过高，可能会让你失去很多潜在用户；价格定得过低，虽然能让你获得大量用户，但是基本的盈亏平衡难以保证，而且可能在行业内掀起一场价格大战。因此，定位产品价格是一个比较困难的工作，稍有不慎满盘皆输。

产品定价的核心在于建立一套合理的价格体系，去实现产品在用户心目中的消费价值,并以此使产品利润最大化。目前,行业内常用的定价策略有成本导向定价法、竞争导向定价法、需求导向定价法及歧视定价法,但企业在定位产品价格时,会基于上述几种定价方法及产品在用户心目中的消费价值,制订一套合理的价格体系。

1. 成本导向定价法

成本导向定价法是以产品单位成本为基本依据,再加上预期利润来确定价格的成本,导向定价法是大部分企业最常用、最基本的定价方法。成本是企业生产经营过程中所发生的实际耗费,客观上要求通过商品的销售而得到补偿,并且要获得大于其支出的收入,超出的部分表现为企业利润。

成本包括 BOM 及场地、人工、广告等运营成本,BOM 即(Bill of Materials)物料清单,大部分硬件厂商定价时首先会考虑 BOM 定价。

2. 竞争导向定价法

竞争导向定价法是基于同行业竞品价格定位产品价格的方法,当一个产品的标准化程度越高,那么通用性就会越强,可替代性也会越高,供给量越来越大,对于这种品类来说,产品的价格已经比较透明了,它能被消费者所接受的价格范围比较聚焦和固定,这时要保证自己的产品具有市场竞争力,那么基于竞品的定价策略就显得尤为重要,价格很有可能决定你的产品能否在众多对手中脱颖而出。

这样做,对于企业来说,除了定价思路"简单"外,还有就是"风险小",竞争对手的价格策略已经在市场上经过了一段时间的考验,这对于企业来说,就意味着市场至少目前是接受了这样的价格策略,那么定价策略失败的风险就大大降低了。

品牌型号	IdeaPad Y480N-IFI	戴尔Ins14TR-1728	华硕 A45EI361VD-SL	宏碁V3-471G-73614G75Makk
处理器	i5-3210M	i7-3612QM	i7-3610QM	i7-3610QM
内存	4GB	8GB	4GB	4GB
屏幕尺寸/分辨率	14.0英寸/1366×768	14.0英寸/1366×768	14.0英寸/1366×768	14.0英寸/1366×768
显卡	NVIDIA GeForce GT 650M	NVIDIA GeForce GT 640M	NVIDIA GeForce GT 610M	NVIDIA GeForce GT 640M
接口	1×USB2.0;1×USB 3.0;xmicro HDMI;Mini D-sub 15-pin	2×USB 2.0;麦克风、耳机插孔;Thunderbolt 端口	2×USB 2.0;1×USB 3.0;麦克风、1个耳机接口;VGA、HDMI	2×USB 2.0;1×USB 3.0;麦克风接口、耳机接口;VGA、HDMI
硬盘	1TB硬盘	1TB硬盘	750GB硬盘	750GB硬盘
尺寸	345(W)×239(D)×20~32(H)mm	343(W)×245(D)×30~32(H)mm	348(W)×242(D)×29~33(H)mm	342(W)×245(D)×27.2~33.4(H)mm
重量	约2.2kg	约2.2kg	约2.44kg	约2.3kg
电池规格	6芯锂聚合物电池	6芯锂聚合物电池	6芯锂离子电池	6芯锂离子电池
价格	6499元	6999元	6499元	6399元

IdeaPad Y480N-IFI 竞品分析对比

图 5-7 某企业基于竞品定价的产品对比图

3. 需求导向定价法

需求导向定价法是以用户的需求为中心的定价方法，是根据用户对产品的需求强度和对产品价值的认识程度来制订产品价格。它不是根据产品的成本，也不是单纯考虑竞争状况的定价，它是根据国内外市场需求强度和用户对产品价值的理解来制订产品销售价格。

最终为产品买单的是用户，用户对产品的价格有决定性影响，因此，需要洞察用户对价格的期望水平。此时，需要考虑两个重要的问题，即用户价格承受上限和用户价格承受下限，可以通过价格敏感度测试来获得问题答案。

价格敏感度测试（Price Sensitivity Meter，PSM）是研究用户期望价格的重要方法。PSM 模型衡量用户对不同价格的满意及接受程度，其特点是只考虑价格和质量的权衡，所有价格测试过程完全基于被访者的自然反应，不涉及竞争对手的对比。通过 PSM 模型，不仅可以得出最优价格，还可以得出合理的价格区间。

PSM 模型应用时只需询问被访者 4 个问题，从而得到 4 个价格，但前提是，被访者应该是目标用户，且在测试前需要让被访者充分理解产品的概念或定位，并给出一个价格梯度表，其价格范围尽可能涵盖所有可能的价格点。一般而言，最低价格和最高价格，往往要求低于或高出可能的市场价格的 3 倍以上，具体问题见表 5-2。

表 5-2 PSM 模型被访者测试用例

属　　性	测试用例
最低价格（太便宜）	什么样的价格您认为太便宜，以至于怀疑其质量较差，而不会去购买
较低价格（经济实惠）	什么样的价格您认为比较便宜，感觉物有所值，会去购买
较高价格（有点贵）	什么样的价格您认为较高，但仍可接受，会去购买
最高价格（太贵）	什么样的价格您认为太高，以至于不能接受，肯定会放弃购买

以一盒现切的水果拼盘为例，定价为多少最合适呢？市场容忍度是多少呢？可以使用 PSM 模型来寻找答案。首先需要做用户调研，问卷结构见表 5-3。

表 5-3 以一盒现切水果为例，请分别对以下情况进行选择

价格	太便宜	经济实惠	有点贵	太贵
1~2 元	□	□	□	□
3~4 元	□	□	□	□
5~7 元	□	□	□	□
8~10 元	□	□	□	□

用户对每一档价格进行 4 个选项的评价，价格从最低到最高，可以得到各类价格区间（太便宜担心质量、经济实惠、有点贵可以忍、太贵了放弃）的频率值。然后每

个选项都累计总和，例如，太便宜、经济实惠这两行是从下往上的累计总和。为什么是从下至上求和呢？因为如果觉得 8~10 元比较便宜的话，当然会觉得 1~2 元便宜；同理，如果觉得 1~2 块钱都贵的话，肯定觉得 8~10 元贵，所以"有点贵"、"太贵"这两行是从上往下的累计求和。详细数据统计见表 5-4、表 5-5。

表 5-4 水果拼盘价格调研问卷统计表一

价格	太便宜	累计求和	累计百分比	经济实惠	累计求和	累计百分比
1~2 元	10	26	100%	3	20	100%
3~4 元	8	16	62%	4	17	85%
5~7 元	6	8	31%	7	13	65%
8~10 元	2	2	8%	6	6	30%

表 5-5 水果拼盘价格调研问卷统计表二

价格	有点贵	累计求和	累计百分比	太贵	累计求和	累计百分比
1~2 元	0	0	0%	0	0	0%
3~4 元	0	0	0%	0	0	0%
5~7 元	6	6	50%	5	5	16%
8~10 元	6	12	100%	26	31	100%

累计求和后按照统计结果，绘制水果拼盘 PSM 模型图，如图 5-8 所示，这 4 条累计百分比的价格曲线会交叉在一起，A 点为"太便宜"和"有点贵"曲线交叉点，B 点为"太便宜"和"太贵"曲线交叉点，C 点为"经济实惠"和"太贵"曲线交叉点，D 点为"经济实惠"和"有点贵"曲线交叉点。其中，"太便宜"和"有点贵"价格曲线的交叉点为价格区间的下限、"经济实惠"和"太贵"价格曲线的交叉点为价格区间的上限；"太便宜"和"太贵"价格曲线的交叉点为最优价格；"经济实惠"和"有点贵"价格曲线的交叉点为次优价格。

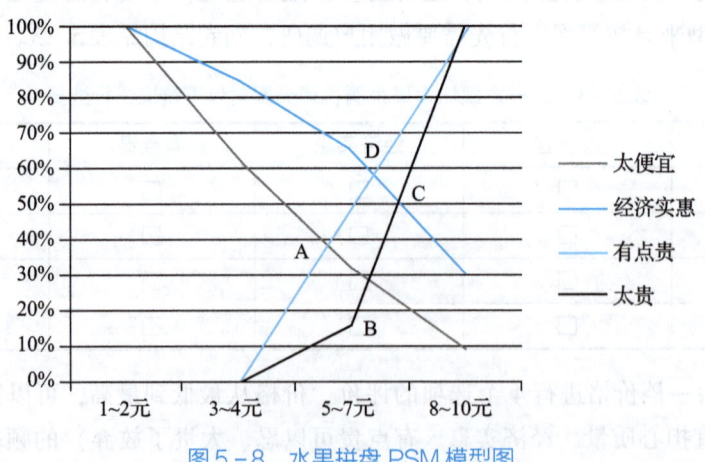

图 5-8 水果拼盘 PSM 模型图

对于一盒现切的水果拼盘，用户可接受价格范围：

A、C 两点之间的价格都是用户可接受价格，定价低于 A 点，用户会认为太便宜而怀疑质量问题，高于 C 点，用户会觉得太贵而放弃购买。

最优价格点为 B 点，用户觉得价位太高的比例和价位太低的比例相等。

次优价格点为 D 点，用户觉得价格既不会太贵，也不会太便宜。

通过上述计算得到最优价格，并且可以在这样一个合理的价格范围里去不断调试。

以上为 3 种常规的定价方法，那么如此定价就可以把产品卖好吗？显然不是，产品定价的最高境界是基于上述 3 种定价方法及产品在用户心目中的消费价值，制订一套合理的价格，并以此使产品利润最大化。

4. 歧视定价法

同一个打车平台，上下班高峰期较平时单价要贵；同一部电影，首映票价可能上百元，到快下线时，可以是十几元；在麦当劳购买饮料时，第二杯半价，如图 5-9 所示。上述价格差异这么大，人们还欣然接受，这是为什么？这就是歧视定价法的力量。

图 5-9 "歧视定价法"的应用

歧视定价法通常指企业为了获取超额利润，其在向不同的用户提供相同等级和质量的商品或服务时，在用户之间实行不同的销售价格或收费标准。采用歧视定价法的企业在定位产品价格时，会充分依照用户的消费价值层次来制订，简单来说就是把有支付能力的人找出来，对不同人群制订不同的价格策略，让各个消费层次的顾客尽可能愿意掏出口袋里的钱。

企业拆分出的用户消费价值层次越多，定价层次就越丰富，进而获得更多的利润。例如，一部电影在用户心中会存在 3 层消费价值：

1) 成本价值，电影院的运营成本加上固定利润。

2) 先发价值，对电影爱好者、这部影片内容和阵容的粉丝来说，在上映的第一时间观看，价值非常高，而对普通观影者来说，这部分价值是不存在的。

3）低价价值，对于部分价格敏感用户来说，可以用低于别人的价格购买到产品，是一种成就感。

如果按照成本价值平均分配电影票价，很容易产生想看的人在上映前几场买票入场，之后的场次的上座率看运气的情形，那么影院也只能赚回用户心中这部电影的第一层利润。而如果电影院针对不同时段、不同日期、不同影片、不同影厅、不同购买方式的用户收取高低不同的费用时，会发现：除了成本价，在先发价值阶段，会有大量粉丝、电影爱好者乐于多掏钱进场，以获得先发优势、谈资，也许在几场过后，电影院已经回本了，然而影厅并不会空下来，因为有一部分用户在等着这部电影的低价价值。

麦当劳第二杯半价的定价策略则是利用了另一个用户消费价值。例如，你可以去麦当劳买一杯饮料，而如果第二杯半价，你就会拉朋友一起去买，这样，你们就相当于以75折的折扣喝到了饮料。对于麦当劳这样体量的餐饮品牌，更大的支出成本是店面、人工等，同样的店员工作时长，多销售出一份产品即为赚，而且多一个人，意味着除了饮料之外，没有折扣的小吃也要多点一份。

然而，并不是所有产品都适用于歧视定价法，如果你需要用价格塑造用户可感知的价值，那么你的产品就不适合使用歧视定价法，如奢侈品、iPhone 手机、高端汽车等注重品牌价值的产品，奢侈品的品牌价值高于一切，一旦品牌价值崩塌，则最大化利润就不存在了；如果你的产品确实需要用价格塑造用户可感知的价值，而同时，你的产品又具有时效性，那么应在产品更新换代时进行歧视定价，如 iPhone 手机，每当新款推出时，老款会降价。

知识应用

互联网"价格乱象"："峰时溢价""千人千价""大数据杀熟"

2016 年的某天，北京下了一场大暴雨，地面积水造成很多上班族出行困难，当大家打开打车软件时，发现很多打车订单提价了近 4 倍，此事在当时引发广泛争议，网友戏称其为"打劫式"溢价。

2019 年 5 月 8 日，欧冠半决赛中利物浦奇迹般地以 4:3 的总比分逆转巴萨晋级决赛，而据《每日邮报》报道，在利物浦晋级决赛之后，从利物浦到决赛地马德里的机票价格也突然出现暴涨，例如，比赛结束后，机票很快就涨到了 617 英镑，10 分钟后，这个价格已经变成了 750 英镑，如图 5-10 所示。

图 5-10　航班价格实时变动

2020 年，一位网友爆料"中午下班时间，根据同事提供的预订单截图下单商品，我作为会员配送费反而贵，致电客服也无法提供合理解释"。点外卖越点越贵，省钱都靠运气，网友戏称："最懂你的人伤你最深"。

 拓展训练

任务名称	儿童智能手表产品定义训练
任务目标	结合实例，加深对产品定义的理解
实施者	学生团队，5~6 人组成 1 组
活动道具	白纸、白板、马克笔、便签贴、多媒体教室
活动步骤	1）基于场景定义产品功能，并说明理由 2）基于成本、竞品、用户需求等信息定义产品价格，并说明理由
过程呈现	

5.2　敏捷开发项目

 **课堂引入**

项目管理中经常遇到的问题

A 企业的老系统正在运行，故障率较高，运维任务重。企业决定开发新系统，且新系统必须要按时上线，时间紧、任务重。项目开发了一半，项目经理发现了很多问题。

- 项目成员都认为自己技术很强，都有自己的想法，项目开发中一直在提建议；
- 有的项目成员不按规范开发，矫正几次后也不改；
- 新工作分配时，部分同事不接受安排的工作，私下沟通几次后回答只负责某部分的开发；
- 部分项目成员技术水平不高，培训效果不理想，多次指导开发又占用太多时间；
- 部分项目成员只负责老系统维护，没精力也不想分担新系统的开发工作；
- 进度已经延迟一周左右，但工作无法安排下去。

思考启示：项目管理是否得当将直接决定项目的成败，项目管理就是将知识、技能、工具与技术应用于项目活动，以满足项目的要求。面对上述项目管理中的常见问题，你觉得应该如何应对？

5.2.1 玩转研发管理"铁三角"

 知识探究

项目时间、成本、范围构成决定项目质量的三要素，研发管理铁三角（见图5-11）指平衡时间（项目进度）、成本（产品成本）、范围（产品需求）三者的关系，以达到产品质量最佳。项目进度、产品成本、产品需求分别位于三角形的各边，其中任何一边有变动，另外两条边也会随之变化。因此，能否通过高效项目管理，玩转三者之间的平衡关系，将直接决定产品的成败。

图5-11 研发管理铁三角

玩转研发管理铁三角的核心思路为在保证产品质量的前提下，针对项目进度、产品成本、产品需求三者的变化进行科学评估决策，以求得项目进度、产品成本、产品需求的最优解。

（1）项目进度变化　项目进度变更，一般情况下就是缩短工期，提前交付。产品开发过程中出现上述变化也可以理解，毕竟自家产品较竞品提前上市，就可获得先发优势，提升产品销量。此时，可以通过全员加班等途径压缩工期，但项目时间压缩也有个极限，超过极限会间接影响产品质量，需慎重决策。

（2）产品成本变化　产品成本预算一般在项目立项时已基本确定，若发生产品成本变化，一般是企业侧面缩减预算或原材料涨价等，此时需要系统考虑成本变化对产品的影响程度。同时，产品团队需要再次对产品需求进行优先级排序，必要时，集中优势资源攻克核心需求，去掉边缘需求。

（3）产品需求变化　产品需求变化一般是基于市场变化增加新的需求，此时需要系统评估需求变化对项目的影响程度，若确实影响项目进度，可以讨论产品分期分版本交付。另外，产品在开发过程中，产品团队也要积极介入，与研发团队实时共享需求信息，做到变更时，双方都可以快速响应。

 知识应用

一次需求变更的研发应急处理

小张是一家手机研发企业的项目经理，最近公司立项开发一款针对大学生的智能手机，接到任务后，小张快速组建了项目团队，并制订了研发进度表。项目开发到一半时，产品经理突然提出，基于市场的变化，要增加"SOS求救功能"，并把产品交付时间提前两周。小张接到需求变更通知后，并没有将通知直接传递给项目团队，而是迅速评估需求变化对项目的影响程度，并将调整前和调整后的方案做一个对比表，通过对比表大家就可以清楚地看到调整后的工作量、调整模块等发生的变化，随后组织一个会议将调整的原因、解决方案向项目团队解释清楚，给所有人一个心理预期。

5.2.2　优化供应商开发寻源策略

 知识探究

供应商的选择有时可以直接决定一款产品的成败，特别是一些同质化竞争激烈的行业，对上游供应链的争夺更加激烈，因此找几家"门当户对"的供应商达成战略合作不失为一种良策，企业在供应商开发寻源时应该坚持以下4个原则。

（1）简明科学原则　供应链上供应商的评价和选择应坚持遵循科学化、透明化、制度化原则。首先，供应商的规模和层次应与自己的企业相当，以保证合作的顺畅；其次，同类物料的供应商数量按主次维持在2~3家，以降低管理成本，提高管理效果，维持供应的稳定性。最后，采购数量不超过供应商产能的50%，否则采购风险增大。

（2）供应链双赢原则　建立与供应链双赢的战略合作伙伴关系，双赢的原则不是博弈，使一方获利一方失利；不是利用采购杠杆，压制供应商价格；而是基于对原材料市场的充分了解和企业自身的规划进行双赢沟通，建立供应链竞争优势。

（3）供应链总拥有成本最低原则　供应链总拥有成本不仅仅是简单的来料价格，其包括供应链产品流来料成本、仓储成本、运输成本，资金流资金占用成本、账期成本，信息流沟通成本等其他无形成本。因此，有总体成本考虑的远见，对整个供应链中所涉及的关键成本和其他相关的长期潜在成本进行评估。

（4）内部价值链上协作原则　供应链管理的原则之一为总拥有成本最低，因此，供应链管理涉及企业内部价值链上的各个部门的利益，即产品研发、工艺、采购、生产制造、销售与服务、成本等部门。同时要想实现总拥有成本最低，也需要涉及的各个部门共同协作实施，方能执行有效。所以供应链管理绝不仅仅是采购部门的事情，需要内部价值链上的协作。

 | 知识应用 |

屏幕指纹供货被友商"截和"，OPPO 如何面对？

屏下指纹解锁技术逐步应用于智能手机，如图 5-12 所示。2018 年 9 月，OPPO 和曾经的合作伙伴、屏下指纹技术供应商之间的纠纷，在网上引起热议。

图 5-12　屏下指纹解锁技术逐步应用于智能手机

在 OPPO 新品立项之前，公司指纹采购团队和国内某家屏幕指纹供应商洽谈合作，并达成批量供货协议。但在项目开发过程中，这家屏幕指纹供应商迫于其他客户的压力，为了保证其他客户使用的优先性，把向 OPPO 之前承诺的批量供货时间推后 3 个月，导致 OPPO 项目无法开展，损失巨大。

作为补救措施，OPPO 不得不找另一家屏下指纹技术供应商开展合作，但此时国内能做此项技术的企业寥寥无几，OPPO 最终决定联合芯片商和算法公司共同研发屏下光学指纹技术，并应用到产品上。

5.2.3 开启敏捷开发模式

知识探究

敏捷开发是一种以用户需求为核心，采取迭代、循序渐进的途径进行软件产品开发的方式，其目的在于快速覆盖、响应市场需求。其中，迭代、循序渐进主要指通过版本更新，按照需求的优先级或新增需求的重要程度动态调整产品功能。敏捷开发模式通常用于软件产品。目前，部分硬件产品也逐步采用该模式进行产品开发。

1. 敏捷开发模式——最小化可行产品（MVP）

最小化可行产品（Minimum Viable Product，简称MVP）理念来源于埃里克·莱斯（Eric Ries）的《精益创业：新创企业的成长思维》，其提倡企业进行"验证性学习"，即先向市场推出极简的原型产品，然后在不断地试验和学习中，以最小的成本和有效的方式验证产品是否符合用户需求，灵活调整方向。如果产品不符合市场需求，最好能"快速地失败、廉价地失败"，而不是"昂贵地失败"，如果产品被用户认可，也应该不断学习，挖掘用户需求，快速迭代优化产品。

如图5-13所示，传统的产品开发思路为分步骤分流程，从车轮、车轴辘、外壳、动力装置逐步开发一个完整产品；MVP也是分步骤，但其要求每一步开发的产品都是最小可行的，虽然第一版滑板车和最后的汽车相去甚远，但其通过第一版验证用户对出行工具的需求后，不断迭代完善产品，最终做出小汽车，其几个版本始终围绕用户的核心需求：代步工具。

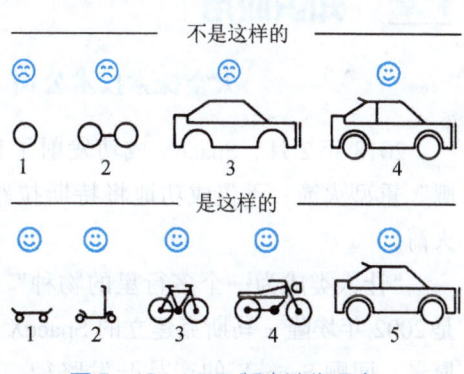

图5-13　MVP版本迭代理念

目前，很多初创团队的产品来源于团队成员的一个想法或灵感，虽然做过市场分析、用户调研等产品机会评估工作，但凡是带有主观意识的评估都不能保证完全正确，此时就可以采取MVP理论先向市场推出极简的原型产品进行验证，如果用户反馈很好，就可以继续加大投入，如果用户反馈有问题，也可以及时调整避免更多的精力浪费。

2. 敏捷开发模式使用指南

（1）科学配置团队成员　张小龙曾在微信事业群领导力大会上表示："我们今天想一些与众不同的点子，然后我们很快就会看到效果，因为我们很快把它上线了，然后可以去验证，如果不对就下线，如果还有改进余地，下个星期再去改它。这是一个能够持续实现你的想法的过程。"敏捷开发需要高效的项目团队支撑，首先，团队每个成员要认可敏捷开发模式；其次，项目成员尽量在 20 人以下，人员太多就进行团队分割；最后，尝试引入"站立晨会"制度，提高开会效率。

（2）制订项目计划，但也要拥抱变化 敏捷开发并不意味着不做项目开发计划，恰恰相反，敏捷开发更加注重计划的制订，保证每一版本的顺利开发。因为敏捷开发以用户需求为核心，所以并不会死守着计划不进行调整，一旦市场发生变化，即使到了开发后期，也接受需求的合理变化，不断地修正自己原先的计划，利用变化来为产品创造竞争优势。

（3）版本周期内尽量不变更需求 尽管敏捷开发的目的是为了让产品能够适应市场需求的变化，但也并不意味着可以毫无节制地添加和修改项目任务。事实上，从这个角度来看，可以把每个版本迭代看作一次小的传统项目开发，敏捷并不是全盘否定传统项目开发模式，而是借鉴了其优秀的部分。每个版本都有其开始时间和结束时间，也在项目刚开始的时候就配置了相关的资源来实现产品的需求，如果临时突然插入新的需求或是修改需求，多少会对项目的进度产生影响。所以，要尽量在版本开始前就思考清楚，除非碰到特殊情况，尽量做到版本内不变更需求。

 知识应用

太空探索技术公司（SpaceX）的火星移民计划

2018 年 2 月，SpaceX 成功发射了目前全世界运载能力最强的超级火箭——"猎鹰"重型火箭，不仅成功地将特斯拉跑车发射到太空中，还成功地回收了两枚助推火箭。

"让人类成为一个多行星的物种"——这是 2002 年埃隆·马斯克建立的 SpaceX 一向的愿景。回顾 SpaceX 的产品开发路径，其并不是一开始就造大火箭，而是先造一个最简陋的小火箭 Falcon 1，第 1 次发射就爆炸了，直到第 4 次发射才成功进入轨道。随后，开发了中型火箭 Falcon 9，9 年中发射了 70 次。最后，才开发猎鹰（Falcon）重型火箭，如图 5-14 所示。

图 5-14 SpaceX 研发的猎鹰（Falcon）重型火箭

试想若 SpaceX 不采用迭代开发，可能就没有今天 Falcon 重型火箭的成功发射。迭代开发将一个大任务，分解成多次连续的开发，本质就是逐步改进。开发者先快速发布一个有效但不完美的最简版本，然后不断迭代。每一次迭代都不断改进产品，添加新功能。通过频繁的发布，以及跟踪对前一次迭代的反馈，最终接近较完善的产品形态。

任务名称	儿童智能手表产品开发管理训练
任务目标	结合实例，加深对产品开发管理的理解
实施者	学生团队，5~6人组成1组
活动道具	白纸、白板、马克笔、便签贴、多媒体教室
活动步骤	1）A公司规划的儿童智能手表产品正在研发过程中，预计一个月后上市，此时产品团队提出一个新需求"健康记步" 2）请列出待评估的因素，给出解决方案
过程呈现	

5.3 整合市场营销策略

某大学城水果摊的市场营销

当某大学城的水果摊贩还在为联合垄断市场洋洋得意的时候，一场针对水果摊的营销理论实践活动正悄然发生。某大学城因水果市场被小商贩垄断，水果的价格比较贵，小王为了买到更便宜、更新鲜的水果，找到了一些能进货的学长学姐，并自己建了一个微信群。每天早晨，小王会把一些水果信息发到群里，然后大家一起订水果，下午4点半左右进行配送,一天能达到100多单。

思考启示:新产品投放得到顾客认可,都离不开市场营销。随着互联网时代的到来,我国传统商业运营模式发生深刻变革,市场营销面临着不少挑战。试分析上述案例中用到了哪些营销策略?若换成你,会采取哪些营销策略?

5.3.1　内容营销:设计购买理由

知识探究

谈到内容营销,相信很多人想到的是用海报、视频等一系列组合打造的营销,内容营销真的是这样吗?

1. 什么是内容营销?

美国内容营销协会(Content Marketing Institute,CMI)定义内容营销为一种通过生产发布有价值的、与目标人群有关联的、持续性的内容来吸引目标人群,改变或强化目标人群的行为,以产生商业转化为目的的营销方式,其核心在于内容,内容一方面要突出产品价值,另一方面要引起用户的兴趣,激发用户的情感波动,给用户一个购买产品的理由。因此,企业必须要花足够的时间和精力来制作优质的内容。在信息爆炸的时代,单纯依托渠道投放、硬广推广已成过去,优质内容传播已成为市场营销的主流趋势之一。

2. 为什么要做内容营销

(1)内容营销可激起用户的情感互动　真正的营销绝对不是追求一时的流量与曝光度,而是通过与用户建立情感互动,唤起其对产品的高度认可,增强用户与产品间的情感黏性,尤其在信息碎片化、注意力稀缺时代,俘获用户变得愈发不易,只有击中用户情感共鸣点,才能让产品在市场竞争中置于不败之地。

2018年,随着《舌尖上的中国3》热播,章丘铁锅一夜爆红,价格也一路飙升,"章丘铁锅制造需要历经12道工序,再过18遍火候,1000度的高温锤炼,经受36000次锻打,直到锅如明镜。"这个充满匠心、情怀的故事,激发了用户的情感互动,让章丘铁锅的产品价值可视化、可触摸,进而唤醒了用户的非理性决策。

(2)内容营销可提升用户流量　内容营销是一种没有天花板的流量入口,因为用户永远对高质量的内容存在需求,因此,无论对于没足够资金购买流量的初创企业,还是对于流量增长到瓶颈的成熟企业,只要产出足够优质的内容,就可以打破流量封锁。

其实,大量工具类APP已经开始了内容化转型。例如,淘宝增加了"淘宝直播"

"每日好店",携程增加"旅拍"等内容性入口,如图 5-15 所示。为什么要加重内容营销?因为工具类 APP 是有流量天花板的,如果用户只是来消费,那么无论是用户规模、停留时间还是消费频次,都会遭遇瓶颈,但高质量的内容却会为用户提供更多造访理由,把选购商品变成类似刷抖音一样的享受,用户的停留时间会大大增加,而一个个真实人的真实消费故事就是一个个信任背书,可以大大唤醒其他用户的购物欲望。

(3) 内容营销可建立隐性竞争壁垒 优质的内容本身就是一种很强的竞争壁垒,特别是对于初创企业,没有资金优势,很难在其他方面建立竞争壁垒。例如,爱奇艺面对腾讯视频和优酷两个巨头,爱奇艺的核心竞争力是连续孵化爆款的能力,如 2017 年的《中国有嘻哈》、2018 年的《延禧攻略》《偶像练习生》,2019 年的《破冰行动》。这种能力是靠多年来一点点渗透内容产业、不断完善团队架构、不断进行试错所堆叠出来的竞争壁垒,无法用资本力量快速复制,无法用创意实力

图 5-15 淘宝 APP 增加"淘宝直播"等内容入口

去弥补,所以叫隐性的竞争壁垒,这种能力让爱奇艺在巨头夹缝里,仍然有很高的竞争力。

3. 如何做内容营销

(1) 基于品牌定位选择内容领域 内容营销实际上也是维护、推广品牌形象的过程,因此,企业一定要基于品牌定位选择内容领域,这个领域要与产品相关,不能无限外延,并在这个领域不断深耕,争取成为这个领域的领导者。例如,现在母婴类企业的内容营销主要聚焦在育儿知识领域,生鲜类企业的内容营销主要聚焦在美食知识领域。

(2) 持续高质量打造爆款内容 目前,营销环境呈现移动化、碎片化,故营销内容要降低用户的时间成本,让用户觉得"很值",最好达到强烈的转发欲望。一方面,内容营销要保持营销的"持续性",坚持更新内容,不断输出;另一方面,内容营销要提升内容的质量,坚持内容的原创性、首发性、时效性、新奇性。

(3) 内容营销 IP 化,让产品深入人心 很多企业做营销最大的误区就是总想换个有新鲜感的创意刺激用户,然而用户的心智投资是需要长期持有的,是不能随便倒卖的。因此,企业应该在不断变化的创意内容里,寻找能一直不变的营销内容,然后持续投入,实现内容营销 IP 化。

打造 IP 的核心是打造"标签",持续地用各种形式的内容去强化标签,以达到标签化的效应。目前,很多营销 IP 已经如他们的品牌一样渗透到用户心中,如淘宝发起的"双 11"活动。

(4) 优化消费者行为路径,降低转化成本 能产生市场增长的内容营销,就是好

的内容营销。内容营销产生实效的根基就是要优化消费者的行为路径，只有路径更短、更快，才能真正让"内容"产生"营销"。

 知识应用

一个钙片生产企业的内容营销

钙片应该怎么卖？仔细分析一下，钙片的目标用户群为缺钙的消费者，然而，大部分用户根本不知道自己是否缺钙，只有去医院检查才知道，若只卖给去医院检查过并被告知缺钙的用户，则市场容量将大大降低。

既然用户没有建立对产品的感知，企业可以通过内容营销给用户一个合理的购买理由，于是，"腰酸背痛腿抽筋"广告语很快让用户记住了"腰酸背痛腿抽筋"是由于缺钙造成的，这就是用户购买的理由。"腰酸背痛腿抽筋"是用户很容易感知到的具象事物，并可以迅速在用户心中建立感知，获得用户的认可，即迅速给用户建立了一个购买的理由。

5.3.2 场景营销：营造消费场景

 知识探究

在传统广告中，有一种著名的现象叫作：广告盲点（Banner Blindness），即用户会自动地选择忽略广告。在这种硬广告效果越来越差的情况下，场景营销成了企业新的营销武器。构建一个真实的生活场景，让消费者在场景中增加消费体验，在毫无压力的情况下欣然接受信息并完成消费。

1. 什么是场景营销？

场景营销就是通过营造特定的场景，并将产品嵌入场景中，与用户形成互动体验，打动用户，激发其消费欲望，完成消费行为的过程。场景营销是在以用户为中心的4C营销理论基础之上的再次飞跃。生活处处是场景，每一个人都生活在场景之中，用户的消费行为是在特定的场景下进行的，用户也是透过场景来认知产品的。因此，企业要做的就是考虑用户购买产品的场景是什么，用户在此场景下会想什么，用什么方式能增加产品曝光并能影响用户购买决策，以达到产品销售目的。

2. 为什么要做场景营销

（1）场景营销可让用户深度感知产品　无论产品外观设计得多么炫酷、营销话术多么感人，用户需要的更多的是一种亲身体验、一种深度感知，这种感知是用户可以理解、关心的一种内在感受。场景营销可以将用户置身消费场景中，为用户找出感受的来源，增强多产品的信心。iPod发布时的广告语为"将一千首歌曲装进口袋"，如图5-16所示。为什么不宣传内存多大？因为，用户不会关心，也没法理解与感知内存这些技术术语。

图5-16　iPod的广告词"将一千首歌曲装进口袋"

（2）场景营销可增强品牌亲和力　场景营销通过将用户拉入真实场景，让用户亲身体验产品，可增强品牌亲和力。例如，在英国伦敦，有些候车厅的座椅被改成了秋千，就是考虑到顾客在等车的过程中会感到无聊，可以通过荡秋千打发时间，之后甚至有人为了荡秋千专门来乘车。同理，商场等需要客户等待的场景也可以设置秋千座椅。客户对公交公司增加了不少好感，公交公司的品牌亲和力得以提升。

3. 如何做场景营销

（1）深度洞察用户心理　心理洞察是场景营销实施的核心及起点，企业要深度了解用户对产品产生需求的心理动机，以及用户购买产品过程中的心理动态。

（2）科学设置消费场景　在深度洞察用户心理的基础之上，科学地进行场景的设置或选择，通过场景来将目标用户带入到营销所需要的心理状态中，而消费场景设置的重点是场景中的互动设置，通过互动才能让目标用户真正进入到该场景当中，并给予目标用户及时的心理反馈，才能更有效地对其心理进行刺激。

（3）产品巧妙融入场景　将产品品牌融入场景，"让广告不像广告，让营销趋于无形"，能够"润物细无声"传播产品信息，诱发用户产生消费行为。例如，某网约车广告中的场景："一个白领加完班回家""一对远道而来的父母去城市见自己的儿子"，场景渲染得非常温馨，正如其广告词"为每一个全力以赴的你，今天坐好一点"，此时某网约车就不是单纯的满足用户去叫一辆车的诉求，更多的是把用户的情感渲染进去。

（4）激发用户消费行为　构建消费场景的目的就在于让用户在体验的过程中产生消费的欲望，从而实现营销的目标。因此，在成功将目标用户带入到某种心理状态后，此时需要通过一些礼品、折扣等形式激发用户消费行为。

知识应用

酒店营销活动二维码的线下投放选址

抽奖是一种常见的营销手段，某酒店也打算利用抽奖做一次营销活动，在维护老用户的同时开发新用户，抽奖流程采取目前流行的扫码进入 H5 页面抽奖。很快活动二维码就做好，线上渠道通过微信、微博很快完成投放，线下渠道放在哪里合适呢？

大厅入口处虽然人流量大，但用户大多着急办理入住或离店，很少有人停留下来并把注意力放在易拉宝上，参与扫码抽奖活动的人不多；酒店前台作为用户必经之处，用户多在办理入住或离店手续，若服务员不主动提醒，很难参与扫码抽奖活动；房间虽然是用户停留时间最长的地方，但用户多半是睡觉，醒着的时间看电视、看书、聊天、玩手机，用户的注意力被分散的太多，而床头柜二维码很可能被用户忽略；酒店餐桌人流量较大且用户能够长时间停留，且用餐时相对悠闲，很容易就注意到餐桌上的二维码。

通过上述案例可知，在营销策划时要去考虑用户使用产品的场景，类似的案例还有很多，例如，结合年轻人爱吃火锅、烧烤、熬夜的场景，王老吉的场景营销："怕上火喝王老吉"；结合学生、都市白领的工作场景，六个核桃的场景营销："经常用脑，常喝六个核桃"。

5.3.3　口碑营销：提升传播动力

 知识探究

口碑效应实际上早就存在，产品的营销基本上靠"口口相传"，如"同仁堂""全聚德"等老字号企业，以及"天津麻花""山东煎饼"等地方特产。随着社会化媒体的兴起，放大了口碑效应对产品营销的影响，也使得企业越发重视用户口碑，口碑营销应运而生。

1. 什么是口碑营销

世界顶级营销大师们对于口碑营销给出了不同描述。

《营销全凭一张嘴》的作者伊曼纽尔·罗森认为口碑营销更多是"口口相传"，将口碑营销描述为："口碑是关于品牌的所有评述，是关于某个特定产品、服务或公司的所有的人们口头交流的总和。"

世界营销之父菲利普·科特勒给 21 世纪的口碑传播的定义是："口碑是由生产者以外的个人通过明示或暗示的方法，不经过第三方处理、加工，传递关于某一特定或某一种类的产品、品牌、厂商、销售者，以及能够使人联想到上述对象的任何组织或个人信息，从而导致受众获得信息、改变态度，甚至影响购买行为的一种双向互动的传播行为。"

口碑营销大师马克·休斯在《三张嘴传遍全世界——口碑行销威力大》书中曾提

出:"最具威力的营销手法,便是把大众与媒体一起拖下水,借由口耳相传,一传十、十传百,才能让你的品牌与产品信息传遍全世界"。

口碑营销又称病毒式营销,其核心内容就是能"感染"目标受众的病毒体——产品或内容(话题、事件),病毒体威力的强弱将直接影响传播的效果。在今天这个信息爆炸的时代,消费者对广告,甚至新闻都具有极强的免疫能力,只有打造极致的产品或制造新颖的口碑传播内容,才能吸引大众的关注与议论。口碑营销是以口碑传播为核心的营销方式,是一个"发声—传播—接收"的循环过程,别人的评论就是口碑,企业借助一定的渠道和途径进行口碑传播,以实现品牌曝光、商品交易,赢得顾客满意和忠诚,提高企业和品牌形象。

2. 为什么要做口碑营销

(1) 具备较高性价比　口碑是人们对于产品的看法,口碑营销无疑是当今世界上廉价的信息传播工具。除了企业的智力支持,以及用于开发口碑意见领袖的费用,不需要其他更多的投入。因此,口碑营销的成本比巨资广告投入、促销活动会低得多,而且往往能事半功倍。

(2) 消费者信任度高　当代社会,消费者对广告,甚至新闻都具有极强的免疫能力。很多消费者在计划购买相关产品时,往往会先去了解用户评价,用户评价对最终决策占到了很大的作用。相对于纯粹的广告、促销、商家的推荐等,口碑营销对消费者的可信度会高很多。

(3) 可精准地找到目标用户　口碑营销具有很强的针对性,它不像大多数广告那样千篇一律,无视接受者的个体差异,口碑传播形式往往借助于社会公众之间一对一的传播方式,信息的传播者和被传播者之间一般有着某种联系。所谓物以类聚、人以群分,有相似兴趣、相似关注的消费群体间构成了一个个攻之不破的小阵营,甚至是某类目标市场,他们的消费趋向相近,品牌偏好相似,只要影响了其中的一个人或者几个人,更多的目标群体便会很快被"找寻"出来。

3. 如何做口碑营销

口碑营销是一个"发声—传播—接收"的循环过程。一个企业如何进行口碑营销?可根据这一过程来操作。口碑营销的目标就是为了接收者接收到企业或产品信息并获得其认可,所以进行口碑营销的操作可分为:选择发声对象—确定传播话题—选择传播渠道—新用户关系维护。

(1) 选择发声对象,启动口碑营销　启动口碑营销,首先要考虑谁会主动谈论你,选择谁来发声。不同的第三方发声身份,会给消费者带来不同感受。常见的发声对象有行业专家、媒体、网民等。行业内专家对一个企业或产品的评价发声,代表了行业对某一企业或产品的认可,更易使消费者会对其产生一种安全信赖感;相关媒体或大型媒体平台对某一品牌的报道，正是反映了品牌的知名度，也能够使消费者对其实力进行判断；网民的发声看似与产品关联不大，但正是这种非相关性，使得网民的评价给消费者带来一种公正性的感受，特别是使用过该产品的网友，从用户角度分析评价一个产品，更易使消费者信赖并接受。

（2）确定传播话题，给消费者一个传播理由　口碑营销就是一个寻找话题并持续传播的过程，因此，话题的选择至关重要，可以是产品的某一核心卖点，如手机的单反级拍照效果、手机的性价比等；也可以是产品相关内容（话题、事件），制造一些合乎情理又出人意料的噱头，让人们，尤其是潜在的用户来讨论，给他们一个传播的理由。

（3）选择传播渠道，让话题更高效传播　每一款产品都有固定的目标用户群，而这部分群体也有自己活跃的平台，每个传播渠道也有自己的特点，所以只有针对性地选择传播渠道，才能使话题传播更高效。例如，专业性的评论发布于专业的行业论坛，问答式内容可发布于百度、知乎等，对某一产品的讨论可发布于论坛等。

（4）跟踪话题传播，做好新用户关系维护　企业要积极参与话题的讨论与传播，并在与用户的互动中不断输出产品信息，在保持内容热度的同时抓住潜在新用户，做好新用户关系的维护。

知识应用

金杯银杯不如消费者的口碑

"金杯银杯不如消费者的口碑"，从消费者口中得到的好评比一切广告都更有说服力。现在的消费者买东西都是看什么？市场研究公司 Jupiter Research 调查数据显示：77% 的网民在线采购商品前，会参考网上其他人所写的产品评价。Mediaedge 公司实施的调查结果也表明：当消费者被问及哪些因素令他们在购买产品时更放心，超过 3/4 的人回答为"有朋友推荐"。

通过各种调查研究显示，现在的消费者购买东西更看重朋友推荐和用户评价，以保证买到货真价实的东西。因此，口碑对于消费者购物决策有很重要的影响，任何企业必须重视口碑营销，特别是在互联网时代，人们交流和接触的范围更加广泛，使信息的传播变得更快。

谷歌就深谙这个道理："金杯银杯不如消费者的口碑"，2004 年谷歌推出 Gmail 电子邮件时，就完全依赖于口碑营销。当时，谷歌只提供了几千个 Gmail 的试用账户，想要试用的人，必须有人邀请才行。这些数量有限的"邀请码"迅速在全球流行，被用来交换各种各样的东西，如到迪拜度假两夜，或者交换旧金山的明信片。甚至，Gmail 账户在 eBay 上面的价格高达 75 英镑。

拓展训练

任务名称	儿童智能手表市场营销策略训练
任务目标	结合实例，加深对产品市场营销的理解
实施者	学生团队，5~6人组成1组
活动道具	白纸、白板、马克笔、便签贴、多媒体教室
活动步骤	A公司规划的儿童智能手表产品近期准备上市，请结合本节所学的内容营销、场景营销、口碑营销等相关知识，制订此款产品的整体营销方案
过程呈现	

5.4 拓宽互联网运营渠道

 **课堂引入**

某共享打车公司的"母亲节"运营活动

母亲节来临之际，某共享打车软件策划了一次特殊的运营活动，通过H5调查问卷的形式，以一道简简单单的问题："你一年回家看妈妈几次？"击中了无数在外打拼都市人的心，4个小时就有超过100万人参与，如图5-17所示。

思考启示：在产品越来越同质化、差异化越来越小的情况下，运营就逐步起到了决定性的作用，结合上述案例，试分析本次运营活动并提出相关建议。

图 5-17　某共享打车平台"母亲节"运营活动界面

5.4.1　用户运营：精细管理用户

 知识探究

随着流量红利时代的结束，在产品导入期，如何高效地获取用户成为初创企业不得不面对的问题。当产品发展一段时间后，需要对用户进行精细的管理和维护，以实现用户价值的最大化。产品运营就是以产品用户的获取、活跃、留存、付费为目标，遵循用户的需求，制订运营方案，严格把控运营过程，以达到预期运营目标的过程。

在传统业务中，用户与用户之间大多是相互孤立的，互联网的高速发展与普及加深了产品与用户之间的关系，丰富了用户行为数据。因此，可以建立更加精细化的用户运营模式：AARRR 模型。AARRR 模型涵盖用户获取到产品传播的全过程，具体包括获取（Acquisition）、活跃（Activation）、留存（Retention）、收入（Revenue）、传播（Refer）5 个步骤，整个 AARRR 模型就像漏斗一样，通过层层转化完成高质量的用户增长和产品传播的过程，如图 5-18 所示。

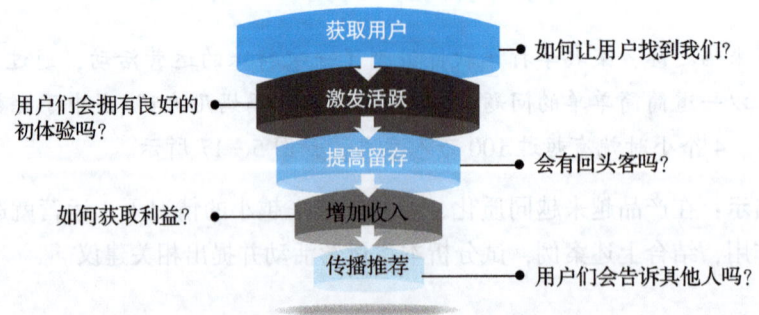

图 5-18　AARRR 转化漏斗模型

1. 获取用户

获取用户就是从各个渠道去发布产品相关信息，然后吸引用户前来注册或使用的一个过程。目前，获取用户的渠道形式丰富多样，如微信、微博、自媒体、网站广告、线下活动等。每个渠道获取用户的数量和质量是不一样的，这时就需要运营团队根据整个产品的用户画像和调性来选择应有的渠道，特别是初创团队在资源有限的情况下，应重点关注那些投资回报率（ROI）比较高的推广渠道。

2. 激发活跃

活跃的指标有日活跃用户、周活跃用户、月活跃用户等。其实，在获取用户的过程中，部分用户可能是通过终端预置（刷机）、广告等不同的渠道接触产品的，如何将这些被动用户转化为活跃用户是激发活跃的重要任务，常用的方法一般是搭建用户激励体系，促使用户每日完成相应任务，提高活跃度，提升用户对平台的价值。当然，不同类型的产品对活跃的定义是有区别的，例如，社区类产品的活跃是希望用户能够每天都能登录、发帖、评论，所以很多社区类产品推出用户成长体系；在线教育类产品则比较关注用户的学习时长、练习次数等，所以很多在线教育类产品推出免费体验课等活动。

3. 提高留存

留存的指标有日留存率、周留存率、月留存率等，如果产品缺乏用户黏性，很容易出现"新用户不断涌入，老用户迅速流失"的现象，不仅浪费运营成本，还影响产品的用户形象。例如，一家饭馆，消费者吃过一次不会来第二次，相信很快这家饭店就会关门停业。提高用户留存的常用方法包括优化迭代产品功能，保持产品竞争力。提升留存指标监控，并采取相应的手段在用户流失之前，激励这些用户继续使用应用。

4. 获取收入

提高留存，维护用户的忠诚度的同时，需要考虑的便是如何寻找合适的机会获取收入，实现赢利。在当前市场环境下，获取商业利益往往可以通过两种方式，一种是产品及服务变现，另一种则是流量变现。不同的用户群体，商业赢利的方式及侧重点均有所不同，根据用户付费习惯及消费意识，大致上可以分为免费用户、普通付费用户、优质付费用户，每个不同的群体，其需求和用户行为往往不同，那么从他们身上获取收入的方式，自然也不尽相同。

在免费用户群体的意识中，互联网上的东西本就应该是免费的。想让免费用户群体掏钱非常困难。对于这样一个群体，可采用流量变现的方式。在流量变现的基础上，可以通过产品及运营上的引导，挑战消费者的免费观念，引导其转变为付费用户。

普通付费用户群体有一定的消费行为及消费意识，对于这样一个群体，需要去挖掘的是如何持续让用户产生消费行为，提高消费金额及频次，养成消费习惯，以此来提高商业赢利。

优质付费用户群体是产品中的头部用户，他们在产品中消费大量的金额，能获取的实际价值往往不是他们最看重的东西,通常他们更看中产品能够给他们带来的精神享受。对于这样的用户群体,维护消费后的用户体验、提高门槛成为最重要的事情,与众不同的待遇是这个群体极力追求的事情,即使其门槛非常高,需要消费大量的金钱。

5. 传播推荐

社交网络的兴起促成了基于用户关系的传播,这是低成本推广产品的全新方式。运营团队可以采取利益驱动等激励手段让用户在社交媒体自发传播。例如,老用户推荐新用户注册就会得到现金奖励或折扣券,老用户邀请新用户拼单,老用户就会得到低价的价格等。

用户获取是运营的基础,促进用户活跃才能让产品有生命力,提升留存减少流失让用户规模越来越大,付费转化是产品和团队持续运营的关键,用户自传播可降低运营成本,提升产品知名度。

 知识应用

小红书的用户运营之道

小红书创建于 2013 年 6 月 6 日,最开始是以社区内容分享为主,从分享美妆、个人护理产品,到后来又涉及运动、旅游、家居、旅行、酒店、餐馆等内容的分享,并引导用户进行交易。截止到 2018 年 9 月,其月活人数已达 2560 万,小红书产品 KV 如图 5-19 所示。

能在竞争激烈的电商环境下取得如此骄人的成绩,小红书采取了哪些用户运营策略呢?

图 5-19 小红书产品 KV

一是提高用户原创内容占比。用户打开小红书 APP 时,第一眼看到的不是商城、不是促销,而是内容。

二是邀请当红明星入驻平台。因明星本身就是带有巨大流量的关键意见领袖(KOL),邀请明星入驻平台就能直接把一部分明星的粉丝转化为用户。

三是持续优化"发布笔记"这一产品模块。为方便用户发布笔记,小红书把这一入口放在了 APP 底部正中间,让用户打开软件就能看到。因为产品初期,小红书的用户群体以女性为主,女性天生喜欢分享、喜欢记录生活,发布笔记这一模块恰好满足了女性爱分享的需求。除此之外,小红书还给用户设置了专门的成长体系,通过给他人的笔记点赞、收藏他人的笔记、发布自己的笔记等方式来进行升级,每升一级就可以获得与等级相符的特权。

5.4.2 内容运营：传递产品调性

 知识探究

任何一款产品都是有内容进行填充的，而内容的来源、挖掘、组织、呈现、通知的方式和质量会对内容运营的效果产生巨大的影响。内容运营就是运营者通过创建、发布及传播合理的内容，连接产品与用户，向用户传递产品调性，进而实现"用户获取"和"用户维系"的过程。内容运营分为内容运营策划、内容运营实施及内容运营效果分析3部分。

1. 内容运营策划

做内容运营策划方案时，需要从运营背景、产品受众、运营目标、策略与应对4个方面入手，重点考虑如何处理品牌与内容的关系，如何最大化地实现品牌传播效果，如何与品牌整体战略相匹配。

2. 内容运营实施

内容运营实施环节重点解决内容、平台两个问题。内容收集阶段要抓热点，并提前做内容价值判断筛选，信息加工阶段做到专业性强、内容聚焦、通俗易懂，信息发布阶段做到受众清晰、时机恰当。常见的内容素材包括热点性内容：即某段时间内搜索量迅速提高，人气关注度节节攀升的内容；时效性内容：即在特定的某段时间内具有最高价值的内容；即时性内容：即内容充分展现当下所发生的物和事；持续性内容：即内容含金量不受时间变化而变化，无论在哪个时间段内容都不受时效性限制；方案性内容：即具有一定逻辑符合运营策略的方案内容；实战性内容：即通过不断实践，在实战过程中积累的丰富经验而产生的内容；促销性内容：即在特定时间内进行促销活动产生的运营内容，促销性内容价值往往体现在快速促销产品、提升企业形象等方面。在平台选择上要综合考虑平台的性质及目标用户的覆盖范围，常见的平台有传统媒体，即报刊、广播、电视；自媒体，即博客、微博、微信、论坛/BBS等网络社区。

3. 内容运营效果分析

查阅各发布平台的相关数据，如阅读数、转发量、点赞数等，梳理分析后，评估内容运营的总体效果。

 知识应用

一家餐厅的内容运营

你准备和朋友找一家西餐厅吃饭，于是一边在街上逛，一边寻觅合适的餐厅。这时候,一家装修精致典雅的餐厅吸引了你的眼球,随后你和朋友在餐厅中落座,一边聊天一边点单。

这时,你被餐厅中的吊灯所吸引,甚至连吧台的摆饰都能让你兴奋,便迫不及待地和朋友拍下餐厅中的各种装饰。这时,不需要任何暗示,你都知道这家西餐厅的装修非常有特色。离开时,你对餐厅赞不绝口,对这家餐厅的印象就更加深刻了。

在这个场景中,"你"是用户,"吃饭"是需求,"食物"是产品,"餐厅"是内容。简而言之,通过依附产品的内容运营,不仅满足了用户理性消费的需求,还与用户产生了情感共鸣。

因此,内容运营的关键作用在于建立链接,让用户通过特定途径了解和使用产品,同时也向用户输出产品特定的价值观,从而吸引到目标用户使用产品。

5.4.3 活动运营:引起用户关注

 知识探究

活动运营是企业在对目标用户科学分析的基础上,找到可以诉说的共同话题,通过富有创意的活动形式展示出来,在占领用户心智的同时引导用户裂变传播,形成轰动效应的过程,通过活动运营可以吸引用户关注,拉动用户贡献,强化用户认知。那么,该如何去策划一个活动呢?活动运营流程主要包含活动前、活动预热、活动中、活动后这4个阶段,如图5-20所示。

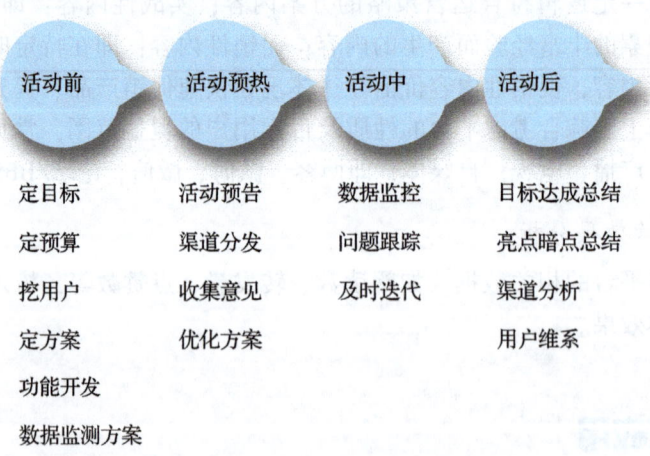

图5-20 活动运营流程

1. 活动前确定活动运营方案

首先要明确活动目的，一般的活动目的有拉新、留存、促活、新品、促销、品牌等。不同的活动目的对应不同的活动形式、活动主题、奖项的设置。需要注意，一个活动的目的不宜过多，最多不能超过两个。例如，既要品牌宣传、又要销量、又要关注公众号、又要用户留下手机号，到时候用户直观的感受是 H5 很复杂、步骤

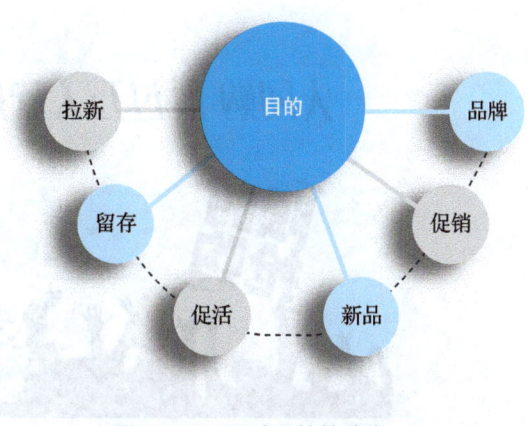

图 5-21　活动目的的分类

很长，这样非但达不到效果，反而会引起更多的负面影响。所以目的不宜超过两个，主题突出，简单易懂，能一下子吸引眼球为宜。

其次要分析目标用户，知己知彼，才能百战百胜，知道目的，也要结合目标用户的需求，然后从中找到契合点。例如，目的是挽回流失用户，那么就需要去找到这批人，分析用户的特征、体量，尽可能找到共性，必要时候还要结合问卷调查、访谈来找到用户流失的原因，再有针对性地推出相应的挽留手段。假设通过分析，流失用户量有 10 万，目标是挽回 5 万的流失用户，这些用户基本都是首次购买后超过半年没有二次购买的用户，并且绝大部分是在促销时购买，明显属于价格敏感型用户，对产品不够忠诚，再加上抽样的问卷调查，发现这些用户对产品已失去兴趣，或者已找到其他更好的替代品。通过上面的分析后，就可以接着采取相应的活动策略了。

最后要确定活动形式和创意，创意本质是解决问题的过程，创意也必须解决问题，否则并不是有效的创意。活动本身导向的需求要与产品本身满足的需求要一致，例如，某网约车举办活动，打车后就送优惠券，分享好友也可以抢优惠券，假设改成送其他公司的产品呢？相信转化率会很低。活动满足低层级的需求，容易具象化，但也更容易让用户流失。例如，扫码送油、送米、抽奖活动等，如图 5-22 所示。反之，活动满足的是高层级的需求时，活动越抽象，越难形成传播，但一旦吸引了用户，就很容易转化为核心用户。

2. 活动预热，提升用户参与度

一般的预热手段有微博大号 KOL 转发、官方微博话题讨论，多渠道宣传等，例如，小米手机在 QQ 空间的预售活动，在预售前举行了猜价格活动，调动了很多用户的积极性，同时也激发了一波转发和讨论，逐步把整个活动推向高潮。预热比较适合于新品发布、大型营销活动等。

图 5-22　某汽车品牌的活动运营方案

3. 活动中时刻监控数据变化

活动中要时刻监控数据的变化，及时调整相应的策略，客服等人员要积极应对用户的反馈，使活动整体顺畅，达到预期的目的。

4. 活动后做好事后反馈

需要对用户进行事后回馈，防止活动发生大起大落的现象，例如，若活动是宣传新品，给用户也发了优惠券，那活动后首先要对用户做优惠券到期的提醒，引导用户重新回流。其次是做好活动总结，为下次活动积累经验。最后还应该检查活动系统是否真正结束，防止带来不必要的投诉。

 知识应用

酒香真的不怕巷子深吗

曾几何时，"酒香不怕巷子深"成为一个时代企业人的共同认知。

在那个年代，没有网络，没有营销，没有运营，产品的好坏只能通过人去传播。只要你的产品好，真的不怕巷子深，再偏远都会有人来买。但"酒香不怕巷子深"这个理念放在今天所处的时代里，还适用吗？

小张是一个咖啡狂热者，最近辞职创业，和朋友开了一家咖啡店，因为自己是设计出身，所以他在店面装修上也花了不少心思，但是新店开业却没多少人注意到这家店。

他自信自家的咖啡远比附近的星巴克的好喝，且装修也不比星巴克差，为什么没多少人注意？越想越着急。他走近店里仅有的一名客人，想从他那里获得点意见。

客人对他的咖啡店评价道：这里咖啡很不错，装修也很好。

这完全是对咖啡店的肯定，小张更加纳闷了，追问：那为什么没多少人进来呀？

客人说道：新店，没多少人发现啊，也没理由从星巴克换到这里吧？况且又不知道你店里咖啡不错，是吧！

小张恍然大悟，因为没理由来尝试，所以也不知道这里的咖啡好喝，自然没有人会来。

都说酒香不怕巷子深，但是，现今酒再香也怕巷子深。咖啡店再好，也只是安静地躺在那里，没人发现它，这时需要"一只手"来把客人拉进来。"这只手"就是活动，如新店开业满一赠一、半价特惠、企业会员等活动，吸引客人进店享受美味的咖啡以及经过精湛装修的环境，从而带动后续消费以及口碑传播。

 拓展训练

任务名称	儿童智能手表互联网运营策略训练
任务目标	结合实例，加深对产品市场营销的理解
实施者	学生团队，5~6人组成1组
活动道具	白纸、白板、马克笔、便签贴、多媒体教室
活动步骤	A公司规划的儿童智能手表产品近期准备上市，请结合本节所学的用户运营、内容运营、活动运营相关知识，制定此款产品的整体运营方案
过程呈现	

第 6 章　初创企业设立与管理

 本章导读

　　在电影《中国合伙人》中，由佟大为饰演的王阳在自己的婚宴上对一起创业的两个兄弟说："不要和最好的朋友合伙开公司。"但问题是，应该和什么样的人合伙开公司？风投界有一句名言："宁愿投资一流团队，二流项目；不投一流项目，二流团队。"但问题是，什么样的团队是一流团队？初创业者怎么组建一流团队？这一章通过学习团队组建与管理的知识，通过制订团队组建方案、人才吸引方案、人才招募方案、股权设计方案、提升团队绩效方案等，逐一破解初创企业"识人难""用人难""留人难"的难题。

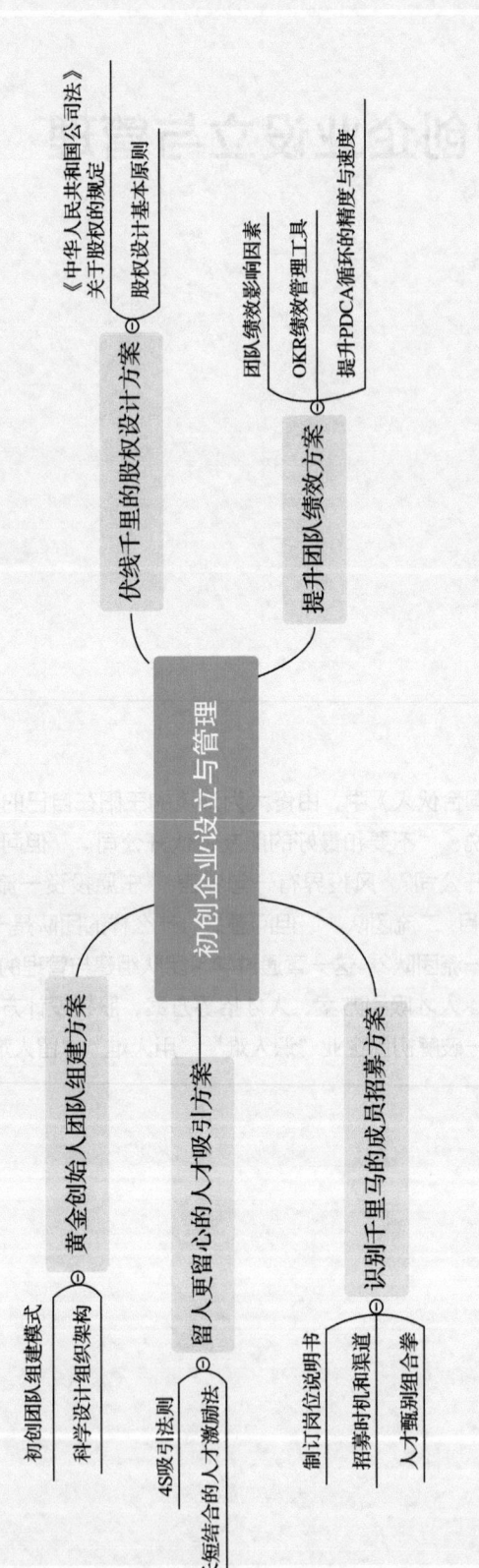

第6章内容思维导图

6.1 黄金创始人团队组建方案

 课堂引入

分崩离析后的"重生"

视觉传播成立于 2012 年 5 月，公司 8 位创立者（4 位股东）意气风发，借助影视配乐的主营业务，通过入园答辩正式进驻创业孵化园。公司负责人小王当时制订的经营策略是以广告业务为生存依靠，同时兼顾部分影视配乐，试图通过广告养活公司，又能逐步建立影视配乐的业务基础。

然而公司的实际经营步伐并没有如他所愿。除了外部竞争压力外，最大的障碍竟然是来自公司内部，是股东之间的分歧。4 位股东均是相识的同学，因为没有经营管理的实战经验，又不懂得分工协调，导致 4 位股东每每遇到分歧都无法形成最后共识，一年的创业期，不但没有谈成什么业务，还让股东本已存在的创业理念分歧越来越明显，多次磨合均未奏效，原本的创业激情早已消退，随之而来的是变本加厉的负能量沟通，年轻的团队终于走向最后的分崩离析。

面对逆境，小王最终还是选择了壮士断腕。在股东关系无法调和的时候，协商让两位老股东退股离开团队，他重新物色到两位新股东，充实了队伍，也注入了资金，在公司最艰难的时候，力挽狂澜把公司重新拉回经营轨道。新团队成立后，他重整旗鼓树立自己在公司的绝对权威和决策地位，他比过去任何时候都注重股东之间的有效沟通和思想统一，也从此开始走向赢利之路。

两年的创业经历，让小王深刻地认识到统一团队核心成员的思想的重要性；也通过股东退出的事件让他看到自己领导能力的不足，给自己敲响了警钟。他开始认真地梳理公司的组织架构及人员分工，建立了"执行董事—总经理—执行总监—职能部门"的四级管理机制，而职能部门他又分出技术部、运营部及设备部。这次梳理让他明白到科学管理的重要性。

在案例中，小王作为团队的负责人，在组建团队的时候就埋下了一些隐患，例如，核心股东都是自己的同学，同质化严重，没有形成互补的专项能力；没有共通的创业理念，导致股东之间的分歧越来越严重；公司的组织架构不清晰，分工不明确，导致

很多问题无法高效决策,阻碍了公司的发展等。

6.1.1 初创团队组建模式

 知识探究

初创团队的起源通常有以下两种模式:

一、领导者推动模式

首先由一个人产生一个创业设想,进而寻找并联合其他人组建创业团队,共同实现创业;以项目或某项工作为中心,通过团队成员共同分工协作、彼此独立细化,从而有效地发挥核心业务专长的协作性组织形式。团队成员彼此不一定熟悉,有一些是创始人根据业务需求在市场上通过各种途径寻觅的人才。领导者推动模式如图6-1所示。

图6-1 领导者推动模式

二、群众型创业团队模式

由几个人在一起组成创业团队,先有团队,后有项目,风险共担,利益共享;以团队为基础,通过以专门从事某项工作为形式来展开的组织形式。团队成员往往彼此之前是来自同一个社会团体,如同一个班级、同一个社团,彼此相互熟悉。群众型创业团队模式如图6-2所示。

图6-2 群众型创业团队模式

上述两种模式都各有优缺点,见表6-1。作为团队的创始人,要清晰自己团队的起源模式,并且扬长避短。

表 6-1 不同团队组建模式的利弊

	领导者推动模式	群众型创业团队模式
优点	领导者已经发现了商机，在此基础上进行的团队组建会与项目需求比较匹配	团队起步时的凝聚力强，成员彼此之间比较了解，有互信互赖的基础
缺点	团队缺乏感情基础，默契度不够	人的能力和岗位需求匹配度较低
团队负责人注意事项	领导者需要多花一些精力和时间，让团队成员达到更好的默契，协调团队的有效运行，积极沟通	领导者对于每个人是否适合这个岗位，有一个清晰的判断，判断如果不适合是否能够短期内进行"补课"。不能因人设岗，这个时候过分地讲感情往往会适得其反，对企业的发展产生不利影响

课堂引入案例中的公司是属于群众型创业团队模式，团队成员基本上都是自己同专业的同学，前期感情基础比较好，但是也因此忽略了规则的制订和人员的分工，导致后面矛盾重重。

| 知识应用 |

创业团队组建的主要影响因素

创业团队的组建受多种因素的影响，这些因素相互作用并进一步影响着团队建成后的运行效率。

1）创业者。创业者的能力和思想意识从根本上决定了是否要组建创业团队、团队组建的时间表以及由哪些人组成团队。创业者只有在意识到组建团队可以弥补自身能力与创业目标之间存在的差距，才有可能考虑是否需要组建创业团队，以及对什么时候需要引进什么样的人员才能和自己形成互补做出准确判断。

2）商机。不同类型的商机需要创业团队的类型。创业者应根据创业者与商机间的匹配程度，决定是否要组建团队以及何时、如何组建团队。

3）团队目标与价值观。共同的价值观、统一的目标是组建创业团队的前提，团队成员若不认可团队目标，就不可能全心全意为此目标的实现而与其他团队成员相互合作、共同奋斗。而不同的价值观将直接导致团队成员在创业过程中脱离团队，进而削弱创业团队作用的发挥。没有一致的目标和共同的价值观，创业团队即使组建起来，也无法有效发挥协同作用，缺乏战斗力。

4）团队成员。团队成员的能力的总和决定了创业团队整体能力和发展潜力。创业团队成员的才能互补是组建创业团队的必要条件。而团队成员间的互信是形成团队的基础。互信的缺乏，将直接导致团队成员间协作障碍的出现。

5)外部环境。创业团队的生存和发展直接受到了制度性环境、基础设施服务、经济环境、社会环境、市场环境、资源环境等多种外部要素的影响。这些外部环境要素从宏观上间接地影响着对创业团队组建类型的需求。

6.1.2 科学设计组织架构

 知识探究

一、科学的人员搭配

在组建团队的时候,需要将团队的架构搭建清晰,分工明确。只有当每个成员找准自己的定位和职责时,一个团队才能协同作战,形成合力。在大量的初创团队案例中发现,组建核心团队有一个核心的基本原则——"板凳模型",如图6-3所示。

圆圆的凳面是一个团队中每个成员之间要共通共识的,他们"共通的创业理念+强烈的创业意识"是构成一个团队的基本面。这个基本面必须在组建团队的时候就达成。关于"为什么创业?""企业未来的发展方向是什么?"等根本问题,初创团队都必须很清晰且高度认同。

支撑凳面的凳脚则是每个团队成员所具备的,但又各有所长的"良好的综合素质+互补的专项能力"。每个凳脚相互独立,又相互支撑,共同推动整个项目的稳步运行。一个凳脚是无法支撑起整个凳子的,只有不同的凳脚,各自在技术、市场、行政等不同领域独当一面,才能让这个项目在市场站稳脚跟。

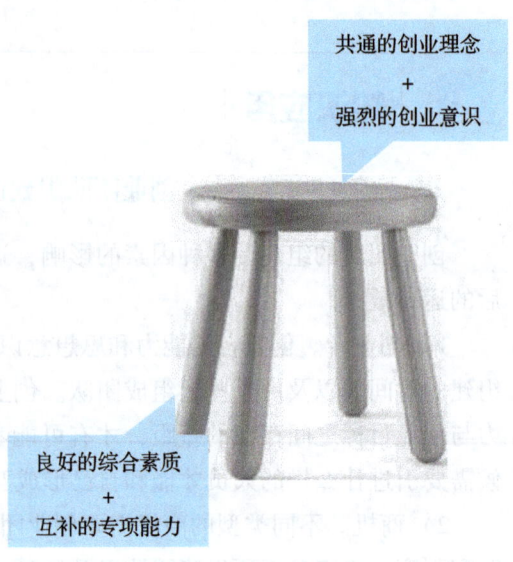

图6-3 板凳模型

创始人要从企业发展的宏观角度去选择,尽量避免任人唯亲,只从熟悉的人当中选择,如同班、同一个社团的、同一个宿舍的同学,而忽略了项目发展的客观需求和市场规律,这会为企业未来的发展埋下重大隐患。

在灵活使用板凳模型时要注意以下几点:
1)团队异质性。团队异质性包括团队成员人口特征异质性及功能的异质性。
2)团队完整性。所谓团队完整性是指团队成员在职能上的互为补充,以及在每一职能上,成员的专业水平如何。

3)团队理念和意识的统一性。这个统一是一个持续的变量,其潜在应用在于它的情感性,是团队中的心理契约。

二、成员的分工与职责

除了企业经营者,团队中的核心成员也要把握好自己的角色与职责。如果分工不明确,角色定位不清晰,就会出现互相推诿,彼此埋怨的情况"三个和尚没水喝"的现象在现实中比比皆是。在课堂引入的案例中,小王在重组股东之后,也重新对企业内部成员的架构进行了划分,建立了四级管理制度,开始了科学经营、科学管理的发展路径。企业内部不同层级的经营管理者称为TOP,不同层级的TOP的职责是不同的,见表6-2。

表6-2 不同层级TOP的职责分工

经营TOP职责(成长追求)	部门TOP职责(利益追求)	团队TOP的职责(效率的追求)
结合外部环境,制订发展战略政策,并与下属达成共识 结合发展战略政策,构筑企业体制,并与下属达成共识	结合内部资源,根据战略制订战术政策,并与下属达成共识 根据战术政策,构筑部门体制,并与下属达成共识	结合人际关系,根据战略和战术政策制订团队政策,并与下属达成共识 根据战斗政策,构筑团队体制,并与下属达成共识

注: 资料来源广州翔蓝企业顾问管理有限公司。

每个层级的TOP都有自己的职责所在,要抓住自己工作的重点,有效实施。但在初创团队阶段,由于人手有限,创始人往往身兼多职,自己同时肩负着经营TOP、部门TOP、团队TOP三重职责。所以在实际经营过程中,创始人往往非常忙碌,在各种角色间转换,也容易发生一个问题,就是被日常经营中的琐事缠身,忘记了作为经营TOP制订战略、构建体制的职责。这对于企业的长远发展是非常不利的。创始人需要注意以下两点:

第一,学会抬头看天。初创团队的经营者既要低头走路,也要抬头看天。要学会跳出来看问题,从更宏观的角度去思考企业的经营政策;也要躬身入局,与员工一起打好每一次营销战役,服务好每一位顾客。

第二,学会放手授权。当企业发展规模逐渐扩大,有了两层或者三层的组织分层,那经营者的另一个功课就是学会授权,不和下级"抢饭碗""抢功劳"。如果经营TOP总是将下属的职责都揽在自己身上,一方面会出现职责不清,流程混乱的局面,另一方面下属会在这份工作中失去价值感。这会造成人才流失,特别是优秀人才的流失。

知识应用

角色扮演：请将小组成员进行分工，确定经营 TOP、部门 TOP、团队 TOP 分别是谁。假设你们在经营一家咖啡厅，在公司的月度会议上要提出下一步工作计划。请问以角色职责而言，你们会提出哪些工作计划呢？

经营 TOP：

部门 TOP：

团队 TOP：

 拓展训练

任务名称	组建团队知多少		
任务目标	理解团队的角色与分工，并在实践中检验		
实施者		小组名称	
活动道具	白纸，签字笔		
活动步骤	小组走访一个身边的企业家，核心问题如下： 1）他当年是如何组建初创团队的 2）这个团队的股东是否发生过变动 3）他对于组建初创团队有什么建议 4）整理访谈记录，形成文档，并以小组为单位分享采访心得		
过程呈现			

6.2 留人更留心的人才吸引方案

课堂引入

在乔布斯的传奇人生中,有一个故事经常被人们津津乐道,那就是当时还是一家小企业的苹果是如何去大企业百事可乐"挖"人才的。

当时,乔布斯正全心投入自己担任董事长的麦金塔计划中,同时他认为,苹果要成为大企业的话,就必须聘请一位经验丰富的经营者。他看中了38岁就当上百事可乐的事业开发部长,打败可口可乐,将销售量推上全美第一的杰出经营者——约翰·史考力。

史考力被视为接任百事可乐董事长的最强力候选人。因此,史考力一开始很犹豫,不知是否要舍弃在稳定的大企业的地位,跳槽到苹果这样的小企业。但另一方面,他也很清楚计算机未来的发展前景。

某天晚上,乔布斯这样问史考力:"剩下的人生,你是要卖糖水,还是要改变全世界?"

此外,苹果提供了一百万美金的年薪、一百万美金的跳槽奖金,以及最高一百万美金认股权的优渥条件,让史考力最终选择了挑战。

思考启示:乔布斯是非常擅于打动人心的人,显然那个"改变世界"的愿景深深打动了史考力,同时乔布斯也不忘给予他一些优渥的物质条件,物质和精神双管齐下,终于请动了这位高人。

6.2.1 4S 吸引法则

 知识探究

纵观古今中外,所有的成功人士都离不开优秀的团队成员,而为了吸引优秀人才,也是各出奇招。刘备三顾茅庐,在雪地里挨饿受冻才请得诸葛亮出山。作为刚初创的企业,没有优厚的条件,开不出市场最高的薪酬,创始人一定会感到,吸引优秀人才谈何容易。在这种情形下，用什么吸引你想要的人才？在课堂引入中，可以看到乔布斯用了几个元素来感召史考力，包括企业愿景、个人价值的实现，以及经济利益。这三驾马车终于驱动优秀人才加盟了苹果。而刘备是用桃园三结义的兄弟情谊，让张飞和关羽成为可以和他出生入死的得力干将，信任、关爱成就了这段佳话。总结这些案例当中的关键因素，对初创企业创始人给出了招募人才的妙招，即"4S"吸引原则。4S 就是指 4 个分享：分享愿景、分享企业、分享价值、分享爱，如图 6-4 所示。

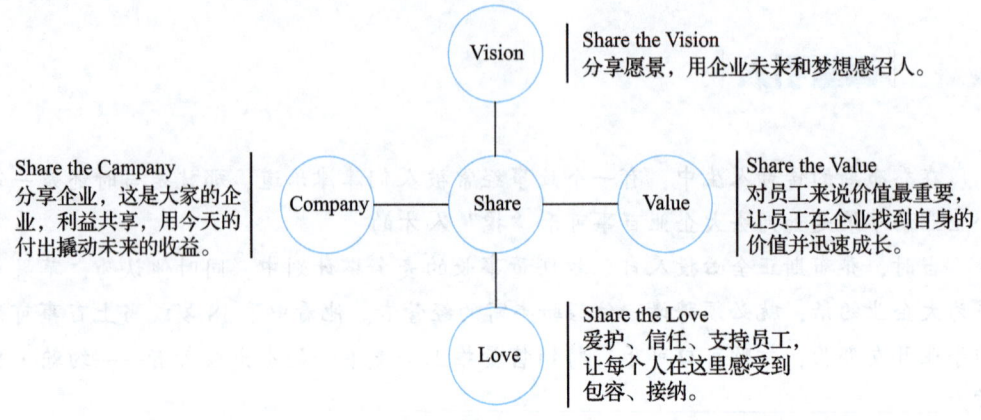

图 6-4 4s 吸引法则

一、分享愿景

Vision 是一个企业的愿景和目标，是这个团队希望实现的方向。一个伟大的企业都有一个宏大的愿景，即让所有人清晰地为之努力的方向。例如，阿里巴巴的愿景是：让天下没有难做的生意；Facebook 的愿景是：连接全世界。分享企业的愿景，是指管理者和创始人把这个团队和企业关于未来的宏大理想传达给希望吸引的人才。优秀的人之所以愿意加入团队，其实是因为团队的愿景和自己的梦想同频共振。一个好的管理者，必定也是一个优秀的布道者，即能够将脑海中规划的愿景目标、宏伟梦想不断地传递给身边的人，让他们对梦想有憧憬，充满希望，并且深信可以通过所在团队的努力去实现。

二、分享企业

"分享企业"的核心概念是从利益的角度出发，向每一位新加入的成员传达"我们很在乎你的加入，我们希望你成为这个企业的一部分，这个企业也有你的一份，企业未来的成长所获得的收益，你是有份的"。"分享企业"旨在激发人才加入企业和团队，并且不遗余力发挥才能，让员工意识到随着团队成长和企业增值，自己也能从中获益。"分享企业"的形式往往是股权、期权等，这样做的另一个好处是，将企业或者团队的短期人力成本分摊到相对长的时间周期里，这对于初创阶段的企业来说是非常有利的。

三、分享价值

价值（Value）指想要吸引的人才在乎的东西，也就是人才希望从团队中得到的东西。每个人在选择工作的时候，一定都有自己的个性诉求，它可能是工作环境和氛围，可能是工作内容，也可能是企业是否有领导或前辈能够给予自己帮助。一个管理者想要吸纳一个人才的时候，一定要清楚他最在乎的是什么。若能够清晰地知道他的需求，这将对于团队收获人才大有裨益。如果能够准确把握优秀人才的需求，并且着重满足他这个需求，那么在谈判的过程中就可以占得先机。

四、分享爱

人具有很强的社会属性，每个人都渴望得到他人的爱、信任和支持。在一个充满关爱的团队中，在放松的氛围里，每个人都会更具创造力和活力，更有利于团队的发展和精进。一个 CEO 不能只关注核心员工是否完成了 KPI，还要关注他与这个团队的融入，留意情绪的变化。当领导者能够真正发自内心地去关心、支持、信任自己的团队成员时，团队成员能够更愿意长久地留下来。

初创企业往往规模比较小，层级简单，容易形成一种"家"的氛围。当这种和睦的团队氛围形成之后，会让企业的整体运转更加高效和顺畅。但值得注意的是，分享爱是给予员工支持和关心，帮助他们成长，为他们搭建平台。创始人不能将所有的事情大包大揽做完，更不能因为感情而没有了规矩和底线。

 知识应用

情景模拟：假如公司需要招聘一个研发总监，目前已经有合适人选，是一个有几年大企业工作经验的研发人员。请根据 4S 原则，设计一个约谈方案，来将这员大将招至麾下。现场安排一组成员（CEO 和候选人）上台模拟，请同学们点评。

约谈方案：

6.2.2 长短结合的人才激励法

知识探究

一、长期激励方式：企业愿景、限制性股权、期权

企业愿景：对于本身成就动机很强的员工来讲，企业愿景是非常有吸引力的，再结合经济利益，能达到更好的激励效果，企业愿景的重要意义、实现路径和确定方式如图6-5所示。

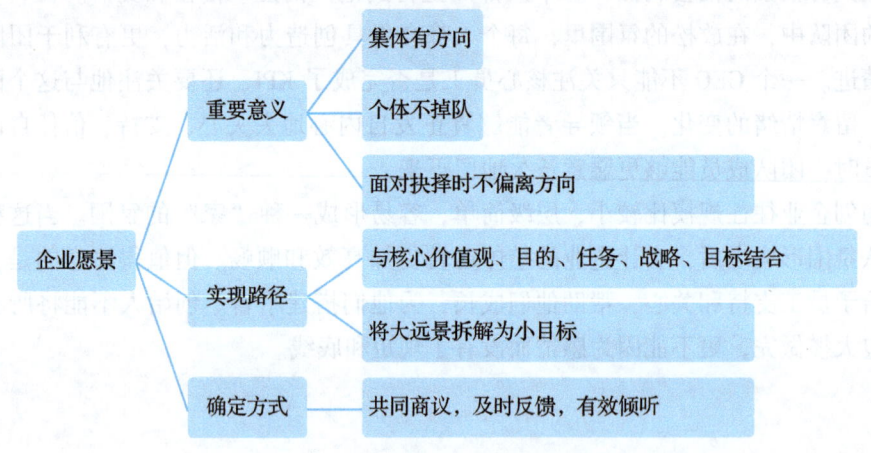

图6-5 企业愿景的重要意义、实现路径和确定方式

限制性股权：即股权不会立刻分配给员工，只有员工实现一定的目标，如在就职一定的年限或业绩达到一定程度后，才会分配给员工。

期权激励：国内外大多数企业采用的激励方式是期权。这个权力是允许员工在未来某一个时间点，以一定的价格买入企业一定数量的股份。期权即未来的权利。例如，一个期权允许员工以1元钱的价格购买企业的股票，如果员工执行这个权力并购买1万股股票，那每股的价格就是1元钱，1万股的成本就是1万元。按照期权规定，购买股票的行为叫作行权。行权的要求是，期权必须是成熟的，持有人才可以行权。期权有一个成熟期，持有人必须等期权成熟了，才可以行权。例如，期权允许员工3年之后以1元价格购买1股股票，3年后员工行权以1万元购买了1万股，而这时候股票的市场价为5元1股，市场价和行权价格之间的价格差，就是员工的收益，如图6-6所示。

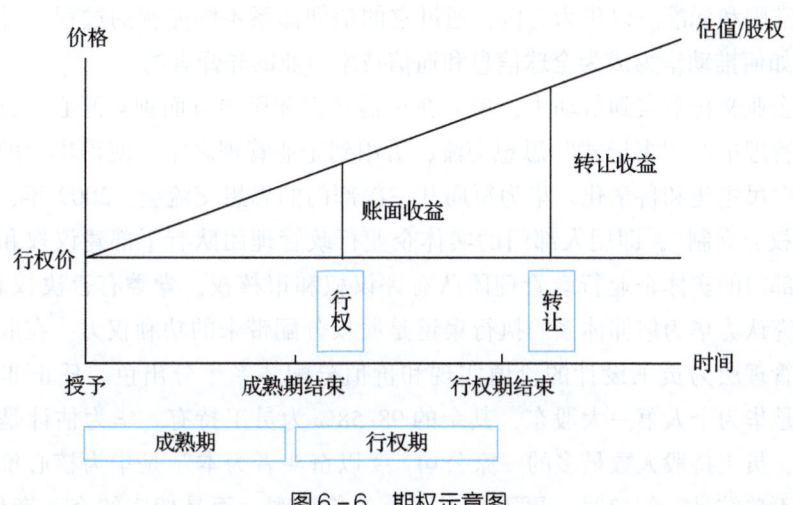

图6-6 期权示意图

当企业开始引入风险投资，或者企业的员工数达到了20人甚至20人以上时，就可以开始做期权计划了。不单单是激励已有员工，还为了激励未来员工。提前预留期权，是为了吸引未来人才，为了企业更长远的发展。一般来说，如果企业未来想要吸引更多的人才，期权池要留出15%~20%的空间。如果企业人员基本到位，发展也比较传统，可以留下10%~15%。通常取一个折中数，以15%的比例设置期权池。

二、短期激励方式：奖励、奖金、晋升机会

企业人员的迅速扩张很容易给管理带来挑战。早期的核心员工，创始人可能会花很多时间去精心地甄别和挑选。当企业进入发展的快车道时，创始人就没有那么多的精力去进行甄别，这个时候就容易出现人员的知识和业务能力符合岗位需求，但是理念和意识不到位，没有办法和企业的愿景同频的情况。任务型员工主要关注的是短期利益的获得，自身缺乏很强的成就动机，劳动欲望水准较低。这类人群的激励点来自完成既定任务后可以获得的利益，这些利益包括奖励、奖金或者晋升机会。因此，对于这类人群，激励方案就是设定既定目标，并激发他们去完成，完成后给予奖励。目标和绩效管理工具就是这时候需要用到的，如KPI、OKR管理工具等。

 知识应用

华为的共生信仰

在技术高速发展的时期，组织的关注点容易集中于外部变化而忽略自我约束，这是很多组织难以避免又必须克服的盲点，而出现这个盲点的根本原因在于组织对整体信仰的缺失。共生信仰不仅是组织自我的信奉和追随，而更应该成为组织所覆盖的所

有成员的准则和标准。以华为为例,通过它的信仰体系不断完善的过程,看看"自我约束"是如何推动华为成为全球信息和通信技术行业的先锋者的。

为将企业文化落实到行动中,华为在传播知识和思想方面别具匠心。首先,任正非把军队管理中的"书记式"思想交流,沿用到企业管理之中,使得华为的管理文化一步步趋向民主化和科学化。华为每周开一次部门的思想交流会。2009年,又进一步实行"三权分立制",即用人部门的实体企业行政管理团队有干部建议权和建议否决权,上级部门的实体企业行政管理团队有评议权和审核权,党委有否决权和弹劾权。其次,研究认为华为信仰体系的执行渠道是股权分配带来的功利权力。在股权分配方面,华为管理层为员工设计的价值实现和价值分配体系十分出色。任正非股份占比1.42%,是华为个人第一大股东,其余的98.58%为员工持有。华为估计是全球股权最为分散,员工持股人数最多的一家公司。"以奋斗者为本"是华为核心价值观的一部分,这不单纯是一句口号,更不是书面上的价值观,而是切实的奋斗者创造价值,并实现价值共享。

资料来源:《共生:未来组织进化路径》,作者陈春花、赵海然,有删减。

 拓展训练

任务名称	制订员工激励方案		
任务目标	综合长期激励和短期激励措施,制订项目员工激励方案		
实施者		小组名称	
活动道具	白纸(或白板),签字笔		
活动步骤	1)通过实地走访、查询网络资料等方式,尽可能地掌握更多的员工激励方式 2)将搜集到的长期激励和短期激励方案列出来 3)小组讨论和分享 4)制订小组项目的人员激励方案		
过程呈现			

6.3 识别千里马的成员招募方案

课堂引入

某企业人力资源部门面试某位应聘者时，面试官提问：你为什么报名管工岗位？

应聘者回答：我本身就是管工。

面试官问：你有管工证吗？

应聘者回答：我现在的工作就是管30多个工人，没听说管工人还要证，这个真没有……

面试官当场懵了……（管工名词解释：操作专用机械设备，进行金属及非金属管子加工和管路安装、调试、维护与修理的人员。）

思考启示：怎样才能更精准高效地面试到想要的人才？这就需要企业老板能够全面准确地进行岗位描述，并且非常清晰地将信息传达出去。这样才能保证应聘人员对于工作岗位有较为全面准确的理解，节约招募成本的同时，也能让应聘者有一个合理的心理预期，入职后能够更好地适应岗位。

6.3.1 制订岗位说明书

知识探究

如何避免课堂引入案例中的情况，需要企业的人力资源部门对所招聘岗位拟定岗位说明书，拟定步骤如下。

一、确认岗位工作内容设定基本信息

当需要编写岗位说明书时，首先要与用人部门再次确认和沟通新岗位的岗位工作职责和内容，然后设计表单、表头内容，包括：

1）职位名称。
2）所属部门。

3）职位职级（由企业内部高层沟通而定）。
4）直属上级。
5）薪资标准（往往是根据行业信息来确定一个范围）。
6）填写日期。

二、编写职位概要

编写职位概要，需要注意以下几点：
1）用词要精确，避免概念含糊的词语（如可能、也许等字眼）。
2）语言要简短易懂（因为是概要，所以不要过于复杂）。
3）内容要涵盖所有工作内容，体现工作特性。
4）要给予岗位目标的描述。

三、填写工作内容

详细的工作内容需要按以下步骤操作：
1）罗列出该职位的所有工作事项。
2）对工作细分进行归类。
3）按重要等级对这些工作内容进行排序，从重要到相对不重要排列，这样读取者可以一目了然。
4）用词要确切，能体现出对职责的承担（如参与、制订、配合、完成等词语）。

四、确定任职资格

资格确认包含以下要素：
1）教育背景（最好是与职位相关的专业）。
2）培训经历（与职位相关的培训履历）。
3）工作经验（设定时根据需要的资历来确定时间长短）。
4）技能技巧（可以辅助此岗位工作的技能）。
5）态度（虽然抽象，却非常重要）。

五、其他

其他也是岗位说明书不可或缺的一部分，其主要内容包括：
1）工作场所。
2）工作时间。
3）环境状况（通常体现的是脑力为主还是体力为主）。
4）危险性（相当重要，特殊的职业关系到特殊的待遇设定）。

表6-3是一个岗位说明书的模板，仅供参考。在使用过程中，要因岗位和企业的实际情况进行调整。

表 6-3 岗位说明书模板

文件名称		岗位说明书		文件编号	
制订日期		生效日期		文件版本	
撰写人	☆☆☆	审核人	☆☆☆	审批人	☆☆☆
岗位名称		所在部门		岗位定员数	
岗位编号		部门编号		薪酬等级	
直接上级		直接下级			
所在部门岗位图					
工作综述					

岗位职责			
序号	工作项目	具体职责	关键业务流程
1			
2			
3			
4			

(续)

工作协作关系	内部关系	
	外部关系	
任职资格	任职资格项目	要　求
	教育程度	
	专业	
	工作经验	
	工作知识	
	工作技能	
	素质要求	
	职称及其他证书要求	
	对身体健康要求	
其他	工作场所、环境	
	工作时间特征	
	使用的主要工具/设备	
述职签字	任职人　　　　　　任职人上级　　　　　　人力资源部	

 知识应用

岗位说明书的作用

岗位说明书是对岗位的任职条件、岗位目的、隶属关系、沟通关系、职责范围、考核评价等内容给予的定义性说明,是企业的基本工作文书。几乎每个 HR 都知道,它有为招聘录用、晋升与开发员工提供依据、进行目标管理、实施绩效评价、制订薪酬政策参考、开展教育与培训等方面的作用。除此之外,岗位说明书的制订还能协助企业解决劳动纠纷。

例如,某职业技术学院毕业生张某应聘到 SDK 公司工作,岗位是数控机床操作,并签订了三年的劳动合同。入职第 5 个月,公司以其不能胜任工作为由,书面通知张某解除劳动合同。张不服,向劳动仲裁部门提请仲裁:公司的辞退理由不成立、解除合同违法。仲裁部门要求公司提供张某不能胜任工作的证据。公司提供了 3 份证据:①对张某的 2 次共 21 天的培训记录;②数控机床操作岗位说明书;③有张某签字的 2 个月的工作评价及 3 次工作失误记录。仲裁部门经与张某求证,驳回了张某的请求。这就是岗位说明书的另外一个用途:可以作为解决劳动纠纷的证据。《中华人民共和国劳动合同法》第四十条中规定"有下列情形之一的,用人单位提前三十日以书面形式通知劳动者本人或者额外支付劳动者一个月工资后,可以解除劳动合同:(二)劳动者不能胜任工作,经过培训或者调整工作岗位,仍不能胜任工作的。"如果没有岗位说明书作为"不能胜任工作"的标准,是无法判定员工能否胜任工作的。

6.3.2 招募时机和渠道

 知识探究

一、招募的时机

作为企业的创始人,在决定要增加多少人的时候,一定要三思而行,要确保招进来的每个人都是企业所需要的,都是能为企业解决问题的。同时要注意到,单纯靠招人增加业绩是一种低效的增长方式,可以尝试通过其他方式去提升业绩和效率,如通过技术提升的方式或者业务模式改变的方式,这种方式带来的增长才是质量更高的增长。对于初创型企业,储备人才是管理者每天要做的事情,因为好的人才不一定会在需求时间点出现。储备人才是日常工作,但正式进入团队的时间需要把握,该时机要与企业战略和业务发展相匹配。企业发展是螺旋上升的动态过程,企业需要的人力也会随之发生变化。企业业务上升了,然后发现人手不够了,于是增加了新员工,推动业务上升到一个新的高度,在新的层次上,人力又不够了……人力需求和企业业务发展二者之间永远是这样一个螺旋上升过程,如图6-7所示。

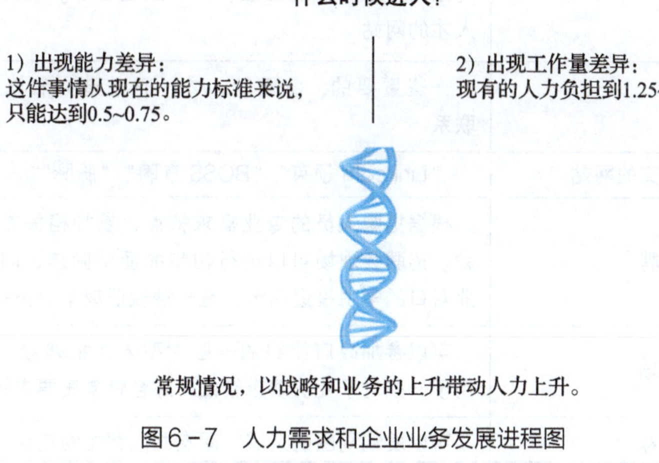

什么时候进人?

1)出现能力差异:
这件事情从现在的能力标准来说,
只能达到0.5~0.75。

2)出现工作量差异:
现有的人力负担到1.25~1.5。

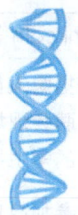

常规情况,以战略和业务的上升带动人力上升。

图6-7 人力需求和企业业务发展进程图

表6-4中的两种情况需要增加人手。

表 6-4　需要增加人手的情况

情况	说明
出现能力差异	面对现有业务，依靠现有人员的能力，最多只能满足 50%～75%，这个时候管理者要考虑从外部引入一些更加有能力的人来弥补现有空缺，带领业务发展
出现工作量差异	员工在能力上没有缺口，但在重复劳动的时候，现有员工承担的工作达到了他现有时间负荷的 1.2～1.5 倍。这个时候需要考虑立刻增加人手，而未来这方面的人手可能也会被机器人替代

另外，如果感觉到团队内部存在疲态或者有员工懈怠的情况，从外部招募人员加入，能够带入一些新的灵感和文化，对激发组织活力也有帮助。在新型雇佣关系下，在需要人手的时候，有时可以通过兼职或者外包合作的方式来弥补需求。而未来可能有越来越多的人不受雇于某家公司，个体和公司的关系将从雇佣变成合作。

二、招募的渠道

人员招募渠道有很多，对于熟悉、了解的人，基于共同的愿景，可以比较容易地吸纳人才进入团队，成为合伙人或者团队合作伙伴。对于其他人才，需要一些外部渠道和他们建立联系。因此了解不同渠道的特点，才能在不同情况下使用更有效的渠道。按照招募形式，可以分为线上和线下两种渠道，见表 6-5。

表 6-5　招募渠道

形式	细化方式	举例
线上	专业招聘网站上发布招募的信息	"51Job""猎聘网""智联招聘"等
	专业性和垂直性的招聘网站	如针对互联网的"拉勾网"，在网站上有比较全面的互联网岗位细分，从产品经理、开发到运营等。还有一些面向专门人才的网站
	猎头	一些重要的、急需的人才，通过猎头来与这些人才取得联系
	职业社交的网站	"LinkedIn 领英""BOSS 直聘""脉脉"
线下	校园招聘	根据招聘人员的专业需求特点，参加相关专业的校园招聘会。招聘会现场可以进行初步的面试筛选，同时都是一些专业对口的学生投递简历，是一种较低成本的招募方式
	人才市场	可以参加政府组织的一些大型人才招聘会，综合性强，适用于一些对于业务要求较低、综合性素质要求较高的岗位
	人员推荐	可以发动周围的亲戚、朋友共同帮忙物色合适的人选

值得注意的是，随着新媒体的普及，越来越多的招募将通过新媒体开展。部门经理撰写的一篇职业发展心得可能比一个职位简介要更加有可读性和容易被分享。"在互

联时代，如何让人才找到我们，才是决胜人才战的关键。"

 知识应用

哪些职位需要启动储备性招聘

在启动储备性招聘时，需要人力资源部做出周全的计划。通常情况下，以下这几种情况会考虑做储备性人才招聘。

1. 战略性人才

这类人才往往不在企业的职位结构图中，但在远期的人才布局中，这类人才需求往往有这样一个特点：当没有他时，企业正常业务并不会受到影响；但当企业有了他时，企业在某个方向会有飞跃性的发展、某个业务领域可以开始启动。

2. 计划内缺岗职位中，具备市场稀缺特点的职位

此类职位，2个月以上的前置期较为稳妥，加上2个月的招聘周期，所以启动招聘的时机是计划到岗时间的前4个月。

3. 关键技术岗位

此类职位为市场稀缺性职位，同时掌握着企业的核心技术，一旦流失，给企业带来的损失可能是致命的。企业需对此类人员做不计成本的策略性储备，一方面防止现有人员的技术跳槽或者技术威胁，另一方面可以降低现有人员对自身重要性的评估。

4. 基于计划外的人员流动预判的职位

此类职位的前置储备，需要人力资源部对企业员工的个体评估结果有动态的了解，并与业务部门保持人员评价的密切沟通，然后做出预判性储备招聘。预判性储备招聘的优点是，当人才流失时，有人可以及时补位，不会因为人才流失而给企业带来损失。但在预判失误的情况下，也会为企业无端增加人力成本。因此需要努力降低预判的失误率，并妥善处理新招人员与预流失人员之间的工作关系。

6.3.3 人才甄别组合拳

 知识探究

一、理念和意识的甄选

通常的人才甄选方法包括面试、测评等。依据冰山模型理论，冰山上的知识

和能力部分是比较容易进行测评和考量的。但是冰山下的理念、意识，包括部分能力是很难通过短暂20分钟交流能够测评出来的。这就需要面试官有足够的耐心和慧眼去识别。比较有效的理念和意识甄别方法包括：深度交往、教练式谈话、测评。

1. 深度交往

创始人在甄选核心团队成员的时候，不妨多花一些时间和候选人进行交流。交流地点尽量选在一些非办公场合，在双方都比较放松的情况下进行多层面的交往，从而观察出这个人在创业理念和创业意识上是否与企业的发展理念相符合。这种深度交往的优势在于可以从多个维度深入了解这个人，缺点在于用时较长。这种方式更加适用于项目创始人在进行人才储备阶段的时候，需要在日常工作与生活交往中保持觉察和关注。

2. 教练式谈话

教练式谈话的核心在于不评判、不给意见，通过一个个问题的抛出，深层发掘候选人的理念和意识。在这个过程中，尊重候选人的选择和理念，只是呈现状态。只有当发问方能够保持一个中立的态度，才能了解到候选人的真实想法。一旦提问具有很明确的导向型，那么候选人就自然会"聪明"地回答出"标准答案"。教练式谈话的优势在于可以在较短时间内进行理念层面考察，缺点在于这个谈话对引导者的要求较高，不能让问题具有明显的导向型。一些可参考的问题如下：

1）你为什么想要参与这个项目？
2）你希望在这里收获到什么？
3）在你过往人生中，你觉得什么时候是你的荣耀时刻？
4）你觉得自己的人生达到什么样的状态就算是成功了？

3. 测评

目前市面上有很多测评工具，可以作为参考，了解候选人的性格特质、兴趣点等，这些都可以从侧面反映出候选人是否适合这个岗位，如MBTI性格测试，RTC测试等。测评方式的优势在于时间短，并且会有一些题目的设置可以检测出测评者是否在有意进行隐瞒，真实还原度较高。

综上所述，每个甄别方法都有自己的优势和劣势（见表6-6），需要创始人根据人员招募的紧迫程度、岗位需求特点等进行综合考量，选择适合的方式，选出最合适的伙伴。

表 6-6 理念和意识甄别方法比较

甄选方式	优势	劣势	适用场景
深度交往	可以多维度深入了解候选人，真实度高	用时较长	人才物色储备阶段，岗位需求紧迫性不强
教练式谈话	较深入考察候选人理念和意识	对考察人要求较高，发问不当易造成考察真实度降低	岗位需求紧迫性强，且岗位对理念和意识较高
测评	快速出结果，真实度较高	主要考察意识层面，理念层面较难考察	岗位需求紧迫性强，岗位对理念的要求没那么高

二、知识和能力的甄选

知识和能力是属于人才素质模型冰山上的部分，这部分可以通过面试、测评等方式组合进行甄别。由于人的高度复杂性，现实中最有效的单一测评工具，预测的效度只有20%~30%，所以很有必要运用组合工具方式并采用多轮面试方式进行组合测评。从实践中来看，哪些工具既简单，又高效；易实操、成本又低呢？

1. 工作样本测试

样本测试对候选人未来可能面临的实际工作场景、工作内容进行抽样和模拟，观察和评价候选人所表现出来的工作绩效。样本测试是最有效的单一测评工具，通常预测的有效性为29%。例如，如果要招聘一名 Java 工程师，就让候选人写一段代码；如果招聘一名营销策划人员，就布置一道主题活动作业；如果招聘一名网页设计师，就让候选人以某活动主题模拟设计详情页等。

2. 认知能力测试

认知能力测试是衡量一个人学习及完成一项工作能力的测试，通常包括语言能力、逻辑计算能力、感知速度及推理能力，预测的有效性大概是26%。这种测试尤其适合没有工作经验的候选人，由于学习能力非常重要，认知能力是预测其未来表现和学习力的最有效指标，当把认知能力和其他评估方法相结合来进行检验时，以下3种方法对预测一个人未来表现效度最高：认知能力和工作样本测试相结合；认知能力和诚信度测试相结合；认知能力和结构化面试相结合。

3. 结构化行为事件面谈

通过一系列对真实事件而不是假象的询问，了解应聘者是否具备公司所要求的能力，通常预测效度是 26%，在准备面谈之前，面试官事先根据企业和岗位要求的关键能力准备相关问题，并通过导入性问题和探索性问题开展面谈。

导入性问题： 用于导入你关心的一项能力，通常以"请举一个例子"开头。

探索性问题： 需要运用 STAR 工具来还原过往工作场景，根据事先确定的岗位素质能力标准，有针对性地收集候选人的行为事例，需要面试官敏锐地观察并进行细节追问，追问的目的在于获取行为事例或者对不完整事例进行补充。STAR 工具的具体内容如下：

S 指情景（Situation）：这件事发生的时间、地点、人物等背景介绍。

T 指任务（Task）：这件事情发生在什么场景下，你要完成什么任务，面对什么抉择或者困难？

A 指行动（Action）：你扮演什么角色？做了哪些事情？

R 指结果（Result）：事情的结果如何？你收到了什么反馈？

STAR 追问的好处在于对整个行为事件进行追问回顾，从而判断候选人所说事件的真假。如果应聘者对于所提问题回答似是而非，基本上可以判断亲自参与度不够，从而判断缺少相应的能力素质。

 **知识应用**

运用 STAR 工具进行角色扮演

两位同学一组，一位同学扮演面试官，一位同学扮演面试者。面试官用 STAR 工具深究面试者的真实心态。以下为小组模拟面试某销售经理追问举例。

面试官：李先生，您好，能否讲述一件过往工作中最有成就感的代表事件？

面试者：在 2010 年 XX 公司工作时，完成销售业绩 2000 万，为此还荣获公司先进个人奖项，这件事目前想起来还历历在目。

面试官：业绩确实不错，能否讲述您是如何完成 2000 万销售业绩的？期间有遇到什么阻力或挑战吗？当年销售部门的业绩目标完成情况如何？销售部门大概有多少人？2000 万业绩的新老客户占比是什么情况？2000 万业绩是您自己完成的，还是团队一起完成的？在老客户维护上，您采取了哪些措施？新客户开拓方面您是如何做的，能否举个例子？上级主管对您工作结果的评价是怎样的？

拓展训练

任务名称	制订一份人才甄选方案		
任务目标	掌握人才甄别的常用方法,并能够灵活使用		
实施者		小组名称	
活动道具	白纸(或白板),签字笔		
活动步骤	案例资料:小刘是一个初创企业的负责人,公司刚刚创业两年,公司已经实现赢利,运行平稳。随着业务的不断拓展,他需要招募新的人手。他希望招募一个具有很好的市场开拓能力的人,负责新市场渠道的开发。但是这样一个初创企业,公司规模和赢利能力都无法吸引到有多年市场工作经验的人,他只能去应届毕业生中寻找 活动任务:小刘该如何去选择招募渠道,设置甄选环节,才能筛选出有很好的学习能力,同时具备市场开拓潜质的人呢?请你设计一套人才甄选方式,来选出具有很好学习能力,同时具备市场开拓潜力的员工		
过程呈现			

6.4 伏线千里的股权设计方案

 **课堂引入**

"女儿红"天下闻名,当初绍兴女儿红酿酒有限公司由国企改制时,有关部门建议让在这家厂当了几十年厂长的朱公廉占大股,而朱公廉却以工人是企业的主人为由,坚持股权平均分配。结果是朱公廉受到全厂人的称赞,但公司的经营资金却受到严重影响,公司利润年年被瓜分一空。竞争对手都在进步,"女儿红"却完全失去了发展

后劲，等到朱公廉发现大事不妙，要求公司将每年利润留下一部分，作为公司发展的资金时，却遭到了多数股东的反对。"女儿红"的经营状况每况愈下，令朱公廉后悔莫及。

思考启示：不考虑企业长期发展，只为追求创业团队成员之间绝对平等的股权分配方案不是最佳的方案。如果朱公廉当初自己拿大股，在企业有控股权，那么以他担任厂长的资历和经验，"女儿红"的经营状况绝不会落到现在的境地。

当今我国社会正值创业的大好环境，创业之初科学合理的股权架构，无疑是企业未来稳健发展的基础。在创业初期不重视股权架构设计是导致企业发展壮大后出现纠纷的重要原因。股权架构设计得好不一定创业成功，但股权架构设计不好，后面一定会导致各种问题，而且解决的成本也会越来越高，甚至全盘崩溃。

6.4.1 《中华人民共和国公司法》关于股权的规定

知识探究

为了做好公司的股权架构设计，首先要清晰法律中关于股权比例的权利和义务是怎样规定的，《中华人民共和国公司法》（以下简称《公司法》），见表6-7。

表6-7 《公司法》中关于股权的规定

股权比例	权利和义务
1%以上	《公司法》第一百四十九条规定，董事、监事、高级管理人员执行公司职务时违反法律、行政法规或者公司章程的规定，给公司造成损失的，应当承担赔偿责任 《公司法》第一百五十一条规定，董事、高级管理人员有本法第一百四十九条规定的情形的，有限责任公司的股东、股份有限公司连续180日以上单独或者合计持有公司1%以上股份的股东，可以书面请求监事会或者不设监事会的有限责任公司的监事向人民法院提起诉讼；监事有本法第一百四十九条规定的情形的，前述股东可以书面请求董事会或者不设董事会的有限责任公司的执行董事向人民法院提起诉讼 监事会、不设监事会的有限责任公司的监事，或者董事会、执行董事收到前款规定的书面请求后拒绝提起诉讼，或者自收到请求之日起30日内未提起诉讼，或者情况紧急、不立即提起诉讼将会使公司利益受到难以弥补的损害的，前款规定的股东有权为了公司的利益以自己的名义直接向人民法院提起诉讼

（续）

股权比例	权利和义务
10%以上	有限责任公司：代表10%以上表决权的股东，三分之一以上的董事，监事会或者不设监事会的公司的监事提议召开临时会议的，应当召开临时股东会议 股份有限公司：代表10%以上表决权的股东、三分之一以上董事或者监事会，可以提议召开董事会临时会议 公司经营管理发生严重困难，继续存续会使股东利益受到重大损失，通过其他途径不能解决的，持有公司全部股东表决权10%以上的股东，可以请求人民法院解散公司
超过三分之一	股东会议作出修改公司章程，增加或减少注册资本的决议，以及公司合并、分立、解散或者变更公司形式的决议，必须经代表三分之二以上表决权的股东通过。即拥有三分之一及以上股权的股东对公司重大决策拥有了一票否决权
超过二分之一	股份有限公司股东大会作出普通决议，必须经出席会议的股东所持表决权过半数通过；有限责任公司股东向股东以外的人转让股权，应当经其他股东过半数同意。（股份公司的过半数是"相对过半数"：即指相对于出席会议的股东所持表决权而言，不出席会议的则不统计入内）
超过三分之二	公司最重要的事项（修改公司章程，增减注册资本，公司合并、分立、解散或者变更公司形式等决议）需要三分之二以上表决权才可通过

表6-7中有5个关键比例，将其用图示展示，如图6-8所示，需要创始人牢记心中。在股权设置、股权融资等企业发展的关键环节，需要慎重进行分配。

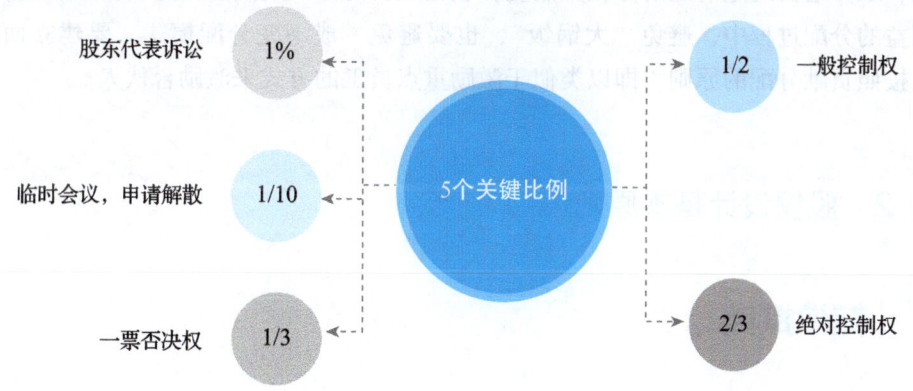

图6-8 股权中5个关键比例

 **知识应用**

企业经营中的"四分"

商场如战场,创业经营中不仅有"合",还有"分",即分股、分工、分权、分利。

1)分股。在股份的划分上,不仅要区分资金股,更要区分管理(人力)股。随着企业的不断发展,资金的重要性在降低,人力的重要性在增加,双方出的资金,所占股权是基于对企业的贡献,而管理(人力)更多是基于对未来的贡献。管理股份双方协商,随着企业经营成果达成,管理股所应占的股权比例应当逐步加大,如年利润达到300万时,资金股占分红比例70%,管理股占分红比例30%;年利润达到500万时,资金股占分红比例40%,管理股占分红比例60%。总之,企业发展得越好,管理股占分红比例就越大,最终可能资金股分红的比例会降到10%,这样的分配结果有利于调动人才工作的积极性。华为的虚拟股就采取类似这样的设计原理。

2)分工。在企业的经营中,一是"专业人干专业事",二是"一件事只能由一个人负责",双方一定要分工明确,不能一个人管所有的事情。

3)分权。控制权是很多企业家关心的。在创业初期,一定要有一个在企业中做最终决策的人,做决策可以靠股权比例,也可以靠双方约定,进行同股不同权的方案设计,或者让小股东签署表决权委托的协议,绝对要避免企业内耗。企业控制权一定不是约定的纸面控制权,而更多地靠企业家对企业的贡献、引领与付出,这才是控制权的王道。

4)分利。在股权设计中,传统的企业按照资金占多少股,就分多少利,这是不科学的,不符合现代企业分配特征,应按照贡献多少进行分配,即采取同股不同利的方式进行股权分配,股东的贡献越大,分配的利益越多,且利益分配规则要提前约定清楚。在利益的分配过程中,约定清楚双方的工资标准,以及双方是否设定奖金及其他标准,双方还要约定清楚财务相关制度,包括项目的分红周期以及是否留取发展资金;在利益的分配过程中,避免"大锅饭",也要避免一成不变分配模式,要建立面向未来,按照贡献分配的原则,即以类似于激励重点员工的方式来激励合伙人。

6.4.2 股权设计基本原则

 知识探究

股权架构的设计根据不同行业、不同外部环境会有所差异。但股权架构设计还是有一些基本的原则需要遵守,要从有利于企业整体的快速发展,而不是从个别股东利益最大化的角度去考虑。

第一、要维护创始人的控制权。这种控制权是有益的，其目的是保障企业有一个最终的决策者。这里包括两层意思，一是整个创始合伙人团队对企业的控制权，用以把握企业的发展方向；另一层意思是创始合伙人之间要有一个核心人物，这在创业之初是极为重要的。最不可取的股权结构是合伙人之间均分股权，每个合伙人对企业的贡献是不可能完全一样的，这样的分配方式不够公平。而且，这种分配方式的决策时间长、成本高。

第二、要凝聚合伙人团队。现在创业竞争加剧、节奏加快，联合创业的成功率远高于个人创业，而且随着企业的发展壮大，创始人的能力也是有限的。如何找到更优秀的合伙人并将其留下？这个终极武器就是股权。设计股权架构，要预留部分股权以凝聚好合伙人，那样才能让团队更有竞争力。

第三、要激励核心员工。仅有创始人和合伙人，对一个快速发展的创业企业来说还不够，还需要有积极努力的员工，甚至创始人与合伙人本身也需要激励。股权架构的设计，要预留部分股权用于激励核心员工，那样才能让企业经营管理更和谐，上下一心，其利断金。

第四、要促进投资者进入。现在，创业的一个显著特点就是有资本的助力，所以股权架构设计要考虑资本如何进入。因为投资人投出巨额资金，但往往只是小股东，所以需要有一些特设的安排。

第五、不能构成企业上市障碍。多数创业都是以上市为目标的，资本市场有益于企业发展，但是上市的要求很多，这就要求在股权上不能有纠纷。在股权架构，如股东人数的限制、股东类型、协议等方面，以及股权变更操作过程中都要合法合规。

以下是一个股权架构设计建议模型，供大家参考，图6-9是一个初创企业开始时的股权架构，图6-10是企业经过几轮融资直到上市前的股权架构。

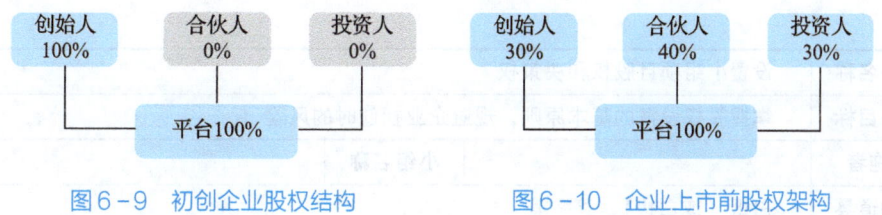

图6-9 初创企业股权结构　　图6-10 企业上市前股权架构

该股权架构的调整原因如下：

1）创始人股份由全体创始人根据各自的出资额、个人能力、拥有资源、投入时间及即将担任的岗位等因素共同协商确定。一定要保持一个核心人物的地位，便于决策的高效。开始时股份是100%，后经转让与稀释占比至30%。创始合伙人的选择很重要，对于短期资源承诺者、天使投资人、兼职人员、早期普通员工都要谨慎对待，入股的条件是要有分别的，或者不入股只有利益分享。

2）合伙人股份预留40%，含用来招募合伙人的股份和激励核心团队的股份两部分。股份可由创始人代持再逐步转让给合伙人，创始人可以兼得股权激励股份。

3）投资人股份在上市前可引进总股份的 30%，如每次增发扩股 10%，投资人往往会附带很多条件，要谨慎选择，注意能够承受的"保底"或"对赌"协议，价格可根据企业发展预期与同业水平来估值。

很多初创企业，在分配完股权之后，由于没有设定股权分配与服务期挂钩的机制，导致中途离开的创始人还持有企业大量的股权，分享着企业以后发展的收益，这对尚在企业继续创业的人来说非常不公平，所以需要设定这样的机制。

 知识应用

分小组研究华为、阿里巴巴、腾讯这三家企业初始的股权分配案例，比较不同企业的股权分配制度及设置的原因。

 拓展训练

任务名称	设置小组项目股权和决策权		
任务目标	掌握股权设置的基本原则，规避企业初创时的风险		
实施者		小组名称	
活动道具	白纸（或白板），签字笔		
活动步骤	1）小组翻阅资料，对小组项目的股权进行设置 2）要将设置的理由阐释清楚 3）小组明确决策机制和决策权		
过程呈现			

6.5 提升团队绩效方案

小邓在毕业的时候创办了一家企业,主要业务是做平面设计和活动策划。经过两年的发展,企业的在职员工已经达到了10多个人。企业的迅速扩张、人员的迅速增加,给小邓的管理带来了挑战。他发现管理10多个人的团队比原来管理7、8人的团队难度大多了。干活儿踏实认真的就那几个,其余员工当他在公司的时候干活儿,当他不在公司的时候就偷懒。他开除过一个员工,但发现换一个人好像也好不到哪里去。小邓有点烦心,觉得这样下去不是办法,但一时又想不到更好的主意。

思考启示: 在小邓的团队中,新增的人员暂时没有很高的劳动欲望,所以才会和管理者玩"躲猫猫"的游戏。要改善这个局面,一方面是需要管理者付出极大的心力去培养和提升员工的劳动欲望水准,激发他们的热情和积极性。另一方面,也要采取一些必要的管理措施和短期的激励手段,来管理好这个团队。

6.5.1 团队绩效影响因素

当一个项目团队缺乏团队精神时,就会直接影响到团队的绩效和项目的成功。在这种情况下,即使每个项目团队成员都有潜力去完成项目任务,但是由于整个团队缺乏团队精神,使得大家难以达到其应有的绩效水平,所以团队精神是影响团队绩效的首要因素。除了团队精神以外,还有一些影响团队绩效的因素,这些影响因素以及克服它们的具体办法如下。

一、项目经理领导不力

项目经理领导不力是指团队负责人不能够充分运用职权和个人权力去影响团队成员的行为,去带领和指挥项目团队为实现项目目标而奋斗。团队负责人一定要不时地检讨自己的领导工作和领导效果,不时地征询团队成员对于自己的领导工作的意见,努力去改进和做好项目团队的领导工作。

二、项目团队的目标不明

项目团队的目标不明是指团队负责人和全体团队成员未能充分了解项目的各类目

标，以及项目的工作范围、质量标准、预算和进度计划等方面的信息。团队负责人不但要清楚目标，而且要向团队成员宣传项目的目标和计划，向团队成员描述项目的未来愿景及其所能带来的好处。

三、项目团队成员的职责不清

项目团队成员的职责不清是指项目团队成员们对自己的角色和责任的认识含糊不清，或者存在项目团队成员的职责重复、角色冲突的问题。在制订项目计划时要利用工作分解结构、职责矩阵、甘特图或网络图等工具去明确每个成员的职责，使每个团队成员不仅知道自己的职责，还能了解其他成员的职责，以及它们如何有机地构成一个整体。

四、项目团队缺乏沟通

项目团队缺乏沟通是指项目团队成员们对项目工作中发生的事情缺乏足够的了解，项目团队内部和团队与外部之间的信息交流严重不足。这不但会影响一个团队的绩效，而且会造成项目决策错误和项目的失败。团队可以采用会议、面谈、问卷、报表和报告等沟通形式，及时公告各种项目信息给团队成员，还要鼓励团队成员之间积极交流信息，努力进行合作。

五、项目团队激励不足

项目团队激励不足是指团队负责人所采用的各种激励措施不当或力度不够，使得项目团队缺乏激励机制，这会使项目团队成员出现消极思想和情绪，从而影响一个团队的绩效。

六、规章不全和约束无力

规章不全和约束无力是指项目团队没有合适的规章制度去规范和约束项目团队及其成员的行为和工作。团队负责人要制订基本的管理规章制度，制订的理由都要向全体团队成员做出解释和说明，并以书面形式传达给所有团队成员。

 知识应用

绩效考核的终极目的

在一次企业季度绩效考核会议上，营销部门经理A说："最近的销售做得不太好，我们有一定的责任，但是主要的责任不在我们，竞争对手纷纷推出新产品，比我们的产品好。所以我们也很不好做，研发部门要认真总结。"

研发部门经理B说："我们最近推出的新产品是少，但是我们也有困难呀！我们的预算太少了，就是少得可怜的预算，也被财务部门削减了。没钱怎么开发新产品呢?"

财务部门经理 C 说:"我是削减了你们的预算,但是你要知道,公司的成本一直在上升,我们当然没有多少钱投在研发部了。"

采购部门经理 D 说:"我们的采购成本是上升了 10%,你们知道为什么吗?俄罗斯的一个生产铬的矿山爆炸了,导致不锈钢的价格上升。"

这时,A、B、C 三位经理一起说:"哦,原来如此,这样说来,我们大家都没有多少责任了。"

人力资源经理 F 说:"这样说来,我只能去考核俄罗斯的矿山了。"

绩效考核的目的是改善绩效,而不是分清责任,当绩效出现问题的时候,大家的着力点应该放在如何改善绩效,而不是划清责任。遇到问题先界定责任后讨论改善策略是人们的惯性思维,当人们把精力放在如何有效划清责任上而不是如何改善上,那么,最后的结果都是归错于外,作为企业员工谁都没有责任,但客户被晾在了一边,当责任划分清楚时,客户的耐心也已经丧失殆尽了。于是,客户满意度和客户忠诚度也随之消失了,最后企业的财务目标的实现没有了来源,股东价值无从说起。

6.5.2　OKR 绩效管理工具

从 MBO 目标管理,到 KPI,OKR 绩效管理工具走入了大家的视野。OKR 即 Objectives and Key Results,O 代表团队目标,KR 代表关键任务结果。KR 的优势在于,它可以让团队的目标更加聚焦,在聚焦的同时还可以保持目标的主次分明,层次有致。另外,它可以让整个团队的工作更加协调,保持方向和行动的一致性,如图 6-11 所示。

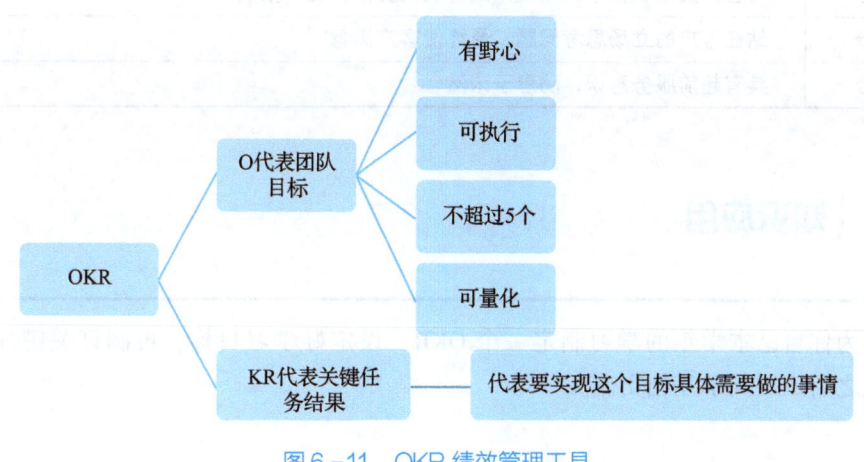

图 6-11　OKR 绩效管理工具

在具体操作过程中,O 来自企业整体的目标,然后再经过层层分解,形成部门目标,最终到每个成员目标。一方面有从上至下按照部门和职级的纵向分解，如年度、季度或者月度目标。KR 代表要实现这个目标具体需要做的事情。例如，人力资源部门下个季度要争取招募 5~8 名工程师，这是 O，为实现这个目标设定了以下具体关键任务：

1）在 5 所大学进行职业宣讲。
2）在"领英"上挖掘 250 位潜在的候选人，并与他们进行练习。
3）在公司举行一个职业开放日，确保有 50 个成员参加。
4）重新设计发布招募信息的网站，并重新规划这个网站。

OKR 的目标设定过程中，有一些基本原则：

1）目标有野心。如果这个目标被轻松地完成了，其实代表这个目标并没有什么挑战性，也就没有什么意义了。最简单的原则就是：跳一跳，够得着。
2）目标可执行。如果这个目标遥不可及，或者根本不在团队的可控范围内，那这个目标的设定也是没有意义的。
3）目标有时限。这个时段可以是未来的一个季度、半年或者一年。
4）一个时间周期内，一个员工的目标个数最好控制在 3~4 个，如果超过 5 个，就会导致员工模糊工作焦点。
5）任务可量化。量化可以有绝对量化和相对量化。绝对量化如销售额。相对量化就是在团队成员之间进行比较。例如，阿里有"客户至上"的原则，那如何去考评一个员工是否做到了客户至上呢？考评量化指标见表 6-8。

表 6-8 阿里巴巴"用户至上"考评量化指标

分值	说明
1 分	尊重他人，随时随地维护阿里巴巴的形象
2 分	微笑面对投诉和受到的委屈，积极主动地在工作中为客户解决问题
3 分	与客户交流过程中，即使不是自己的责任，也不推诿
4 分	站在客户的立场思考问题，最终使客户满意
5 分	具有超前服务意识，防患于未然

 知识应用

为你自己本学年的学习制定一个 OKR，设定好学习目标，再制订关键任务。完成之后班级同学互相交流。

6.5.3 提高 PDCA 循环的精度和速度

PDCA 循环是美国质量管理专家休哈特博士首先提出的,由美国质量管理专家戴明采纳、宣传、获得普及,所以又称戴明环。全面质量管理的思想基础和方法依据就是 PDCA 循环,如图 6-12 所示。PDCA 循环的含义是将质量管理分为 4 个阶段,即计划(Plan)、执行(Do)、检查(Check)、处理(Act)。在质量管理活动中,要求把各项工作按照做出计划、计划实施、检查实施效果,然后将成功的纳入标准,不成功的留待下一循环去解决。这一工作方法是质量管理的基本方法,也是企业管理各项工作的一般规律。

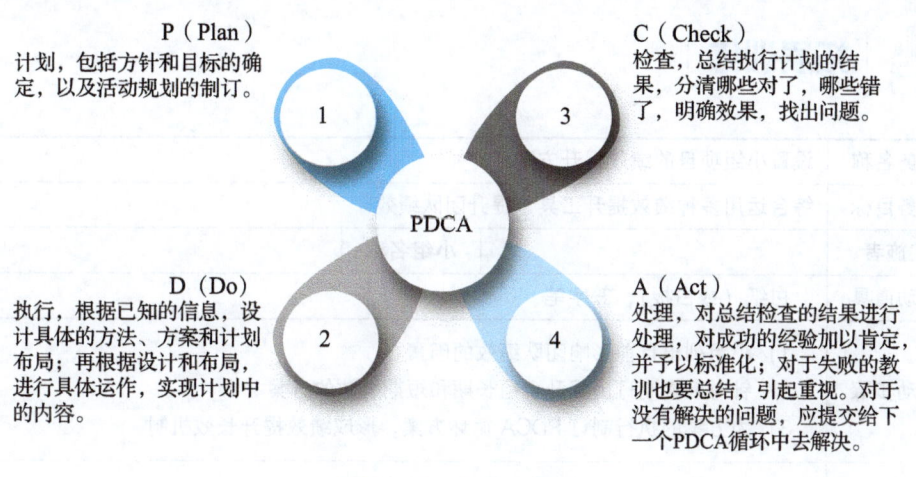

图 6-12　PDCA 循环

以上 4 个阶段不是运行一次就结束,而是周而复始地进行,一个循环完了,解决了一些问题,未解决的问题进入下一个循环,这样阶梯式上升。经营管理的品质则由 PDCA 循环的速度和精度决定。

精度:经营实绩和计划差距的程度。

速度:完成一次 PDCA 循环所需要的时间。

PDCA 循环必须同时追求速度和精度的提高,从而提高经营管理品质。

知识应用

假设你是一家婴儿车公司的 CEO。前几天,你接到了一个严重的产品质量问题投诉,投诉者的话句句在理,针针见血。你非常重视,紧急召开高管会议,研究对策。讨论了几小时后,各部门都有了不少改进的提议,你也给出了很多要求。最后你说:

"我不看广告,看疗效。立刻行动起来。散会。"

你对大家的态度都很满意。直到有一天,你找来负责产品的副总裁,问:"对了,上次开会时,我让你派人去德国考查一下他们的质量管理体系,你们去了吗?感觉怎么样?"他说:"啊?我正在忙质量改进的事,还没空想这件事,真要去考查啊?"

你十分生气,这么重要的事情,副总裁没放在心上。为什么会这样?是因为副总裁缺乏执行力吗?

都不是。这是因为公司缺少"PDCA 循环"的管理文化。

问题不是没有计划,不是没有行动,而是没有检查,更没有处理。

正确的做法应该是一旦发现问题,就启动一个 PDCA 循环,直到问题最终解决,一环接一环,大环套小环,阶梯式上升的 PDCA 循环可以帮助解决公司的问题。

 拓展训练

任务名称	设置小组项目的绩效提升方案		
任务目标	综合运用多种绩效提升工具,提升团队绩效		
实施者		小组名称	
活动道具	白纸(或白板),签字笔		
活动步骤	1) 小组列出目前影响团队绩效的因素 2) 针对因素制订出提升小组长期和短期绩效的方案 3) 为方案的执行制订 PDCA 循环方案,形成绩效提升长效机制		
过程呈现			

第 7 章　创业计划书与项目路演

本章导读

　　创业项目从创建到发展，需要不断获得肯定、获得机会、获得资源。通过什么方式能够将自己团队的创业项目全方位展示给大家，从而将项目背景、项目内容、项目现状、项目前景等信息准确传递给投资人、客户、利益相关者，就变成了每个创业团队都要思考和解决的问题。项目呈现的方式多种多样，达成沟通的渠道千差万别，但是，万变不离其宗的是，每个创业项目都需要把项目写在纸上，完成一份规范的"创业计划书"；每个创业项目都需要把项目演出来，策划一场精彩的路演活动。如何能够保证创业计划书形式规范，内容精准？这就需要了解创业计划书的内涵，掌握写作计划书的步骤。如何保证项目路演能够抓人眼球，让人产生共鸣？这就需要了解项目路演的"灵魂"，掌握策划准备路演的基本技巧。

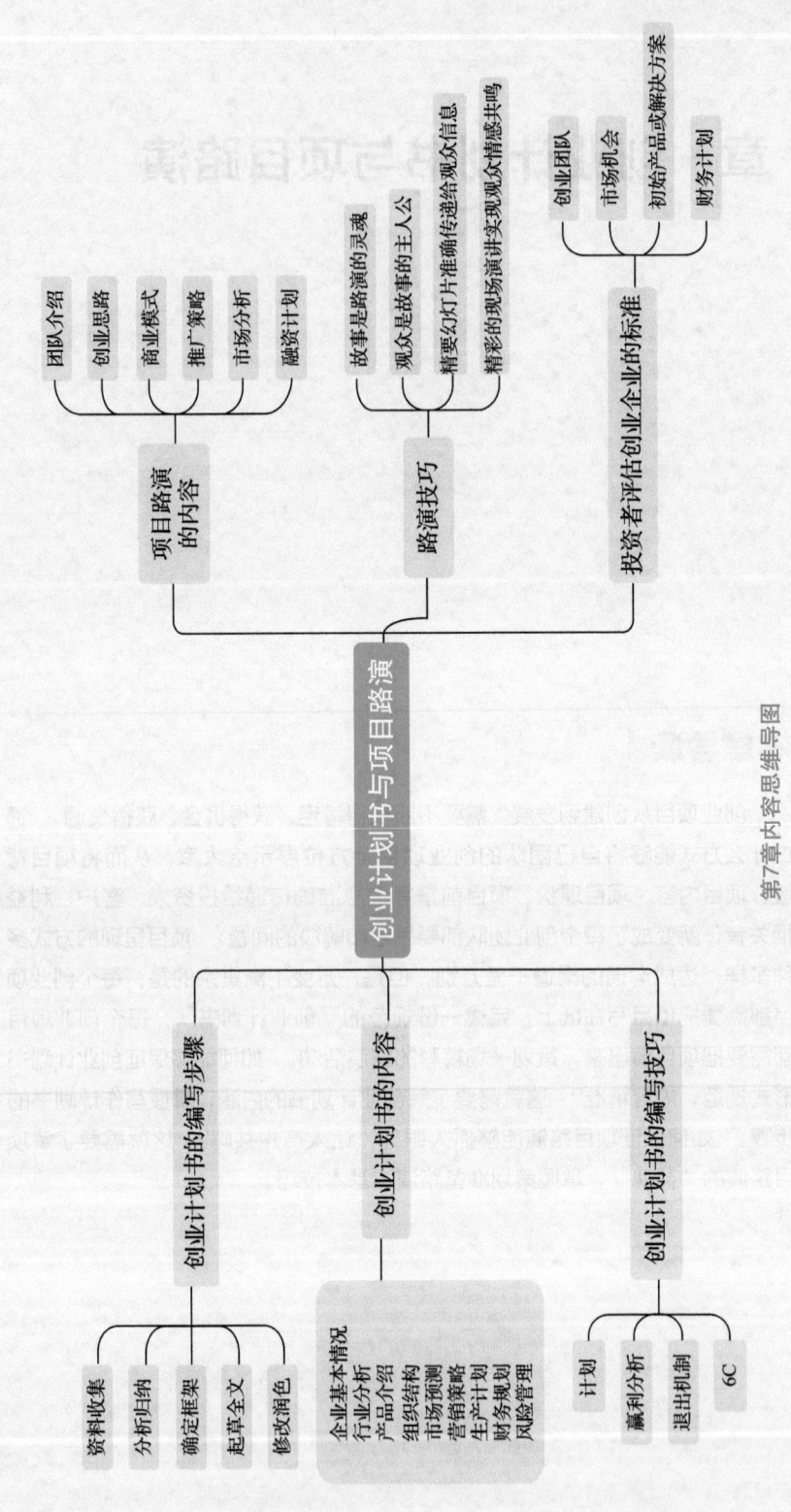

第7章内容思维导图

7.1 规范精准的创业计划书

 课堂引入

关于创业计划书，你也是这么想的吗？

创业的第一步是什么？很多人都会说是写创业计划书。但是，在很多大学生创业项目中，有些编写完成的创业计划书漏洞百出，有些框架结构存在严重问题，有些内容不能完整反映项目全貌，有些表述不够规范。能够达到"合格"标准的计划书只占很小的比例了，而符合高要求的计划书更少，高要求包括能够客观反映项目现状，能够满足投资人对于项目的好奇心，能够对项目愿景做出合理的预测。

学生甲："我觉得创业计划书没什么用，就是个形式，创业还是要实打实地做生意，赚到钱才算数。"

学生乙："我们都是工科生，没人写过创业计划书，也不会写，一想到写报告就头疼，但是项目要求要有创业计划书，就从网上下载了一个，改了改。"

学生丙："创业计划书主要就是要吹牛，不一定要和项目实际情况完全相符，反正也没人会真的去查证。"

学生丁："创业计划书主要看格式，内容都差不多，所以主要是要格式规范。"

学生戊："创业计划书对大公司才有用，对我们这种初创公司，没什么太大意义。"

……

课堂讨论：
1）你觉得以上学生关于创业计划书的认识对吗？
2）你和你的团队是否有过类似的想法？怎样克服呢？

思考启示：摒弃这些关于创业计划书的错误想法，重新认识创业计划书。有计划地创业，从写好创业计划书开始！

 知识探究

创业计划书是一份全方位的商业计划，其主要用途是递交给投资商，以便他们能对企业或项目做出评判，从而使企业获得融资。它是用以描述与拟创办企业相关的内

外部环境条件和要素特点,为业务的发展提供指示图和衡量业务进展情况的标准。通常创业计划是结合了市场营销、财务、生产、人力资源等职能计划的综合。

7.1.1 创业计划书的编写步骤

创业计划书的编写是一个展望项目的未来前景、细致探索其中的合理思路、确认实施项目所需的各种必要资源、再寻求所需支持的过程。不同项目的创业计划书基于各自项目基础,采用的框架、包含的内容,甚至叙事方式都会有所不同。要找到恰当的方式,编制规范的创业计划书需要循序渐进,遵循基本的步骤,包括资料收集—分析归纳—确定框架—起草全文—修改润色几个步骤,如图 7-1 所示。

图 7-1 创业计划书编写步骤

步骤 1:资料收集。在创业计划书编写开始之前,要进行广泛的资料收集,包括本项目相关资料、同类项目相关资料、市场调研资料以及创业计划书的读者资料。①本项目相关资料应该是最容易收集的,包括项目创立背景、创始人与项目团队基本资料。这部分资料不要只是泛泛列举基本个人资料,如学历、专业、兴趣爱好等,而应该就收集到的资料进行个性化分析,找到团队中的所有个体与该项目有关联的最特别的地方,如是否拥有相关知识产权、是否有过相关实践、创业经历,是否有过相关参赛获奖情况等;找到整个团队曾经合作的亮点,如是否团队中部分成员有过合作经历,是否有过共同参赛经历等。②关于同类项目资料的收集,依赖于团队成员长期的资料积累,关注行业内相关项目的开展情况。③关于市场调研资料,需要根据项目情形,制订调研方案,收集有效数据,分析本项目在目前的市场现状中,面临怎样的挑战和机会。特别要注意的是,一定要在创业计划书编写前,对于读者的资料进行收集分析,以保证计划书的针对性,不能"一本计划书打天下",不管是针对什么样的读者,都不做任何的调整,这是对团队的不负责任。

步骤 2:分析归纳。根据步骤 1 中收集到的所有资料,在做基本的"去伪存真"的筛选后,需要对数据进行统计分析,如竞争对手数据、运营数据、财务数据等。需要着重分析总结的是关于本项目的"商业模式",回答 6 个问题,明确:①自己做的是什么?一句话概括业务,清楚定位;②要解决什么问题?帮客户解决的是什么问题,当前他们是如何应对这些问题的;③解决方案是什么?准备提供什么样的产品作为解决方案,证明它是当前最行之有效的方案;④目标市场和目标客户在哪里?明确目标市场和客户,计算市场容量和占有率;⑤竞争对手和竞争优势在哪里?这个赛道里有哪些竞争对手，和他们相比你的优势在哪里；⑥赢利模式和预计收入如何？准备如何赢利，预计收入是多少，如何实现。

步骤3：确定框架。创业计划书的具体框架，是为内容服务的，一般的创业计划书采用的简单叙事方法，将相关内容进行罗列。罗列的方式和内容要根据项目客观情况，进行取舍。在确定框架的阶段，可以参考同类项目中的创业计划书，从正反两方面总结经验教训。对于完全没有创业计划书编写经验的创业团队来说，参考一些框架模板也是一个不错的选择。

步骤4：起草全文。在确定框架的基础上，由创业计划书编写执笔人完成计划书的起草，为了保证计划书的表述连贯性，需要"一鼓作气"，一口气写完全文。编写表述要遵循基本的公文写作要求，文字应该做到简洁明了，书面语言规范，引用的图片恰当，数据分析结果准确。写好全文后，加上封面，将计划书的要点抽出来写成提要，装订成册。

步骤5：修改润色。好的计划书一定是要进行反复修改的，除了进行文字和形式的检查，保证不出现错别字、标点符号等错误，还要进行计划书内容的检查修改，例如，创业计划书是否显示出你具有管理公司的经验；创业计划书是否显示了你有能力偿还借款；创业计划书是否显示出你已进行过完整的市场分析；创业计划书是否容易被投资者所理解，是否备有索引和目录，方便投资者可以较容易地查阅各个章节；创业计划书能否打消投资者对产品（服务）的疑虑；创业计划书中是否有计划摘要并放在了最前面等，计划摘要相当于创业计划书的封面，投资者首先会看它。因此，为了保持投资者的兴趣，计划摘要应写得引人入胜；如果是产品类创业项目，还可以准备一件产品模型，随创业计划书一起提交。

7.1.2 创业计划书的内容

一般来说，在创业计划书中应该包括企业基本情况、行业分析、产品介绍、组织结构、市场预测、营销策略、生产计划、财务规划和风险管理九个方面，如图7-2所示。

1. 企业基本情况

企业基本情况部分的目的不是描述整个计划，也不是提供另外一个概要，而是对企业做出介绍，因而重点是企业经营理念和如何制订企业的战略目标。

2. 行业分析

在行业分析中，应该正确评价所选行业的基本特点、竞争状况以及未来的发展趋势等内容。关于行业分析的典型问题包括：①该行业发展程度如何？发展动态如何？②创新和技术进步在该行业扮演着一个怎样的角色？③该行业的总销售额有多少？总收入为多少？发展趋势怎样？④价格趋向如何？⑤经济发展对该行业的影响程度如何？

政府是如何影响该行业的？⑥是什么因素决定着它的发展？⑦竞争的本质是什么？将采取什么样的战略？⑧进入该行业的障碍是什么？将如何克服？该行业典型的回报率有多少？

3. 产品介绍

产品介绍应包括以下内容：产品的概念、性能及特性；主要产品介绍；产品的市场竞争力；产品的研究和开发过程；发展新产品的计划和成本分析；产品的市场前景预测；产品的品牌和专利等。在产品（服务）介绍部分，企业家要对产品（服务）做出详细的说明，说明要准确，也要通俗易懂，使不是专业人员的投资者也能明白。一般地，产品介绍都要附上产品原型、照片或其他介绍。

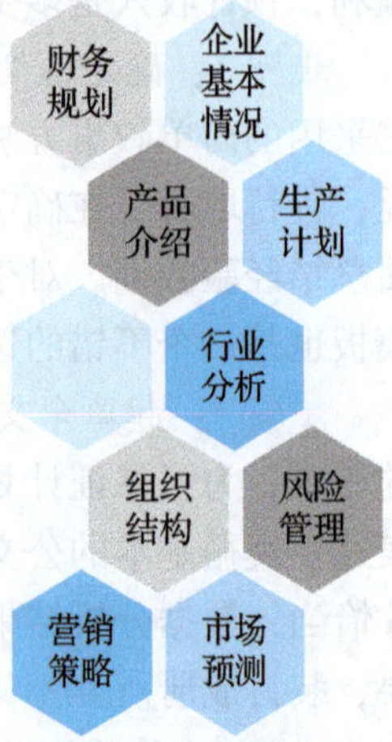

图 7-2 创业计划书内容

4. 组织结构

在企业的生产活动中，存在着人力资源管理、技术管理、财务管理、作业管理、产品管理等，每个环节都很重要。其中投资人非常看重创始人背景和产品的前景，如果创始团队背景非常亮眼或者创始人有异常魅力，会比较容易取得投资人的信任和关注，相对而言也会比较容易拿到投资。如果产品前景广阔，那就要让投资人充分了解，这样投资人会因为产品方向好而投资。

5. 市场预测

市场预测应包括以下内容：需求进行预测；市场预测及市场现状综述；竞争厂商概览；目标顾客和目标市场；本企业产品的市场地位等。

6. 营销策略

对市场错误的认识是企业经营失败的最主要原因之一。在创业计划书中，营销策略应包括以下内容：市场机构和营销渠道的选择；营销队伍和管理；促销计划和广告策略；价格决策。

7. 生产计划

生产计划应包括以下内容：产品制造和技术设备现状；新产品投产计划；技术提升和设备更新的要求；质量控制和质量改进计划。

8. 财务规划

财务规划一般包括现金流量表、资产负债表和损益表。现金流量表反映的是企业流动资金的情况，流动资金是企业的生命线，因此企业在初创或扩张时，对流动资金需要预先有周详的计划和进行过程中的严格控制；损益表反映的是企业的赢利状况，它是企业在一段时间运作后的经营结果；资产负债表则反映在某一时刻的企业状况，投资者可以用资产负债表中的数据得到的比率指标来衡量企业的经营状况以及可能的投资回报率。

9. 风险管理

企业在市场、竞争和技术方面都有哪些基本的风险？准备怎样应对这些风险？就你看来，企业还有一些什么样的附加机会？在资本基础上如何进行扩展？在最好和最坏情形下，五年计划能够表现得如何？如果估计不那么准确，应该估计出误差范围到底有多大。如果可能的话，对关键性参数做最好和最坏的设定。

 知识应用

7.1.3　创业计划书的编写技巧

创业计划书的编写中，应该"以终为始"，写作的出发点是读者，分析读者的阅读目标，提供读者想要获得的有效信息，采用读者愿意接受的表现形式，才可以实现创业计划书的原本使命。如果把创业计划书的编写只是作为一项常规任务，那么最终会让计划书流于形式。要写好创业计划书，要关注可操作性（如何保证成功）、可赢利性（能否带来预期的回报）、可持续性（能生存多久），关注如下3点内容：

1）计划摘要是"画龙点睛"。创业计划书摘要是浓缩了的精华，摘要涵盖了计划的要点，一目了然，以便读者能在最短的时间内评审计划并作出判断；摘要要尽量简明、生动。特别要说明自身企业的不同之处以及企业获取成功的市场因素。

2）赢利分析预测是关注核心点。风险投资都是利字当头。提供有说服力的企业财务增长预测是创业者义不容辞的责任。所以，风险投资一般会选择有竞争力的企业，或行业中的龙头企业。要想吸引投资，商业计划书要写明自己企业的规模、计划、发展状况、商业模式和赢利模式等。商业模式和赢利模式的可行性，最终又体现在企业的执行力上。

3）退出机制的详细说明。风险投资者如何摆脱某种状态是影响其投资决策的重要因素，也就是说，风险投资者在决定进入之前，一定要事先找出退身之路。他们不想长时期在企业拥有产权，他们希望其投资与其他资本共同作用一段时间后就退出，这样就要求有退身之路，商业计划书对有关事项应详细说明。一般退出机制有：企业股票上市，即投资者可将自己拥有的企业股权公开出售；企业整体出售，即包括风险资本的企业权益同时出售给有关企业，通常为大企业；企业、创业者个人或第三团体把投资者拥有的本企业权益买下。

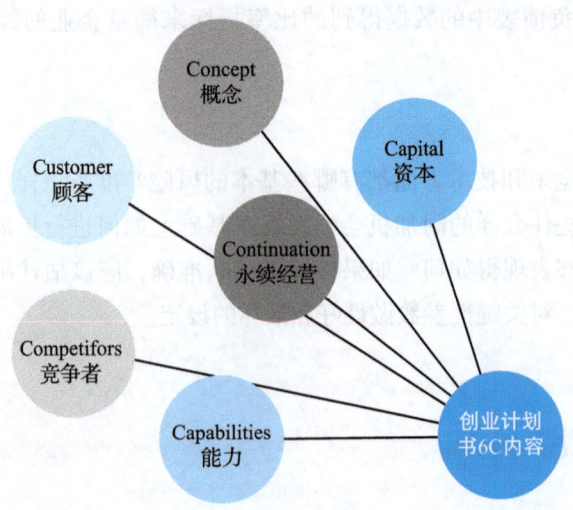

图 7-3　创业计划书 6C 内容

4)"6C"内容不遗漏,如图 7-3 所示。Concept 概念,指创业计划书应写得让别人可以很快地知道产品是什么;Customer 顾客,指顾客画像要清楚;Competitors 竞争者,指有没有其他的东西可以取代,以及与竞争者的关系;Capabilities 能力,指企业的实力展示;Capital 资本,资本可以是现金也可以是资产,并说明自有的部分有多少,可以借贷的有多少;Continuation 永续经营,企业的发展战略规划会决定企业未来的发展方向。

 拓展训练

表 7-1　创业计划书模板(产品类)

目录	核 心 内 容
企业 基本情况	企业名称、成立时间、企业的宗旨和目标、注册资本、注册地点、目前企业主要股东情况、目前企业内部部门设置情况、企业主营业务
行业分析	未来 3~5 年各年全行业销售收入预测 与行业内主要竞争对手的比较 市场销售有无行业管制,企业产品进入市场的难度分析 产品的竞争优势(包括性能、价格、服务等方面) 未来 3~5 年的成本费用、营业税及附加、所得税、利润预测

（续）

目录	核 心 内 容
产品介绍	企业现有的和拟申请的知识产权（专利、商标、版权等） 企业已签署的有关专利权及其他知识产权转让或授权许可的协议等 产品面向的用户种类、产品更新换代周期 产品的售后服务和技术支持 产品销售成本的构成及销售价格制订的依据 产品形成规模销售时，毛利润率和纯利润率
组织结构	总经理（CEO）、各部分负责人的姓名、性别、年龄、籍贯、学历、学位、联系方式、主要经历和业绩 为保证融资项目按计划实施，企业准备今后各年陆续设立哪些机构，各机构配备多少人员，人员年收入情况 企业对管理班子及关键人员将采取怎样的激励机制、企业是否考虑员工持股问题 企业是否与掌握企业关键技术及其他重要信息的人员签订竞业禁止协议，若有，说明协议主要内容 企业是否与每个雇员签订劳动用工合同、企业是否为每位员工购买保险
营销策略	营销计划（区域、方式、渠道、预估目标、份额） 营销目标（近期、中期，3~5年预估销售额、占有率及计算依据） 主要业务关系状况（代理商、经销商、直销商、零售商、加盟者等），各级资格认定标准 政策（销售量、付款方式、货运方式、折扣政策等） 在建立销售网络、销售渠道，设立代理商、分销商等方面的策略
生产计划	现有生产设备情况（专用设备还是通用设备，先进程度如何，价值是多少，是否购买保险，最大生产能力是多少，能否满足企业产品销售增长的要求。如果需要增加设备，列明采购计划、采购周期及安装调试周期） 产品标准（产品的包装与储运，如何保证原材料、配件及关键零部件等生产必需品的进货渠道的稳定性、可靠性、质量及进货周期，正常生产状态下，成品率、返修率、废品率控制在怎样的范围内，描述生产过程中产品的质量保证体系及关键质量检测设备，如何控制产品成本和生产成本，有怎样的具体措施，如何制订产品批量销售价格，产品毛利润率是多少，纯利润率是多少） 研发情况（企业以往的研究与开发成果及其技术先进性、企业现有技术开发资源及技术储备情况、企业的研发计划）
市场预测	对产品需求进行预测 对市场现状进行综述 竞争厂商的概况 目标顾客和目标市场的概况 本企业产品的市场地位

(续)

目录	核心内容
财务规划	财务分析说明（前三年企业资产负债表、前三年企业损益表、前三年企业现金流量表、企业静态财务指标分析、动态财务指标分析） 企业资产报告 未来3~5年预测报告（未来3~5年企业盈亏平衡表、企业资产负债表、企业损益表、企业现金流量表）
风险管理	资源（原材料、供应商）风险、市场开拓风险、研发风险、生产不确定性风险、成本控制风险、竞争风险、政策风险、财务风险、经营管理风险（含人事、人员流动、关键雇员依赖）、风险控制和防范手段
投资说明	资金需求说明（用量、期限、资金使用计划及进度） 吸纳投资形式（贷款，利率，利率支付条件，转股：普通股、优先股、任股权，以应价格等） 回报、偿还计划（说明吸纳投资后股权结构、股权成本、投资者介入企业管理之程度）

7.2 为观众认真讲故事的项目路演

课堂引入

在每一个路演现场，几乎都能看到创业者信心满满地站上演讲台，然后在演讲过程中，面对观众松懈的现场状态，此起彼伏的手机铃声，尖锐且无法回避的问题等，开始逐渐丧失自信。心理的优势状态一旦动摇，就会迅速被投资者老练的市场经验碾压得片甲不留，之后甚至开始怀疑自己的创业项目。有没有方法能够让创业者在路演前做好充分的心理准备、内容准备、效果的包装准备，从而顺利在这一场没有硝烟的战斗中求得更大的生存概率？

在全球顶级成功的企业家的产品路演中，即使不同的人采取的路演方式各不相同，例如，大名鼎鼎的比尔·盖茨（Bill Gates）和史蒂夫·乔布斯（Steve Jobs），两人的方式大相径庭，但也时不时也会"翻车"，受到各种质疑，观众不大买账，如图7-4所示。

图7-4 全球顶级成功企业家产品路演

课堂讨论：
1）项目路演是给谁看的？
2）项目路演的内容是否和创业现状完全相符？

思考启示：项目路演的主人公是现场的观众，是投资人，所以成功的项目路演要从观众的需求出发，关注观众想看到什么？听到什么？而不是一味地从自身出发，讲你的想法，演你的优势。项目路演要满足观众的感受，演讲者的所有表现和感受必须服从于这一点。

 知识探究

路演（Roadshow），顾名思义，就是在马路上进行的演示活动，也有人译为"路游"。路演最初是股票承销商帮助发行人安排发行前的调研活动，现在多指在公共场所进行演说、演示产品、推介理念，及向他人推广自己的企业、团体、产品、想法的一种方式。一般情况下，是指通过现场演示的方法，引起目标人群的关注，让他们产生兴趣，最终达成交易。

很多创业者选择通过路演的方式将自己的项目计划和商业模式呈现给投资者，路演逐渐成为创业者寻找投资人、获得融资的重要路径。如今，路演的概念变得更加宽泛，不单指准备上市的企业，某个项目也可以进行路演；对象也不仅仅是投资人，也可以是合作者。例如，某个初创企业参加创业路演，以争取风险投资人的投资；某个大企业内部的某个人或某个部门，推出一个创新项目，参加企业内部的项目路演，争取获得企业的资源支持，以做大项目或者独立成为一个创业项目；某企业推出新的产品或业务模式，通过路演招募业务合作方、加盟商或代理商。路演不仅在创投领域广泛应用，其内涵正在悄悄改变和延伸，其应用领域已经延伸至新闻发布会、电影发布会、产品发布会、产品试用、产品展示、以旧换新、优惠热卖、现场咨询、填表抽奖、有奖问答、礼品派送、文艺表演和游戏比赛等场景。

路演的模式及其内涵在"大众创业、万众创新"政策背景驱动下，为了满足现代企业竞争发展的需求而不断内部更新、调整步伐、与时俱进。对于创业企业来说，最重要的是融资路演，具体说来就是面对投资人、投资机构，阐述自己的商业想法，说服投资人与投资机构给自己投资的行为。

在企业发展的不同时期，融资路演解决不同的目标：在企业的初创期，第一笔创业资金可以是几个人合伙共同出资，也可以找身边的朋友去筹集；当企业的商业计划已经成型，就可以寻找天使投资人，或是通过一些平台来众筹；当企业发展到一定规模，可以找风险投资基金，进行A轮、B轮、C轮、PE轮等融资；当企业上市后，则是通过IPO，以及在交易市场出售股票、股权获得资金，如图7-5所示。

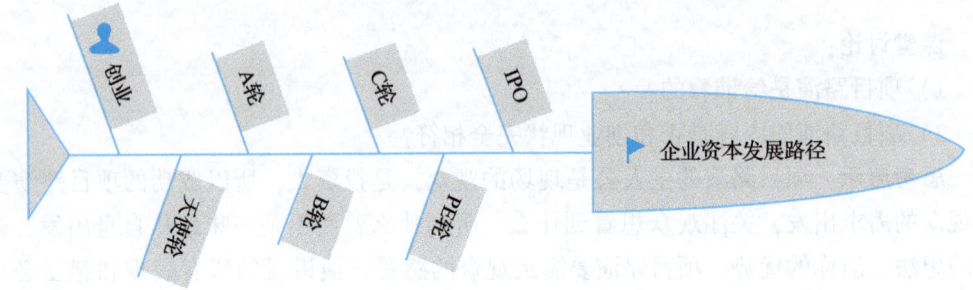

图7-5　企业资本发展路径

7.2.1　参加项目路演的一般条件

参加项目路演的一般条件如图7-6所示。

图7-6　参加项目路演的一般条件

1. 合格的项目团队

所谓团队，人数只是基本条件，一个合格的团队应该是为了达到共同的目标，由基层和管理层人员组成的一个具有向心力的共同体，它能够合理利用每一位团队成员的知识和技能协同工作，解决问题。一个合格团队由 5P 要素构成，分别为目标（Purpose）、人（People）、定位（Place）、权限（Power）、计划（Plan）。一般根据团队存在的目的和拥有自主权的大小将团队分为 5 种类型：问题解决型团队、自我管理型团队、多功能型团队、共同目标型团队、正面默契型团队。团队的建设是创业成功与否的基石，创业团队也是投资者是否参与投资的重要考量因素，所以，建立一支合格的项目团队，会为路演的成功加上一记重要的砝码。

2. 项目成功运作

判断项目成功运作与否的因素一般包括但不仅限于时间进度、成本控制、效益情况、质量要求、交付情况等。针对不同行业，自然还有其具体的因素，如有科学依据、逻辑条理性强、足以让人信服的量化判断指标。

3. 项目内容可供演示

项目路演必须是有具体应用落地的项目成果，而不是一腔激情的空谈。这个项目成果是可供演示的，最好是让投资者能够直观地明白你的项目概念、项目构成等。

4. 项目必须有完整的商业计划及其历史财务资料

商业计划书（Business Plan）必须完整，它包括企业筹资、融资、企业战略规划与执行等一切经营活动的蓝图与指南，也是企业的行动纲领和执行方案，其目的在于为投资者提供一份创业的项目介绍，向他们展现创业的潜力和价值，并说服他们对项目进行投资。项目路演是简短的对项目的精华推介，投资者如若要深入、全面地了解该项目，那就需要一份内容翔实、数据丰富、体系完整、装订精致的商业计划书了。一份规范、合格、准确的财务材料是会大大增加投资者对项目的信心的。

5. 项目必须拥有独特商业模式和商业价值

投资者有天然的趋利性、趋新性的特征，项目的商业模式是项目价值的核心要素，一个与众不同的商业模式能够迅速聚焦起投资者的好奇心，再加上对商业价值的合理有据的阐释，势必能让投资者对项目留下深刻印象。

6. 项目必须有明确的融资需求和融资标的范围

项目融资者必须比任何人都了解自己的项目，必须明确自身项目的融资需求，不能盲目地确定标的范围，要根据企业发展需求与自身实力，团队合理的确定融资标的范围。

7.2.2 项目路演的内容

项目路演时需要向投资人阐述的主要内容，就是展现整个项目的"硬实力"，主要从团队介绍、创业思路、商业模式、推广策略、市场分析、融资计划这6个方面着手，让整个路演更加的"饱满"。

1. 团队介绍

介绍团队成员时要介绍与项目有关联的内容，不相关的内容，再有实力也不要介绍；不需要给成员排资论辈，突出核心，证明团队成员实力即可；介绍成员时切记不要单纯地排列一些人名，听众没有必要浪费时间听你讲解企业职工名单，所以要用一系列的数字来着重突出员工业绩，针对项目介绍团队，展示团队的整体实力，给倾听者留下深刻的印象。

而对于团队愿景的陈述，是属于路演中非常吸引眼球，引起共鸣的地方，往往好的愿景表述在路演中能够像一把熊熊烈火，点燃众人的热情。

2. 创业思路

一个项目的开始，必定有着一个好的创业思路，在路演过程中，需要从痛点挖掘、方案介绍、产品介绍这3个方面进行展示。

对于痛点的展示，在做项目路演展示文字的基础上，要尽量用生动的方法展示，如数字、表格、图片等形式，因为有可能投资者也遇见过这样的问题，由此产生共鸣。在做痛点分析的时候，要尽最大努力把市场上目前存在的问题说清楚，不能歪曲事实，也不能说模棱两可的话。要借助于客观事实，把行业中的痛点问题讲清楚，让投资者看到这个问题并且产生共鸣，而且让他相信你有解决这个问题的能力。融资路演中一般采取问题引导和数据展示两种方式，对于问题引导可以参考葵花牌小儿肺热咳喘口服液的广告语，"小葵花妈妈课堂开课啦，孩子咳嗽老不好"提出问题，随后又以一句"多半是肺热"给出了结论，然后"用葵花牌小儿肺热咳喘口服液，清肺热，治疗反复咳嗽，妈妈一定要记住哦"提出解决办法；数据展示则是通过直观的数据展示引起认同。

在发现痛点的基础上，提供一套既完整又完美的解决方案，是项目路演的核心内容。为了印证，就要把产品展示出来。不论是用户，还是投资人，大家都会对产品抱有很大的期望。多做产品演示，不仅要让大家听到你讲的内容，还要让大家看到甚至摸到产品，这就是"百闻不如一见"。在示范产品的过程中，用户可以感受到真实存在的品质，进而更容易接受产品。

3. 商业模式

在路演的时候，路演者需要用一句话把项目先作一个简单的交代，这句话的标准句式就是："我是如何为谁提供什么产品服务的？"这里面就包括了商业模式，简单地说，就是企业通过什么途径或方式来赚钱？例如，饮料公司通过卖饮料来赚钱，如何卖饮料就是其商业模式；快递公司通过送快递来赚钱，怎样送快递就是其商业模式；通信公司通过收话费赚钱，话费是怎样收的就是其商业模式等。常见的商业模式有平台商业模式（多主体共享，多主体共赢）、长尾商业模式（"款多量少"的经济规模）、免费商业模式（先抢用户再赢利）等。创业企业融资路演关于商业模式的展示从价值定位、目标市场、销售和营销、生产、分销、收入模式、竞争、成本结构、市场和份额等方面来进行展示，展示中要注意扬长避短。商业模式遵循的原则如图7-7所示。

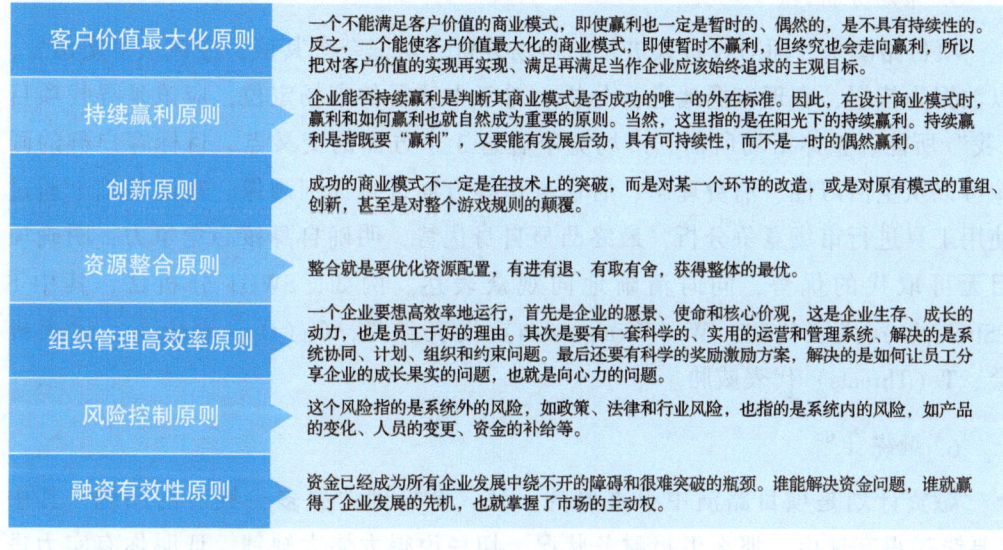

图7-7 商业模式遵循的原则

4. 推广策略

创业企业通过哪些渠道把自己的产品创意项目、企业服务、研发技术、品牌文化、品牌故事等通过广告让更多的人（消费者、投资者）和组织机构等了解、接受，在路演过程中对此进行陈述，有助于取得投资者更大的信任。一般来说有线上、线下，实体、虚拟这几类推广渠道。而对创业者来说，想要塑造品牌，形成品牌效应，推广渠道肯定是要科学决策的，选择适合自身行业，能够发挥自身优势，打造良好的品牌形象，让更多受众（包括消费者、投资者）认可。

推广渠道可分为付费渠道、自媒体渠道、口碑渠道。付费渠道又分为：线上广告、媒体广告、户外广告、社会化广告、APP广告、BD联盟。自媒体又分为：官方渠道、论坛渠道、社群渠道。口碑渠道又分为：名人渠道、媒体渠道、粉丝渠道，如图7-8所示。

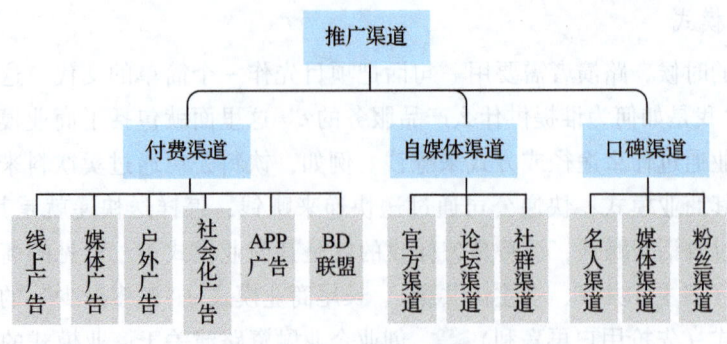

图7-8 推广渠道

5. 市场分析

项目路演中,面对投资人进行的市场分析,切记夸夸其谈,应该从事实出发,以数据为依据,有理有据地进行分析。对于本项目的市场定位,应该是寻找项目"我"所能、整体市场所需、市场竞争者这3个方面的交叉点。目标客户群的画像可以从生活习性、消费理念、居住意识等方面进行详细画像。在此基础上通过使用工具进行市场竞争分析,最终凸显自身优势,明确自身核心竞争力,明确项目无可取代的优势,同时清晰地向观众表达。例如,SWOT 分析法,其中 S(Strengths)代表优势、W(Weaknesses)代表劣势、O(Opportunities)代表机会、T(Threats)代表威胁。

6. 融资计划

融资计划是项目路演中很重要的一环,牵扯到"要多少钱"的问题,其中"要钱"得有理由,那么汇报财务状况,切忌说得太惨太缺钱,证明你有实力进行下一步的"进阶"发展是有必要的。但说明融资需求,以及"怎么花"才是该环节的关键。根据金融机构的相关报告,从 2011 到 2014 年,我国 88% 的早期创业企业都有融资需求,但真正获得资金支持的企业只有 12%。调查进一步证实,即使是在这 12% 中,也只有 3% 的企业依照融资计划完成了融资;88% 的融资企业都有融资需求,但只有 12% 的企业完成了融资。这是什么原因呢?对典型的融资方式不够了解是造成这一后果的重要原因。创业企业在吸纳"天使投资"中最常使用的融资方式为通过出让股权的方式直接吸纳投资,其他常见的融资方式有:资产结构融资、间接资产结构融资、工具性融资、权益性补偿融资等,见表 7-2。

表 7-2　常见融资方式列表

资产结构融资	企业扩股	原有的资产结构发生了变化，使得原有的资产持有者拥有资产的比例和表决权状况产生变动
	合资	两个或两个以上的企业或个人组织了一个新的经营实体，意味着所有权益与责任都归于合并后的企业
	资产互换	两个或两个以上的企业，通过股权资产的交换而让原来的资产结构发生改变 融资性的资产互换常常让一个企业以固定资产和权益资产换回金融资产，以达到融资的目的
间接资产结构融资	可换股债券	企业由于发行可换股债券，而让企业的资产债务结构发生改变，对认购者也做出了股份认购不可撤销的承诺。购买者在权益约定的日期或期限内，直接将债务转换成企业的股份，企业的原有资产结构抵押不可抗拒地发生了变化
	商业抵押贷款	企业因为向银行或其他机构贷款融资，让企业的资产处于有条件的抵押状态 实际情况往往是贷款企业将部分或全部资产的所有权和处置权交给了贷款人，企业如果无法履行贷款条件，就无法赎回自己的资产
	租赁融资	租赁人采取逐步收回投资的方式，让企业逐步、依比例地拥有所租赁的资产，会带来企业账面资产改变
工具性融资	借壳上市	通过收购一家具有上市资格"壳"的企业而获得融资工具
	收购基金	通过收购某基金的股权或获得该基金的管理权，从而获得一个公开的融资工具
	收购信托机构	拥有部分信托投资机构的部分股权或管理权，使得企业的投资计划可以通过这个机构进行融资
权益性补偿融资	资产支付	融资可以使企业的产品效益和销售成果由投资者拥有或者让投资者在一定条件下拥有。在约定时间内，这种权益的支付是无法改变的
	经营权支付	企业的业务经营权一般具有直接的赢利功能，可以用来进行融资，获得资金后，这种经营权或管理权全部有条件转让
	合同效益支付	指以出让企业合同的权益来换取资金的一种方式
	企业债券	企业出售债券导致企业权益结构全面改变

7.2.3 项目路演的技巧

知识应用

1. 故事是路演的灵魂

为了获得投资人的支持,为了把路演做好,创业者会一遍遍地修改幻灯片,一遍遍地彩排,但是不管文字多精致,演讲者多认真,有些路演总会让人觉得少了灵魂。路演的灵魂是什么?关键时刻,越来越多的企业家选择走到众人面前,亲自展示自己的企业、产品和梦想,展示这个时代企业家的魅力。之后,一个又一个广为人知的故事就开始流传。所以,路演的灵魂是故事,不会讲故事的创业者不是合格的创业者。

路演中的故事,可以与痛点有关、与产品有关、与情怀有关,故事往往具有一定的说服力。路演中用讲故事的形式,把观众带入到场景里面,引发情感上的触动,从而形成共鸣。因此,故事讲得好不好,直接决定了路演的结果!

但是,讲故事不能无中生有,不能画饼充饥,不能为欺骗找个借口,不能"忽悠"投资人从而"骗"到投资,而应该把路演过程中的方方面面融合为一个整体,通过"讲故事"的形式表达出来,从而吸引投资人关注到你,关注到你的项目。

2. 观众是故事的主人公

不管这个故事是用于推销想法、产品、公司或自己,在设计故事时,要明白观众才是故事的主人公,而非你自己,不要以你想要的为起点,请想想观众的问题,让你的产品或者服务帮助到他们,只有这样才能让观众对你推销的产品感兴趣。在准备故事内容时,应该具有换位思考的能力,以及为他人需求提供解决方案的同理心,考虑观众的真实需求。围绕观众设计推销方式,这样才能设计出一个精彩、能够打动观众的故事,如图7-9所示。

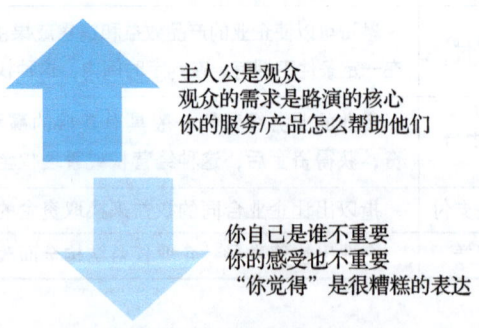

图7-9 观众是故事的主人公

为了激发观众的兴趣，要准备恰当的"钩子"，把观众的注意力很快地吸引过来，这就是一个良好的开始。例如，根据观众的特点，提出问题："你的上一个投资去年给你带来的回报是多少？我来之前做了调研，随机了解了我身边一些投资人的最近一项投资项目状况，得到了一个平均数，你们想知道这个数字是多少吗？"这样的"钩子"不只限于开始的时候使用，在整个路演过程中，可以随时不定时使用，有些类似于相声中的"包袱"。

路演中为观众准备的故事，应该随着路演内容的展开而不断出现戏剧性的情节延伸，这就好比小时候听到的故事，跌宕起伏的内容才会更加吸引人。路演中的故事，为了保证路演的效果，可以在真实案例的基础上进行适当的加工，也是这个道理。

3. 精要幻灯片准确传递给观众信息

在路演中，要做到视觉效果简洁明了，通过幻灯片的恰当制作，实现观点简明扼要的表达，并随时聚焦观众的关注点。要实现这个目标，幻灯片的核心要求是"简单"，每张幻灯片只介绍一个观点；尽可能使用图像介绍；幻灯片不是讲述要点，而是作为强调；以简单、吸引人的方式呈现数据；保持简单，少即是多，如图 7-10 所示。

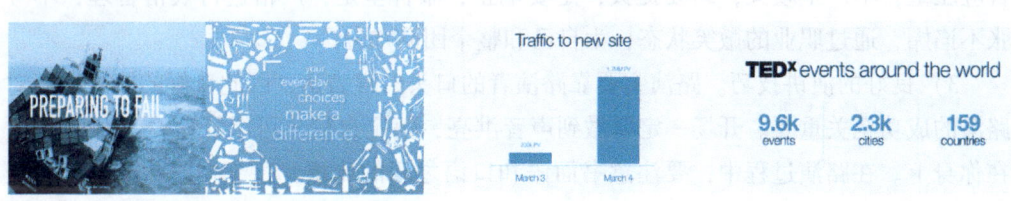

图 7-10　精要幻灯片示例

1）图像的使用是用来表达情感的。尽量少地使用文字，需要的话可以使用关键词代替长句的表达，更多地使用恰当的图像。例如，如果你想表达"要随时准备好失败"，就可以用这样的图像来展示：背景是满载的船舶在海上航行中遭遇特大风浪，有翻船的危险，前景是表达情感的主题文字，这可以让观众身临其境，切身地体会到"要随时准备好失败"的心理。

2）明确要旨并着重强调。例如，你想表达你每天的（细微）选择可以改变你的生活，这时需要着重强调"改变"这个词，这能够帮助观众抓住你想表达的要点。

3）简单的可视化数据。例如，如果你想表达新网站的流量数据，你可以使用一个简单的柱形图，这样观众能够更直观地看到数据。例如，你想表达 TED 大会在全球的数据，你可以用一个表格来展示，表格中的信息包括：举行了多少场活动；在多少个城市举行；在多少个国家举行，这就能清晰地表达出 TED 大会覆盖全球的数据。

4. 精彩的现场演讲实现观众情感共鸣

在路演过程中,演讲人的现场表现非常重要,强烈的舞台意识、高超的演讲能力、良好的个人形象、熟练的控场能力,都会为最终呈现给观众的路演效果加分,从而不断实现和观众情感上的共鸣,帮助创业企业实现路演的最终目标。

1)熟悉路演环境。路演前需要做好充分的准备才能无所畏惧。充分的准备不单单是针对路演内容,对于路演的整个过程中的任何一项工作都应该做好准备。事先了解路演环境,包括投影仪、话筒、翻页器等是否适合自己使用,把握度会随着对场景的熟悉度而提高,提前到会场跟观众交流,了解他们的情况,对即将开始的路演都有重要的帮助。

2)路演者需要呈现专业形象。路演中观众对路演者的第一印象非常重要,这一印象虽然是基于外在形象形成的,包括身高、长相、着装、表情、动作等,但是基于这一外在形象形成的印象,却会直接影响观众对于路演企业的主观判断,最终影响路演的效果。一般情况下,路演作为正式商务场合,需要路演者着正式商务装,男士整套西装、浅色长袖衬衫、领带、皮鞋、皮带统一颜色质地,头发修剪整洁;女士单色商务套装,简单妆容,盘发,成套首饰,制式皮鞋。同时,在整个路演过程中,肢体语言应庄重,不产生歧义,站姿挺拔,走姿端正,眼神坚定,严格进行表情管理,不夸张不谄媚,通过职业的微笑状态,为自己和整个团队加分。

3)良好的演讲技巧。路演主要靠路演者的口头语言表达,因此良好的演讲技巧对路演的成功至关重要。开场一定要做到声音洪亮,镇定自信,可以让听众把注意力放在你身上。在路演过程中,要注意书面语和口语之间的比重,过于书面化,会让观众觉得枯燥乏味,还会影响理解;过于口语化,又会让观众感觉不够隆重和正式,所以要在做到通俗易懂的基础上,适当注意语言表达的正式性。在演讲过程中,可以配合肢体语言的表达,如恰当地使用手势的表达,伸开双臂、握拳、向前推开等,可以为路演加分,但是不要过度,否则会产生严重的副作用,如用食指指向观众、过于频繁使用手势等。

 拓展训练

表7-3 创业项目路演常见问题列表

1	为什么要创业?	3	产品解决了市场的什么问题?
2	如果用一句话(或30秒)来描述你们所做的是什么,你如何来描述?	4	单元市场有多大?

(续)

5	商业计划书中的数据现实吗?	13	获客成本如何?获客方式是否合理?
6	产品有什么特别之处?为什么在解决这个问题上,该产品可以做得很好?	14	达到了什么样的里程?
7	创业者和团队有什么过人之处?	15	要融多少钱?为什么要融这么多钱?
8	核心团队是什么样的?	16	拿到钱了准备怎么用?如何利用资金?
9	对竞争对手了解多少?	17	除了钱,还希望投资人给予什么支持?
10	竞争对手是谁?如何击败他们?	18	项目投资风险如何?
11	拥有的付费客户有多少?	19	项目投资风险点具体在哪里?
12	客户获取的计划是否准确?客户来源是否稳定?	20	项目的政策支持情况如何?

7.3 投资者评估初创企业的基本标准

今日资本创始人徐新:我只投资商业嗅觉灵敏的创业者

说到亚洲商界最具影响力的女性,就要提及徐新。她聚焦互联网、消费品、新零售等领域,曾经投出了:网易、娃哈哈、中华英才网、京东、美团、永辉生活、盒马鲜生、小米之家、三只松鼠、叮咚买菜、知乎等多家知名企业。外界对其评价是"凭直觉一掷千金的创投女王""目光敏锐的商海伯乐"。

在创投圈流传着这样一句话:"100 万个创业想法中,只有 6 个能成功。"徐新表示,投资者回报一般是"二八定律",即用 20% 的投资赚 80% 的回报,剩下的 80% 的投资都是打水漂。所以说,创投领域不是一本万利的,在选择创业者时也要有一套自己的逻辑。徐新首先在乎是创业者是否有对市场敏锐的洞察力。她再三强调:创业者要能看到别人看不到的。娃哈哈宗庆后先人一步,打开了中国瓶装饮用水新市场;网易丁磊创造了中国网络游戏新赛道;京东刘强东打造了仓储物流新电商模式;三只松鼠成为中国首家纯互联网食品品牌;携程开辟了在线票务服务新领域;叮咚买菜最早领悟"得生鲜者,得天下"的道理。这些创业者都具备了很好的洞察力。

除了敏锐的洞察力,徐新还指出,在这个快速发展的互联网时代,创业者还要具有超强的学习能力,前期一定要"舍命狂奔,迅速成长"。聚焦互联网行业 20 年的徐新表示,"互联网是一个固定成本很高,但是可变成本很低,只有迅速成长,才有希望做大。互联网企业的结局要不就是做大,要不就是出局,不可能存在中间状态,让你做个中型企业慢慢往上爬。"

课堂讨论:
1)你认可徐新的观点吗?
2)你认为哪些创业企业具备投资价值?

思考启示:投资人在考察一个项目的时候,更多是考察创始团队对于市场是否敏锐,对于消费者的洞察是否深刻。在竞争越来越激烈的市场中,能够切入一个需求相对未被满足的细分领域,迅速决策并乘胜追击,才会得到资本更多青睐。

  知识探究

从投资者的角度评估新创企业的 4 个标准,包括:创业团队、市场机会、初始产品或解决方案,以及财务计划,如图 7-11 所示。

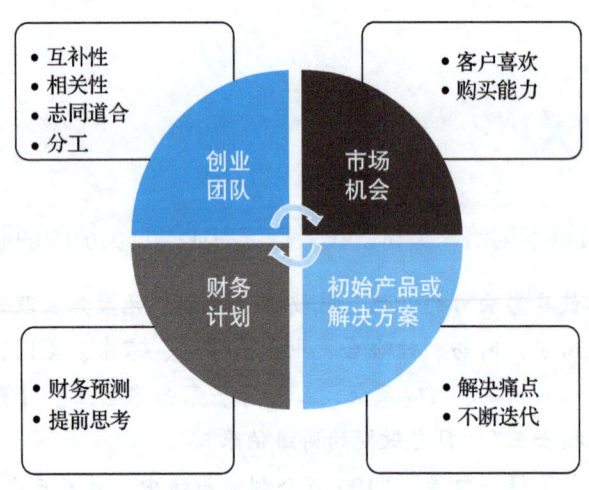

图 7-11 从投资者的角度评估新创企业的 4 个标准

评估新创企业的第一个重要标准就是创业团队。美国人类学家玛格丽特·米德说过:"永远不要怀疑那些有思想且执着的少数人可以改变世界,事实一直如此。"创业团队在素质、能力、文化和投入上的差异一直是导致结果差异的驱动因素。在介绍创业团队时需要强调的是团队成员的志同道合、互补性、相关性和分工。在管理团队方面,如果企业处于初创期,成员只有创业者自己或几个人,这没关系,但创业者应该提出人员配置计划。

评估新创企业的第二个重要标准就是市场机会。硅谷顶级孵化器总裁萨姆·奥特曼说过:"制作人们想要的产品,但是产量应控制在中等数额范围内,这是一个尝试失败的好方法,但是你无法知道为何失败。"一个适宜投资的市场具有以下特点:大部分客户有这样的痛点;客户意识到了痛点,并不愿意为之忍受;客户有经济能力并且对购买解决方案有决定权等。正如现代管理学之父彼得·德鲁克所说,一个商业活动的目的是开发和服务客户。创造杰出的产品以取悦客户,是他们服务宗旨的根本要求。但是太多的创业者混淆了他们所设计的产品与客户喜欢的产品,他们往往假设自己喜欢的解决方案,客户也会喜欢。选择实施产品或解决方案的原因应该是,如何通过解决问题和消除痛点来服务和取悦客户。

评估新创企业的第三个重要标准就是初始产品或解决方案。亚伦·莱维说过:"成功的产品是能够让客户轻松迈向未来的桥梁。"历史上一些罕见的创业者,像史蒂夫·乔布斯,天生有一种直觉能预测产品类型或解决方案。但是大多数成功的创业团队不具备这项能力,不过他们可以通过有序和高效的"客户开发"流程来尽可能地达到这一点。产品必须能解决客户的痛点;从客户的角度来看,它必须是成功的;以客户为本的理念,并不断迭代产品或解决方案,直到从客户的角度取得成功。

评估新创企业的第四个重要标准就是财务计划。德怀特·艾森豪威尔说过:"我经常发现计划是无用的,但却是必不可少的。"在创业过程中预测每一个可能出现的场景当然是不可能的。尽管如此,制订一个你知道会发生或可能发生的事情的计划并不是在浪费时间。根据当时所掌握的信息,制订一个财务计划,同时对类似的组织和产品进行透彻分析,即使不确定那也是必要的。通常,种子和早期阶段的投资者十分强调新创公司3~5年内财务预测的重要性,依据财务报表分析这次创业是否有吸引力。

财务预测的过程迫使创业者深入思考自己对于市场机会的规模、价格、销售周期、销售渠道成本、分配成本、服务成本、营销成本等问题的假设。尽管这些假设有可能是错的,但是事先通过深入的思考,创业者会比竞争对手更快速地意识到问题所在,并找到正确的答案。

 知识应用

创新引领下的让人眼界大开的创业项目

随着我国创新力的提升,创业项目在全球的影响力增强,出现了一个新的名词,叫"C2C",Copy to China,而现在非洲的支付宝、印度的优步和WeWork,韩国的Homejoy等项目,证明了不只是Copy to China,更是Copy to World,各种已证实成功或具有可行性的创业模式正在世界各地蔓延,而且创业项目无论是模式创新还是技术创新,都在向着更深入、更细微的方向发展,逐渐覆盖生活中的方方面面。

1. 衣，提起穿衣，传统的行业是服装行业，与之相关的创业项目不断在打破这个界限

1）共享概念的广泛使用，"共享衣橱""共享洗衣店""礼服租赁""正装租赁"，这是一个可以根据客户无限细分的市场。

2）基于新材料和新技术应用形成的新的服装创业项目。

3）3D 打印服装，如图 7-12 所示。或许有一天，你早上起来直接连接打印机，根据你的想法打印出今天想穿的衣服，晚上回来不用清洗分类，直接通过像是碎纸机一样的机器回收原材料，第二天继续打印新的衣服。

2. 食，随着生活水平的提高，人们对于吃的要求逐渐提高，健康、有机、快捷等需要可以通过系列的创新创业项目获得实现

1）共享厨房，打破家和餐厅的界限。

2）各类 DIY 食品项目，通过自媒体营销的手段，可以迅速建立客户群。

3）农产品网络直销。

3. 住，住在我国文化中有特别重要的含义，随着时代的发展，与之相关的创业项目也在慢慢发生变化

1）除了买房子，你还能住在哪里？租房子。租房子有很多花样吗？是的，共享公寓。

2）除了住在房子里，你还能住在哪里？把"眼下的苟且"和"未来的远方"完美结合在一起，你需要一辆房车。

3）你拥有智能手机，觉得对着手机喊"Hi，Siri"很酷。有一天你的家完全智能，你回到家，从开门开始，只用动动嘴就可以完成所有事情，如图 7-13 所示。

4. 行，跟"行"有关的创新几乎承包了人类所有的想象力，从汽车、轮船、飞机、火车开始，创新无处不在，商机无处不在

1）讨厌去加油站排队加油，你想过在家里给车加油吗？未来或许就能实现。手机 APP 下单，加油车就来给你加油，不用排队。

2）无人驾驶汽车，如图 7-14 所示。

3）被堵车折磨得筋疲力尽的时候，是不是想如果能飞过去该多好？完全可能！单人飞行器能够帮到你，如图 7-15 所示。

除了衣食住行相关项目，还有关注公益需求的项目，如各类环保项目；关注公共服务的项目，如各类家政项目、养老项目；关注公共教育的项目，如青少年培训项目、

职业技能培训项目；物流产业相关项目等。创新无处不在，创业从来不缺创意，不缺商机，未来大有可为。

图 7-12　3D 打印服装

图 7-13　全屋智能家居

图 7-14　无人驾驶汽车

图 7-15　单人飞行器

 拓展训练

表 7-4　创业企业融资自查表（参考创新创业大赛评分指标）

模块	指标	要素	分值	自查得分
商业计划书	创业机会描述	清晰的产业背景和市场竞争环境，市场机会和有效的市场需求；所面对的目标顾客群等	15	
	创业项目概述	准确定义所提供的产品、技术、概念产品和服务，针对解决的问题，如何满足市场需求；项目所具有的独创性、领先性；实现产业化的途径等	15	
	公司战略	公司的商业模式、发展战略等，结合竞争优势确立分阶段目标，公司的研发方向和产品扩张战略，主要的合作伙伴和竞争对手	10	

（续）

模块	指标	要素	分值	自查得分
商业计划书	市场描述	在市场调查的基础上，分析面对的市场状况、发展趋势、潜力、竞争状况，包括竞争分析、目标市场定位、市场容量估算等	15	
	营销策略	根据项目的特点，制订合适的市场营销策略	15	
	融资与财务	资金来源和运用，赢利模式，赢利能力分析	10	
	关键风险问题	客观阐述本项目面临的市场、技术、财务等关键问题，提出合理可行的规避计划	10	
	管理团队	介绍管理团队各成员与管理企业有关的教育和工作背景、成员的分工和互补、团队的组织构架	5	
	文字表述	条理清晰，重点突出，语言简练	5	
现场答辩		思路清晰，能够清楚明了地介绍整个创业计划	40	
		准确理解问题，回答问题思路清晰、逻辑严密，语言简洁流畅	30	
		PPT结构清晰、有逻辑性、内容完整、重点突出，形式美观大方	20	
		团队精神风貌好，仪表整洁大方，表现得体，有一定幽默感	10	

参考文献

[1] 吴勇毅, 陈渊源. 人工智能产业升级新引擎 [J]. 上海信息化, 2016 (10): 10-15.
[2] 刘平. 创业学原理与应用 [M]. 大连: 东北财经大学出版社, 2008.
[3] 李志刚. 九败一胜: 美团创始人王兴创业十年 [M]. 北京: 北京联合出版公司, 2014.
[4] 蔺雷, 吴家喜. 第四次创业浪潮 [M]. 北京: 中信出版社, 2016.
[5] 多湖辉. 创造性思维 [M]. 王彤, 译. 北京: 中国青年出版社, 2002.
[6] 德博诺. 六顶思考帽: 如何简单而高效地思考 [M]. 马睿, 译. 北京: 中信出版社, 2016.
[7] 檀润华. TRIZ及应用 [M]. 北京: 高等教育出版社, 2010.
[8] 吴亚丽, 焦尚彬. 头脑风暴优化算法理论及应用 [M]. 北京: 科学出版社, 2019.
[9] 巴克斯特. 用户至上: 用户研究方法与实践 [M]. 2版. 王兰, 译. 北京: 机械工业出版社, 2017.
[10] 魏丽坤. Kano模型和服务质量差距模型的比较研究 [J]. 世界标准化与质量管理, 2006 (9): 10-13.
[11] 魏彰迪. "五力模型"分析框架及案例分析——以星巴克咖啡为例 [J]. 河北农机, 2017 (5): 23-24.
[12] 莫瑞亚. 精益创业实战者 [M]. 2版. 张玳, 译. 北京: 人民邮电出版社, 2013.
[13] 高运锋. 整合营销传播 (IMC): 概念及实践特征探析 [J]. 商业研究, 2007 (7): 97-99.
[14] 陈光辉, 冯雪程, 干莎, 等. 基于AARRR模型的瑞幸咖啡营销策略分析 [J]. 电子商务, 2020 (4): 61-62.